改訂新版
更生保護制度

渡辺信英著

南窓社

はじめに

　本書は大学生のテキストとして執筆したものであるが、社会福祉士の国家試験に「更生保護」「医療観察制度」(2003年公布、2005年施行) は必須であり、受験用としても適した内容になっている。

　更生保護は古くは江戸時代、1790年の石川島人足寄場をその緒とするとの意見もあるが、近代的な意味における更生保護としては、1888 (明治21) 年に事業家、金原明善、川村矯一郎を中心として設立された「静岡県出獄人保護会社」がその始まりとされている。その事業は犯罪者の再犯防止と社会人として自立を扶助することを目的としていた。その後、その事業は民間の篤志家、宗教家などによって「保護会」としてひきつがれ、宿泊所、食事、衣料等を提供するなど、社会復帰に尽力し、その役割は重要であった。

　それらの事業の重要性はいよいよ増していき、民間が主となって運営していくことはしだいに限界が生じてきたため、行政が積極的に関与するようになっていった。1949 (昭和24) 年犯罪者予防更生法が制定され、以後、関連する数個の法律が成立し、1995年に「更生保護事業法」が施行された。それに伴い関連法律が整備され、長い間「保護会」が運営してきた更生保護施設も、今日のような法人としての保護施設となったのである。これによって、国の機関である保護観察所とともに更生保護の二つの柱となりえたのである。そして、2007年に「更生保護法」が成立し、その関連法により、刑務所、少年院には社会福祉士が、医療刑務所には精神保健福祉士が配置されるようになった。

　また、触法精神障害者の処遇に対して、従来から司法のリーガル・モデルと医学の側からのメディカル・モデルの間に鋭い対立があり、甲論乙駁、賛否両論が激しく論じられていたが、ついに2003年に「医療観察法」が成立し、2005年に施行された。これにより、心神喪失等の状態で重大な他害行為を行った者は、従来、精神保健福祉法により措置入院等の処遇がとられてきたが、医療観察法の成立により「指定入院医療機関」「指定通院医療機関」

とともに保護観察所の機能が深化され、「精神医学」「司法」「福祉」の連携がより強化されることになった。

社会福祉士や精神福祉士はソーシャル・ワーカーとして、また社会復帰調整官として社会と刑務所と医療を媒介しながら受刑者や触法精神障害者の更生保護をするという重要な役割を担うことになった。

なお、本書巻末資料集に、犯罪白書や、社会福祉士・精神保健福祉士の過去における国家試験問題を掲載しているが、この資料集は渋谷光一郎君（福祉施設経営・東北福祉大学大学院博士課程満期退学）がまとめ、私の責任により編集したものである。

本書の執筆にあたり東北福祉大学准教授、菅原好秀先生には貴重な指摘をいただいた。心からお礼を申し上げる。

渡辺信英

目　　次

はしがき 1

第1章　更生保護制度の概要 9

第1節　更生保護の全体像 9
1. 更生保護と社会福祉（9）
2. 更生保護の目的（11）
3. 更生保護制度の成立過程（11）
4. 更生保護法の概要（12）

第2節　犯罪者処遇の全体像 13
1. 警察、検察、裁判、矯正の各段階（13）
2. 成人矯正（14）
3. 受刑者の処遇等（15）
4. PFI手法を活用した刑事施設（19）

第3節　更生保護の主な内容 20
1. 機関（20）
2. 仮釈放（20）
3. 保護観察（21）
4. 更生緊急保護等（21）
5. 恩赦（22）
6. 犯罪予防活動（23）

第4節　刑事手続における被害者のかかわり 23
1. 不起訴処分に対する不服申立制度（23）
2. 検察審査会に対する審査申立（24）
3. 公判段階における被害者参加等（24）
4. 告訴人通知・被害者等通知制度（26）
5. 少年事件における被害者への配慮（26）
6. 被害者支援員制度（27）
7. 更生保護における犯罪被害者等施策（27）
8. 法テラスによる被害者支援業務（27）
9. 犯罪被害者に対する給付金の支給制度等（28）

第2章　更生保護　各論 …… 29

第1節　保護観察 …… 29
1　保護観察の意義（29）
2　保護観察の主体（30）
3　保護観察の種類（30）
4　保護観察における処遇（35）
5　指導監督と補導援護（37）
6　一般遵守事項と特別遵守事項（39）
7　処遇の実施方策（43）
8　保護観察の実施者としての保護司（47）
9　保護観察の問題点（47）

第2節　仮釈放等 …… 49
1　仮釈放の目的と種類（49）
2　仮釈放の法的性格ないしは機能（51）
3　仮釈放の手続の過程（52）
4　仮釈放等の許可基準（55）

第3節　更生緊急保護 …… 56
1　更生緊急保護の意義（56）
2　更生緊急保護の対象となる者（57）
3　更生緊急保護の期間（58）
4　更生緊急保護の原則（59）
5　更生緊急保護の内容（59）

第4節　更生保護における犯罪被害者等施策 …… 62
1　犯罪被害者等施策の概要（62）
2　犯罪被害者等施策の内容（63）

第5節　恩赦 …… 64
1　恩赦の意義（64）
2　恩赦の種類（65）
3　恩赦の実施方法（66）

第6節　更生保護制度の担い手 …… 67
1　更生保護女性会（67）
2　BBS会（68）
3　協力雇用主（69）

第3章　医療観察制度 …… 71

第1節　医療観察制度の成立と概要 …… 71

         1　医療観察制度の成立と概要（71）
         2　医療観察制度の概要（72）
　　第2節　医療観察制度の内容 ──────────────────────────── 74
         1　医療観察制度の目的（74）
         2　制度創設の背景と経緯（74）
         3　制度の対象者（75）
         4　対象となる人の入院や通院の手続（75）
         5　指定医療機関（76）
         6　入院によらない医療（77）
         7　保護観察所の役割（78）
         8　指定入院医療機関からの退院（81）
         9　地域社会における処遇（83）
        10　関係機関の連携（84）
        11　医療観察制度と精神保健福祉法の関係（85）
        12　医療観察制度の現状と課題（85）

第4章　少年非行 ──────────────────────────────── 88

　　第1節　少年非行の全体像 ──────────────────────────── 88
         1　少年非行の概念（88）
         2　少年非行の要因（88）
         3　非行少年の処理手続（89）
　　第2節　非行少年の処遇 ────────────────────────────── 92
         1　家庭裁判所送致までの手続の流れ（92）
         2　家庭裁判所における手続の流れ（93）
         3　保護処分にかかわる手続の流れ（94）
         4　少年院での処遇（95）
         5　少年の保護観察対象者に対する処遇（96）
         6　少年の保護観察対象者に対する措置（97）
         7　少年の刑事手続（98）

第5章　刑法と更生保護との関係 ──────────────────────── 100

　　第1節　刑法の役割 ──────────────────────────────── 100
         1　刑法の機能（100）
　　第2節　犯罪の成立要件 ────────────────────────────── 101
         1　犯罪の成立要件（101）

資料集 渋谷光一郎　111
　自立更生促進センター（112）
　平成20年度　犯罪白書　高齢犯罪者の実態と処遇（116）
　平成22年度　犯罪白書　少年非行（137）
　平成17年度　犯罪白書　少年非行（138）
　社会福祉士・精神保健福祉士　国家試験問題（150）

更生保護制度

第1章　更生保護制度の概要

第1節　更生保護の全体像

1　更生保護と社会福祉

「更生保護」は、1949（昭和 24）年の「犯罪者予防更生法」の成立の時から、刑事司法の一環とされ、「福祉政策」との連携はほとんどなされていなかった。刑罰の目的は犯罪者を社会から隔離し、社会を防衛するために刑罰を科すという「応報」が支配的であったからである。

近年、4人に1人が 65 歳以上という「本格的な高齢社会」になっている。高齢者の暮らしの中で、孤独・孤立化が進み、経済的不安が増大し、高齢犯罪者増加の幅は、人口増加の幅をはるかに上回っている。このような高齢犯罪者の問題、さらに精神障害者の犯罪の問題や知的障害を抱えた非行少年の問題など、犯罪者のなかには、特有の心身上の問題点、社会生活能力や性格・行動特性という生活指導上困難と思われる課題、疾病等を抱えている者が多いという問題に加え、単身、住居不安定、無収入の者の比率が上昇し、周囲に保護・監督する者がなく、経済的に不安定な状態にあり、自立能力に期待できない者も少なくない。

受刑者の中には認知症、統合失調症、薬物中毒など、精神病質を抱えた上に、出所後に生活するための資金や仕事がなく、しかも親族等の頼れる人がいないなど再犯のおそれが生じやすい環境のある者が多数存在している、という問題がある。そのような犯罪者を多く抱える社会における対策は、刑事司法だけでなしうることのみならず、福祉制度の拡充、住まいの場や日中活動の場の拡充、就労支援策の検討、地域社会の協力体制の確立などの取組みなど福祉関係機関と刑事司法機関における取組みとを密に連携させながら、社会全体で一体となって対策を講じていく必要があった。

2007（平成 19）年、「社会福祉士及び介護福祉士」が制度改正され、社会福祉士養成課程に「更生保護」が追加され、刑務所では、受刑者の社会復帰

に向けた処遇の充実を目的とした刑事収容施設および被収容者等の処遇に関する法律が施行され、医療刑務所には精神保健福祉士が配置され、刑務所、少年院には社会福祉士が配置されるようになった。

犯罪者の処遇は、その者の資質や環境に応じて、その自覚に訴え、改善更生の意欲および彼らの生活の安定を確立し、社会のなかで孤立させることなく安らぎと生きがいのある社会生活に適応できる能力の育成を図ることにある。犯罪者は、自己の犯した犯罪について責任を問われ贖罪すべきことはもちろんであるが、施設収容に伴う犯罪者としての烙印押しを軽減し、彼らを改善・更生させ、早期に社会に復帰させるために、起訴猶予、執行猶予、仮釈放、恩赦などの猶予制度を活用し、施設内に収容させずに、社会内で処遇する方策が必要となっている。

今後は犯罪者を排除するのではなく、共生社会の一員として、社会の構成員として、社会貢献できる人材として受け入れるシステムが必要となる。社会福祉士・精神保健福祉士などの福祉関係者には、福祉の知識、技術を駆使して、施設内外での処遇や生活環境の調整のあり方についてその生活実態を踏まえニーズを的確に把握し、そのニーズに応じた支援をいかに計画的に実施していくかが求められる。犯罪者の心身の状況、帰住予定先の家庭・社会環境等を把握するなどして、効果的な生活環境の調整を行うなどの取組みの積極化が望まれる。

犯罪者が微罪処分などで留置所から釈放され、また、刑務所を出所後に、居住先や就職先の確保など適切な福祉等の支援を得られないまま地域社会に出てしまうと、生活に困窮し、再び犯罪に至るという可能性がある。そのため警察官、刑務官をはじめ、担当した弁護士は、社会福祉協議会と連携して、居住先や就職先の確保など早期かつ確実に福祉的な支援につなげることで社会に受け入れやすい環境を整備し、犯罪者の自立を促して、再犯に至るリスクを最小限にくい止める役割が求められている。

さらに犯罪者の改善・更生に必要な課題を早期に発見し、犯罪者の社会復帰と再犯防止のために、社会福祉協議会、社会福祉士会・精神保健福祉士協会の支援も必要となる。そして、社会福祉士・精神保健福祉士は医療、保健、行政、法律等、他領域の専門機関等との調整・連絡を図る必要がある。現状では、警察・検察・裁判等の刑事司法機関と連携し、地域の福祉等の関係機

関・団体との連携を図るとともに、行刑機関である刑務所在所中の段階においても、生活環境の調整として、出所後円滑に衣食住の福祉的な支援を受けながら自立した生活が送れるよう支援を行うことが一層重要となっている。

2　更生保護の目的

更生保護とは、基本法である更生保護法の第1条に、①犯罪をした者及び非行のある少年に対し、社会内において適切な処遇を行うことにより、再び犯罪をすることを防ぎ、または非行をなくし、これらの者が善良な社会の一員として自立し、改善更生することを助けること、②恩赦の適正な運用を図ること、③犯罪予防の活動の促進等を行うことの3つの機能があり、その究極の目的として、「社会を保護し、個人及び公共の福祉を増進すること」が明記されている。社会から隔離し拘禁する施設内処遇よりも、実社会での生活を続けながら必要な指導、援助を加える社会内処遇のほうが本人の更生にいっそう役立つという考え方である。

その内容は、仮釈放等、保護観察、生活環境の調整、更生緊急保護、被害者等が関与する制度、恩赦、犯罪予防と多岐にわたっている。

3　更生保護制度の成立過程

更生保護は、犯罪や非行に陥った者の改善更生を図るため、必要な指導監督、補導援護の措置を行い、また、一般社会における犯罪予防活動を助長することによって、犯罪や非行から社会を保護し、個人および公共の福祉を増進することを目的とする施策である。

更生保護の歴史は、徳川幕府が1790年に設置した石川島人足寄場にまで遡ると言われるが、近代法における起源は1882（明治15）年施行の監獄則による別房留置の制度であると考えられる。しかしながら、直接的な更生保護の先駆は、1888（明治21）年に金原明善が静岡県に創設した「出獄人保護会社」（勧善会）である。

1947（昭和22）年に憲法第73条7号に基づき恩赦法が制定され、大赦、特赦、減刑、刑の執行の免除および復権について規定がなされた。翌1948（昭和23）年には全面的に改正された昭和少年法によって、少年に対する保護観察処分ができ、1949（昭和24）年には犯罪者予防更生法が制定された。この犯

罪者予防更生法は、更生保護に関する基本法として、恩赦、仮釈放、保護観察および犯罪予防活動の助長に関する組織、少年および仮釈放者に対する保護観察制度について規定を設けている。また、1950（昭和25）年には、司法保護事業法に代わるものとして更生緊急保護法が制定され、刑余者等に対する更生緊急保護制度の整備がなされた。また、同年制定された保護司法は、従前の司法保護委員制度を新しい保護司制度に発展させ、1954（昭和29）年には、執行猶予者保護観察法が制定されている。そして、1958（昭和33）年に売春防止法の一部改正が行われ、婦人補導院から仮退院した者に対しても保護観察が実施されることとなった。

1995（平成7）年5月8日、更生保護事業法（平成7年5月8日法律第86号）ならびに更生保護事業法の施行及びこれに伴う関係法律の整備等に関する法律（平成7年5月8日法律第87号）が公布され、1996（平成8）年4月1日に施行された。そして、2007（平成19）年6月8日には、更生保護法（平成19年法律第88号）が成立した。

4　更生保護法の概要

更生保護法は、従来、犯罪者予防更生法と執行猶予者保護観察法の二法に分かれていた更生保護に関する基本的な法律を、整理統合して一本化しつつ、更生保護の機能の充実・強化を図ったものである。更生保護法の概要について、その特徴的なものとしては下記の点が挙げられる。

（1）目的の明確化

「更生保護のあり方を考える有識者会議」の報告書は、「その人が改善更生すれば再犯には至らず、逆に、その人が再犯に至ってしまえば改善更生の道は遠くなり、改善更生と再犯防止は、正に不即不離の関係にある」と指摘している。更生保護法第1条は、その目的規定において、「この法律は、犯罪をした者及び非行のある少年に対し、社会内において適切な処遇を行うことにより、再び犯罪をすることを防ぎ、又はその非行をなくし、これらの者が善良な社会の一員として自立し、改善更生することを助けるとともに、恩赦の適正な運用を図るほか、犯罪予防の活動の促進等を行い、もって、社会を保護し、個人及び公共の福祉を増進することを目的とする」と定めており、この規定は、有識者会議の「更生保護制度改革の提言」を踏まえたものである。

第 1 条の目的規定において、「再犯の防止」「改善更生」という 2 つの特別予防目的を掲げ、これを車の両輪のように活用することによって、「社会の保護」という一般予防目的を達成し、それによって「個人及び公共の福祉を増進する」という考え方である。

(2) 官民の役割分担

わが国の社会内処遇の特徴として、5 万人弱の民間篤志家からなる保護司と約 1,000 人の保護観察所職員による「官民協働」体制を挙げることができる。保護司への過度の依存は、従来から更生保護制度の問題点として指摘されている。

この問題の現実的な解決策としては、保護観察官が保護司任せにせず、例えば、処遇上難点のある対象者に対しては直接面接をしたり、保護観察を実施し、保護司に対して手厚く助言をするなどのバックアップ体制を十分に取ることが考えられる。

(3) 被害者に対する対応

更生保護法は、2005（平成 17）年に制定された犯罪被害者等基本法を受け、その翌年に策定された犯罪被害者等基本計画を踏まえ、仮釈放等の審理において被害者等の意見等を聴取する制度（第 38 条および第 42 条）と、保護観察対象者に対して被害者等の心情等を伝達する制度（第 65 条）を導入している。

(4) 仮釈放等の審理の充実

更生保護法では、仮釈放の取消（第 75 条）に際し、保護観察対象者に告知・聴聞の機会を保障する旨の規定は置いていない。

第 2 節　犯罪者処遇の全体像

1　警察、検察、裁判、矯正の各段階

警察段階において、微罪処分とは刑事訴訟法 246 条但書に基づき、検察官があらかじめ指定した犯情の特に軽微な窃盗、詐欺、横領等の成人による事件について、司法警察員が、検察官に送致しない手続を執ることをいう。

検察段階において、不起訴処分には、①訴訟条件（親告罪の告訴等）を欠くことを理由とするもの、②事件が罪にならないことを理由とするもの（心神喪失を含む）、③犯罪の嫌疑が認められないことを理由とするもののほか、④

犯罪の嫌疑が認められる場合でも、犯人の性格、年齢および境遇、犯罪の軽重および情状ならびに犯罪後の情況により訴追を必要としないときに行う起訴猶予処分などがある。

　裁判段階において、執行猶予とは、有罪判決を宣告する際に、一定の条件のもとに、言い渡した刑の執行を一定期間猶予し、猶予を取り消されることなく猶予期間を経過した場合には、刑を科さないとするものである。

　矯正における処遇において、刑を言い渡した有罪の裁判が確定すると、執行猶予の場合を除き、検察官の指揮により刑が執行される。懲役、禁錮および拘留は、刑事施設において執行される。刑事施設では、受刑者の改善更生の意欲を喚起し、社会生活に適応できる能力を育成するため、矯正処遇として、作業をさせ、改善指導や教科指導を行っている。

　更生保護における処遇においては、保護観察付執行猶予者は、執行猶予の期間中、保護観察に付される。また、受刑者は、地方更生保護委員会の決定により、刑期の満了前に仮釈放が許されることがあるが、仮釈放者は、仮釈放の期間中、保護観察に付される。保護観察に付された者は、保護観察所の保護観察官および民間の篤志家である保護司の指導監督・補導援護を受ける。

　更生保護の機能の充実強化を図ることを目的とし、犯罪者予防更生法（昭和24年法律第142号）と執行猶予者保護観察法（昭和29年法律第58号）が整理・統合され、更生保護法（平成19年法律第88号）が制定され、平成20年6月1日から施行されている。

2　成人矯正

　刑事施設には、刑務所、少年刑務所および拘置所の3種類がある。刑務所および少年刑務所は、主として、受刑者を収容する施設であり、拘置所は、主として、未決拘禁者を収容する施設である。刑事施設には、罰金または科料を完納することができない者を留置する労役場のほか、一部の施設を除いて、法廷等の秩序維持に関する法律（昭和27年法律第286号）2条により監置に処せられた者を留置する監置場が付置されている。売春防止法5条(勧誘等)の罪を犯して補導処分に付された成人女子は、婦人補導院に収容される。現在、婦人補導院は、東京に一施設が置かれているが、最近10年間の入院者は、平成23年、24年および26年に各一人の入院があった（矯正統計年報による）。

被収容者には、食事および飲料（湯茶等）が支給される。平成29年度の成人の受刑者一人当たりの一日の副食費は、431.67円である（法務省矯正局の資料による）。また、被収容者で高齢の者、妊産婦、体力の消耗が激しい作業に従事している者、宗教上の理由等から通常の食事を摂取できない者等に対しては、食事の内容や支給量について配慮している。

被収容者には、日常生活に必要な衣類、寝具、日用品等も貸与または支給されるが、日用品等について自弁のもの（自費購入し、または差入れを受けたもの）を使用することも認められている。

刑事施設には、医師その他の医療専門職員が配置されて医療および衛生関係業務に従事している。さらに、専門的に医療を行う刑事施設として、4の医療刑務所（八王子、岡崎、大阪および北九州）が設置されているほか、9の医療重点施設（札幌、宮城、府中、名古屋、大阪、広島、高松および福岡の各刑務所ならびに東京拘置所）が指定され、これら13施設には、医療機器や医療専門職員を集中的に配置している。

3 受刑者の処遇等

刑事施設では、刑の執行開始時に処遇調査（調査センターでの処遇調査を含む）を行い、その調査結果を踏まえ、受刑者に処遇指標を指定し、処遇指標は、矯正処遇の種類・内容、受刑者の属性および犯罪傾向の進度から構成される。

(1) 処遇要領

受刑者の処遇の中核となるのは、矯正処遇として行われる作業、改善指導および教科指導であるが、矯正処遇は、個々の受刑者の資質および環境に応じて適切な内容と方法で実施されなければならない（個別処遇の原則）。

そのため、各刑事施設では、医学、心理学、教育学、社会学その他の専門的知識および技術を活用し、受刑者の資質および環境の調査（処遇調査）を行っている。また、新たに刑が確定した受刑者で、可塑性に富んでいる若年の者および特別改善指導の実施方法を定めるために特に調査を必要とする者（性犯罪受刑者）等は、調査センターとして指定されている特定の刑事施設で精密な処遇調査が行われている。

(2) 制限の緩和と優遇措置

受刑者は、刑事施設において、さまざまな生活や行動に対する制限を受け

るが、すべての受刑者に一律に厳格な制限を課すると、自発的・自律的に行動する意欲を削ぐことになりかねない。そのため、刑事施設では、受刑者に、受刑者処遇の目的（改善更生の意欲の喚起および社会生活に適応する能力の育成）を達成する見込みに応じて第1種から第4種までの区分からなる制限区分を指定し、定期的にまたは随時、その指定を変更して、その区分に応じた制限を課する（例えば、第1種の区分に指定された受刑者については、居室に施錠をしないことなど）ことで、受刑者に自発性や自律性を身に付けさせることとしている。改善更生に努力している者にはこれに報いることが、受刑者に改善更生の意欲を持たせる動機づけとなる。そのため、刑事施設では、6か月ごとに受刑態度を評価し、良好な順に第1類から第5類までの優遇区分に指定し、良好な区分に指定された者には、外部交通の回数を増加させたり、自弁で使用できる物品の範囲を広げるなど優遇した処遇を行っている。

(3) 外出・外泊

受刑者は、受刑者処遇の目的を達成する見込みが高く開放的施設で処遇を受けているなど、一定の要件を備えている場合に限られるが、円滑な社会復帰を図るうえで、釈放後の住居または就業先の確保、家族関係の維持・調整等のために外部の者を訪問し、あるいは保護司その他の更生保護関係者を訪問するなどの必要があるときに、刑事施設の職員の同行なしに、刑事施設から外出し、または7日以内の期間で外泊することを許されることがある。

(4) 刑務作業

懲役受刑者には、法律上、刑務作業が義務づけられている（労役場留置者も同様である）。この他、禁錮受刑者および拘留受刑者も希望するときには、刑務作業を行う。受刑者は、刑務作業として職業訓練を受けることがあるほか、一般作業として、生産作業（木工、印刷、洋裁、金属等）、自営作業（炊事、清掃、介助、設備の修繕等の刑事施設の運営に必要な作業）に従事する。その職種は、受刑者の希望も参酌し、適性に応じて指定される。

刑務作業は、刑事施設内で行われるものが大部分であるが、刑事施設が管理する構外作業場で行われるものもあり、さらに、民間企業の協力を得て、受刑者を職員の同行なしに、その企業の事業所に通勤させて同所での業務に従事させる（職業訓練を受けさせることを含む）こともある。

刑務作業を行う時間は、改善指導等の矯正指導を行う時間と合算して、一

日、原則として8時間を超えない範囲内とされている。土曜日、日曜日、祝日、年末年始等には、炊事等その性質上連日行うことが必要な刑務作業を除き、実施されない。なお、労働安全衛生法等に準じて、刑務作業の安全および衛生の確保が図られている。

　刑務作業の収入は、すべて国庫に帰属する。平成28年度における刑務作業による歳入額は、約40億円であった（法務省矯正局の資料による）。他方、受刑者には、従事した作業に応じ、作業報奨金が、原則として釈放時に支給される。作業報奨金に充てられる金額（予算額）は、平成28年度には、一人1か月当たり、平均で4,320円であった（法務省矯正局の資料による）。また、28年の出所受刑者が出所時に支給された作業報奨金の金額を見ると、5万円を超える者が32.7％、1万円以下の者が16.0％であった（矯正統計年報による）。

（5）職業訓練

　刑事施設では、雇用情勢に応じ職業訓練種目の拡大にも努めており、平成21年度には、新設された電気通信設備科、内装施工科、建築塗装科を含め、溶接科、自動車整備科、ホームヘルパー科等の合計30種目の職業訓練が実施されている。

（6）就労支援

　平成18年度から、法務省は、受刑者等の出所時の就労の確保に向けて、刑事施設および少年院に就労支援スタッフを配置するとともに、厚生労働省と連携し、刑務所出所者等総合的就労支援対策を実施している。この施策は、刑事施設、少年院、保護観察所および公共職業安定所が連携する仕組みを構築したうえで、支援対象者の希望、適性等に応じ、計画的に就労支援を行うものであるが、その一環として、刑事施設では、支援対象者に対し、公共職業安定所の職員による職業相談、職業紹介、職業講話等を実施している。

（7）矯正指導

　受刑者処遇の中核は、作業のほか、改善指導および教科指導である。これらの指導に加え、刑執行開始時および釈放前の指導も行われるが、これらの4つを総称して矯正指導という。

刑執行開始時の指導

　受刑者には、入所直後、原則として2週間の期間で、受刑等の意義や、矯正処遇を受ける上で前提となる事項（作業上の留意事項や改善指導等の趣旨・概

要等)、刑事施設における生活上の心得等について、指導が行われる。

改善指導

改善指導とは、受刑者に対し、犯罪の責任を自覚させ、健康な心身を培わせ、社会生活に適応するのに必要な知識および生活態度を習得させるために行う指導をいい、一般改善指導および特別改善指導がある。

一般改善指導は、講話、体育、行事、面接、相談助言その他の方法により、①被害者感情を理解させ、罪の意識を培わせること、②規則正しい生活習慣や健全な考え方を付与し、心身の健康の増進を図ること、③生活設計や社会復帰への心構えを持たせ、社会適応に必要なスキルを身に付けさせることなどを目的として行われる。

特別改善指導は、薬物依存者、暴力団員であるなどの事情により、改善更生および円滑な社会復帰に支障があると認められる受刑者に対し、その事情の改善に資するよう特に配慮して行う改善指導である。特別改善指導としては、現在、①「薬物依存離脱指導」(薬物使用にかかわる自己の問題性を理解させたうえで、再使用に至らないための具体的な方法を考えさせるなど)、②「暴力団離脱指導」(警察等と協力しながら、暴力団の反社会性を認識させる指導を行い、離脱意志の醸成を図るなど)、③「性犯罪再犯防止指導」(性犯罪につながる自己の問題性を認識させ、再犯に至らないための具体的な方法を習得させるなど)、④「被害者の視点を取り入れた教育」(罪の大きさや被害者等の心情等を認識させるなどし、被害者等に誠意をもって対応するための方法を考えさせるなど)、⑤「交通安全指導」(運転者の責任と義務を自覚させ、罪の重さを認識させるなど)および⑥「就労支援指導」(就労に必要な基本的スキルとマナーを習得させ、出所後の就労に向けての取組を具体化させるなど)の6類型の改善指導が実施されている。

教科指導

教科指導とは、学校教育の内容に準ずる内容の指導である。社会生活の基礎となる学力を欠くことにより改善更生および円滑な社会復帰に支障があると認められる受刑者に対して行う(補習教科指導)ほか、学力の向上を図ることが円滑な社会復帰に特に資すると認められる受刑者に対してもその学力に応じた教科指導(特別教科指導)を行っている。

平成19年度からは、法務省と文部科学省の連携により、刑事施設内において、高等学校卒業程度認定試験を実施し、また4の指定された刑事施設に

おいて、同試験の受験に向けた指導を積極的に実施している。

釈放前の指導

受刑者には、釈放前に、原則として2週間の期間で、現実に社会生活を送るうえで必要となる指導が行われる。講話や個別面接等の方法で、社会の状況や社会における各種手続に関する知識を付与したりするほか、必要に応じ刑事施設の職員が同行して社会見学を行うなどの方法で指導が行われる。また刑事施設には、「開放寮」等と称されている、施錠が厳格に行われないなど開放的な居住区域が設けられているが、釈放前の時期には、円滑な社会復帰を図るために、受刑者の処遇は、この居住区域で行われることもある。

4　PFI手法を活用した刑事施設

民間資金等の活用による公共施設等の整備等の促進に関する法律（平成11年法律第117号）に基づき、過剰収容を緩和し、新しい刑事施設の運営のあり方を模索するなどの観点から、PFI（Private Finance Initiative）手法（公共施設等の建設、維持管理、運営等を民間の資金、ノウハウを活用して行う手法）を用いて、刑事施設の整備が行われている。PFI手法による第1号事業として、山口県美祢市に美祢社会復帰促進センター（平成21年度の収容定員1,000人）が建設され、19年4月からわが国初の官民協働による刑務所として運営が開始された。その後、同年10月から喜連川社会復帰促進センター（同2,000人）および播磨社会復帰促進センター（同1,000人）が、20年10月から島根あさひ社会復帰促進センター（同2,000人）がそれぞれ運営を開始している。

これらの社会復帰促進センターにおいては、受刑者の社会復帰が円滑に行われるよう、民間のノウハウとアイディアを活用し、フードコーディネーターやシステムエンジニアの養成、パソコン技能の習得やホームヘルパー資格取得等の多様な職業訓練を実施しているほか、各種の特色あるプログラムに基づく改善指導を実施している。例えば、島根あさひ社会復帰促進センターでは、財団法人日本盲導犬協会の協力により、受刑者が盲導犬候補の子犬に生後12か月まで基本的な訓練を実施する社会貢献活動（パピープログラム）が一般改善指導として行われている。

第3節　更生保護の主な内容

1　機関

　更生保護の機関には、法務省に置かれている中央更生保護審査会（委員長と委員4人で組織する合議制の機関）、高等裁判所の管轄区域ごとに置かれている地方更生保護委員会（3人以上の政令で定める人数〔15人〕以内の委員で組織する合議制の機関）および地方裁判所の管轄区域ごとに置かれている保護観察所がある。中央更生保護審査会は、法務大臣への個別恩赦の申出等の権限を有し、地方更生保護委員会は、刑事施設の長からの申出等に基づき、仮釈放の許否を決定するなどの権限を有している。保護観察所は、保護観察、生活環境の調整および更生緊急保護の実施、犯罪予防活動の促進等の業務を行っている。

2　仮釈放

　仮釈放の目的は、「改悛の状」があり、改善更生が期待できる懲役または禁錮の受刑者を刑期満了前に釈放し、仮釈放の期間（残刑期間）が満了するまで保護観察に付して、円滑な社会復帰を促進することにある。
　仮釈放は、懲役または禁錮にかかわる受刑者について、有期刑については刑期の3分の1、無期刑については10年の法定期間を経過した後、許すことができる。また、仮釈放は、「改悛の状」があるときに許されるのであるが、具体的には、悔悟の情および改善更生の意欲があり、再犯に及ぶおそれがなく、かつ、保護観察に付することが改善更生のために相当であると認められ、社会の感情もこれを是認すると認められるときに許される。なお、平成19年12月1日から、仮釈放審理において、被害者等から意見等を聴取する制度が施行されている。
　受刑者の帰住予定地を管轄する保護観察所では、刑事施設から受刑者の身上調査書の送付を受けた後、保護観察官または保護司が引受人と面接するなどとして、帰住予定地の状況を確かめ、住居、就労先等の生活環境を整えて改善更生に適した環境作りを働きかける生活環境の調整を実施している。平成21年度からは、高齢または障害により自立困難で住居もない受刑者につい

て、厚生労働省が整備を進めている地域生活定着支援センターと連携し、社会福祉施設に入所することなどができるようにする調整も行っている。これらによる生活環境の調整の結果は、仮釈放審理における資料となるほか、受刑者の社会復帰の基礎となる。

3　保護観察

保護観察は、その対象となる者の再犯・再非行を防ぎ、その改善更生を図ることを目的として、その対象者に社会生活を営ませながら、保護観察官と、法務大臣から委嘱を受けた民間篤志家である保護司が、面接等の方法により接触を保ち行状を把握することや遵守事項等を守るよう必要な指示、措置を執るなどの指導監督を行い、また、自立した生活ができるように住居の確保や就職の援助などの補導援護を行うことにより実施される。

保護観察対象者は、保護観察期間中、遵守事項を遵守しなければならず、これに違反した場合には、仮釈放の取消などのいわゆる不良措置が執られることがある。遵守事項には、すべての保護観察対象者が守るべきものとして法律で規定されている一般遵守事項と、個々の保護観察対象者ごとに定められる特別遵守事項とがある。

4　更生緊急保護等
(1)　応急の救護等・更生緊急保護の措置

保護観察所では、保護観察対象者について、病気、けが、適当な住居や職業がないなどの事情により改善更生が妨げられるおそれがある場合には、福祉機関等から必要な援助を得るように助言・調整を行っているが、その援助が直ちに得られない場合や得られた援助だけでは十分でないと認められる場合もあり、そうした場合には、保護観察対象者に対して、食事・衣料・旅費等を与え、または更生保護施設に委託するなどの緊急の措置（応急の救護等）を講じている。

また、更生緊急保護は、満期釈放者、保護観察に付されない執行猶予者、起訴猶予者、罰金または科料の言渡しを受けた者、労役場出場・仮出場者、少年院退院者・仮退院期間満了者等に対し、その者の申出に基づいて、応急の救護等と同様の措置を講ずるものである。刑事上の手続または保護処分に

よる身体の拘束を解かれた後6か月を超えない範囲内において行われるが、その者の改善更生を保護するため特に必要があると認められるときは、さらに6か月を超えない範囲内において行うことができる。

(2) 更生保護施設

更生保護施設は、主に保護観察所から委託を受けて、住居がなく、頼るべき人がいないなどの理由で直ちに自立することが難しい保護観察または更生緊急保護の対象者を宿泊させ、食事を給するほか、就職援助、生活指導等を行う施設である。

平成29年4月1日現在、全国に103の施設があり、更生保護法人により100施設が運営されているほか、社会福祉法人、特定非営利活動法人および一般社団法人により、それぞれ1施設が運営されている。その内訳は、男性の施設89、女性の施設7および男女施設7である。収容定員の総計は2,369人であり、男性が成人1,868人と少年324人、女性が成人128人と少年49人である（法務省保護局の資料による）。

更生保護施設では、生活技能訓練（Social Skills Training；SST）、酒害・薬害教育等を取り入れるなど、処遇の強化に努めており、平成28年度においては、35の更生保護施設がSSTを、44の更生保護施設が酒害・薬害教育を実施している（法務省保護局の資料による）。

また、平成21年度に法務省および厚生労働省が連携し、高齢または障害により自立困難で住居もない受刑者等に対する地域生活定着支援の取組みが開始されたが、この取組みにおいて、出所後直ちに福祉による支援が困難な者は、更生保護施設において受け入れ、福祉への移行準備および社会生活に適応するための指導・助言を行うこととなった。その役割を担うために指定された57の施設では、福祉の専門資格等を有する職員の配置や、バリアフリーなどの必要な施設整備等を行っている。

5　恩　赦

恩赦は、裁判によらないで、刑罰権を消滅させ、または裁判の内容・効力を変更もしくは消滅させる制度であり、大赦、特赦、減刑、刑の執行の免除および復権の5種類がある。

恩赦は、政令で一律に行われる政令恩赦（大赦、減刑および復権）と、特定

の者に対して個別的に審査した上で行われる個別恩赦（特赦、減刑、刑の執行の免除および復権）とに区別される。さらに、個別恩赦には、常時行われる常時恩赦と、内閣の定める基準により一定の期間に限って行われる特別基準恩赦とがある。

6　犯罪予防活動
(1) 社会を明るくする運動等
　更生保護における犯罪予防活動は、世論の啓発、社会環境の改善等多岐にわたる。具体的な活動としては、講演会、非行問題を話し合う住民のミニ集会、青少年非行相談、親子ふれあい行事など、住民が参加するさまざまな行事や、保護観察所・保護司会・中学校による地域問題の協議会の開催等、中学校との連携強化のための取組みが行われている。

　これらの活動は、保護観察所、保護司会、更生保護女性会、BBS会（Big Brothers and Sisters Movement）等が年間を通じて地域の様々な関連機関・団体と連携しながら実施しているが、法務省の主唱により、毎年7月を強調月間として、社会を明るくする運動〜犯罪や非行を防止し、立ち直りを支える地域のチカラ〜が展開されている。

(2) 自主防犯活動
　近時、地域住民による自主的な防犯活動が活発に行われており、平成21年末現在、警察庁が把握している防犯ボランティア団体の数は4万2,762団体（前年末比5.5％増）、構成員数は262万9,278人（同5.1％増）である。

第4節　刑事手続における被害者のかかわり

1　不起訴処分に対する不服申立制度
　公訴権は、原則として検察官のみに付与されており、また検察官には公訴の提起について広い裁量権がある。しかし検察官が判断を誤り、起訴すべき事件を起訴しない可能性もあることから、検察官の公訴を提起しない処分（不起訴処分）に対する不服申立の制度として、検察審査会に対する審査申立および管轄地方裁判所に対する付審判請求（「準起訴手続」ともいう）の制度がある。

2　検察審査会に対する審査申立

　検察審査会（現在、全国に165庁が設置されている）は、選挙人名簿に基づきくじで選定された11人の検察審査員（任期6か月）により組織され、申立によりまたは職権で、検察官の不起訴処分の審査を行い、「起訴相当」「不起訴不当」または「不起訴相当」の議決を行う。

　従来、検察審査会の議決には、法的拘束力はなく、検察官は、その議決を参考にしつつも、公訴を提起するかどうかは最終的には自ら判断するものとされていたが、刑事訴訟法等の一部を改正する法律（平成16年法律第62号）により改正された検察審査会法（昭和23年法律第147号）において、一定の場合に検察審査会の議決に基づき公訴が提起される制度が導入され、平成21年5月21日から施行されている。この制度では、検察官が不起訴処分とし、検察審査会が起訴相当の議決を行った事件につき、検察官が再度不起訴処分にした場合または一定期間内に公訴を提起しなかった場合には、検察審査会は、再審査を行わなければならず、その結果、「起訴をすべき旨の議決」（起訴議決）を行ったときは、公訴の提起およびその維持に当たる弁護士（指定弁護士）が裁判所により指定され、この指定弁護士が、起訴議決にかかわる事件について、検察官の職務を行う。

3　公判段階における被害者参加等
(1)　被害者参加制度等

　平成12年以降、裁判所は、被害者等から被害に関する心情その他の被告事件に関する意見の陳述の申出があるときは、原則として、公判期日において、意見の陳述を許すものとされている。

　さらに、刑事訴訟法の改正（平成19年法律第95号による改正）により、平成20年12月から、被害者参加制度が施行されている。この制度では、一定の犯罪の被害者等は、裁判所の決定により、刑事裁判に参加し、公判期日に出席できるほか、検察官の訴訟活動に意見を述べること、情状事項に関して証人を尋問すること、自らの意見陳述のために被告人に質問すること、事実・法律適用に関して意見を述べることなどができる。また、犯罪被害者等の権利利益の保護を図るための刑事手続に付随する措置に関する法律（平成12年法律第75号）および総合法律支援法（平成16年法律第74号）により、被害者等は、

刑事裁判への参加を弁護士に委託する場合に、資力に応じて国選被害者参加弁護士の選定を請求することもできる。

(2) 証人の保護等

被害者は、公判段階で証人として出廷して証言することが少なくないが、証人を保護するための制度として、証人尋問の際に、証人と被告人や傍聴人との間を遮へいする措置を採る制度、証人を別室に在席させ、映像と音声の送受信により相手の状態を相互に認識しながら通話する方法（ビデオリンク方式）によって尋問する制度、適当と認める者を証人に付き添わせる制度がある。

(3) 刑事和解および損害賠償命令制度

刑事事件の被告人と被害者等は、両者間の当該被告事件に関連する民事上の争いについて合意が成立した場合には、共同して、その合意の内容を当該被告事件の公判調書に記載することを求める申立ができる。これが公判調書に記載された場合には、その記載は裁判上の和解と同一の効力を有し（刑事和解）、被告人がその内容を履行しないときは、被害者等はこの公判調書を利用して強制執行の手続を執ることができる。

(4) 記録の閲覧・謄写

公判記録の閲覧・謄写については、従来、被害者等から申出があり、正当な理由があって相当と認める場合に限って認められていたが、平成19年12月から、その範囲が拡大され、裁判所は、被害者等には原則として公判記録の閲覧または謄写を認めることとされている（いわゆる同種余罪の被害者等に対しても、損害賠償請求権の行使のために必要があり、相当と認めるときは、閲覧または謄写が認められる）。

不起訴事件記録については、原則として非公開であるが、被害者等が民事訴訟において損害賠償請求権その他の権利を行使するために実況見分調書等の客観的証拠が必要と認められる場合などには、検察官は関係者のプライバシーを侵害しないなど相当と認められる範囲で、これらの証拠の閲覧または謄写を許可している。また平成20年12月から、被害者参加制度の対象事件に該当する不起訴事件の記録中の客観的証拠については、被害者等が「事件の内容を知ること」等を目的とする場合であっても、原則として閲覧が認められている。

4　告訴人通知・被害者等通知制度

　検察官は、告訴等のあった事件について公訴を提起し、またはこれを提起しない処分（不起訴処分）にしたときは、速やかにその旨を告訴人等に通知しなければならず、また不起訴処分にした場合において、告訴人等の請求があるときは、速やかにその理由を告げなければならない。

　さらに検察官等は、被害者が死亡した事件またはこれに準ずる重大な事件や検察官等が被害者等の取調べ等を実施した事件において、被害者等が希望する場合には、事件の処理結果、公判期日および裁判結果に関する事項について通知を行っている。また被害者等が特に希望する場合には、公訴事実の要旨、不起訴理由の骨子、公判経過、受刑者の釈放等についても、相当と認めるときは、通知を行っている。

　平成19年12月からは、この制度がさらに拡充され、被害者等が希望する場合には、検察官は、受刑者の刑の執行終了予定時期、刑事施設における処遇状況に関する事項および刑の執行猶予の言渡しの取消に関する事項等について、地方更生保護委員会は、仮釈放審理の開始・結果に関する事項について、保護観察所の長は、仮釈放者および保護観察付執行猶予者の保護観察の開始・処遇状況・終了に関する事項について、原則として通知を行っている。なお、この制度とは別に、再被害防止のため、被害者等が特に希望する場合において、通知を行うのが相当と認めるときは、検察官等が受刑者の釈放予定時期等について被害者等へ通知を行うことができる制度も実施されている。

5　少年事件における被害者への配慮

　少年事件については、少年法の改正（平成12年法律第142号による改正）により、平成13年4月から、被害者等による少年事件記録の閲覧・謄写、被害者等からの意見の聴取および被害者等に対する審判結果等の通知の措置が実施されている。さらに、少年法の改正（平成20年法律第71号による改正）により、被害者等の権利利益のいっそうの保護を図るため、20年7月8日から、意見聴取の対象者の範囲が拡大され、また同年12月15日から、一定の重大事件の被害者等が少年審判を傍聴することができる制度および家庭裁判所が被害者等に対して審判の状況を説明する制度が施行されるとともに、少年事件記録の閲覧・謄写の要件の緩和および範囲の拡大もされている。こ

の他被害者等通知制度の拡充に併せて、平成19年12月から、保護処分を受けた少年の処遇状況等に関する事項についても通知が行われるようになり、被害者等から希望があった場合、少年院の長は、加害少年が収容されている少年院の名称、少年院における教育状況、出院年月日・出院事由等について、地方更生保護委員会は、仮退院審理の開始・結果に関する事項について、保護観察所の長は、保護観察処分少年および少年院仮退院者の保護観察の開始・処遇状況・終了に関する事項について、通知を行っている。

6　被害者支援員制度

全国の検察庁には被害者支援員が配置され、被害者からの相談の対応、法廷への案内や付添い、記録の閲覧、証拠品の還付請求等各種手続の援助を行っている。また、被害者等に対して被害に遭った直後から適正・確実に援助を行うことができる民間団体として犯罪被害者等早期援助団体が都道府県公安委員会により指定されているが、被害者支援員は、被害者等の状況に応じて、これらの団体への紹介も行っている。

7　更生保護における犯罪被害者等施策

犯罪被害者等基本法および犯罪被害者等基本計画を受け、更生保護法に、①地方更生保護委員会が、刑事施設からの仮釈放および少年院からの仮退院の審理において、被害者等から仮釈放・仮退院に関する意見等を聴取する意見等聴取制度、②保護観察所が、被害者等から被害に関する心情等を聴取し、保護観察中の加害者に伝達する心情等伝達制度が規定され、平成19年12月1日から施行されている。また、同日から、③地方更生保護委員会および保護観察所が、被害者等に加害者の処遇状況等について通知を行う制度、④主に保護観察所が、被害者等からの相談に応じ、関係機関等の紹介等を行う制度も開始されている。

8　法テラスによる被害者支援業務

総合法律支援法に基づき平成18年4月に設置された日本司法支援センター（通称「法テラス」）においても、同年10月から、犯罪被害者等に対する支援業務を行っている。

9　犯罪被害者に対する給付金の支給制度等
(1)　犯罪被害給付制度
　国は、犯罪被害者等給付金の支給等による犯罪被害者等の支援に関する法律（昭和55年法律第3636号。平成20年7月1日前は、「犯罪被害者等給付金の支給等に関する法律」）に基づき、犯罪行為により不慮の死を遂げた者の遺族または重傷病を負いもしくは障害が残った者に対し、犯罪被害者等給付金を支給している。この制度については、18年4月から、重傷病給付金にかかわる支給要件の緩和、支給対象期間の延長および親族間犯罪にかかわる支給制限の緩和が、20年7月から、休業損害を考慮した重傷病給付金の額の加算、重度後遺障害者（障害等級1～3級）に対する障害給付金および生計維持関係のある遺族に対する遺族給付金の引上げが、21年10月から、配偶者からの暴力の被害者にかかわる支給制限の見直しが実施されるなど、犯罪被害者等基本法および犯罪被害者等基本計画を踏まえた拡充がなされている。

(2)　被害回復給付金支給制度
　組織的犯罪処罰法の改正（平成18年法律第86号による改正）により、平成18年12月から、財産犯等の犯罪行為により犯人が被害者から得た財産等（犯罪被害財産）について、一定の場合にその没収・追徴を行うことが可能となり、また、犯罪被害財産等による被害回復給付金の支給に関する法律（平成18年法律第87号）により、没収・追徴した犯罪被害財産や外国から譲与を受けたこれに相当する財産を用いて、被害者等に対し、被害回復給付金が支給されることとなった。平成28年に被害回復給付金支給手続の開始決定が行われたのは8件であり、開始決定時における給付資金総額は約9,750万円であった（官報による）。

(3)　被害回復分配金支払制度
　犯罪利用預金口座等にかかわる資金による被害回復分配金の支払等に関する法律（平成19年法律第133号）は、預金口座等への振込みを利用して行われた詐欺等の犯罪行為の被害者に対する被害回復分配金の支払等のため、預金等債権の消滅手続および被害回復分配金の支払手続等を定めたものであり、これにより、振り込め詐欺やいわゆるヤミ金融等による財産的被害の迅速な回復が図られている。

第2章　更生保護　各論

第1節　保護観察

1　保護観察の意義

　保護観察とは、犯罪者や非行少年に通常の社会生活を営ませながら遵守事項を守るように指導監督するとともに、必要な補導援護を行うことによってその改善更生を図ろうとするものである。

　保護観察は、犯罪をした人または非行のある少年が、実社会の中でその健全な一員として更生するように、国の責任において指導監督および補導援護を行うもので、保護観察処分少年、少年院仮退院者、仮釈放者、保護観察付執行猶予者および婦人補導院仮退院者の計5種の人がその対象となる。

　更生保護法第1条は、法の目的の第一として「犯罪をした者および非行のある少年に対し、社会内において適切な処遇を行うことにより、再び犯罪をすることを防ぎ、またはその非行をなくし、これらの者が善良な社会の一員として自立し、改善更生することを助ける」ことを掲げているが、この目的を達成する手段の中核に位置づけられているものが保護観察である。すなわち、保護観察は、更生保護制度の中核ともいえるもので、国が犯罪をした者および非行のある少年に対し、通常の社会生活を営ませながら、遵守事項という一定の条件を課したうえで、これが守られるように継続的かつ個別的な処遇を行い、その再犯防止と改善更生を図ろうとするものである。社会内処遇の一つとされているわが国の保護観察制度には、施設内処遇を回避して犯罪者としての烙印を押すことを避けようとする意図に出たものであるプロベーション（probation）型の保護観察と、プリズニゼイション（刑務所化、prisonization）を避けるという意味でのパロール（parole）型の保護観察の2つのものがある。この社会内処遇制度である保護観察は、ラベリング理論に基づく烙印押し（スティグマ）の除去や、過剰拘禁の解消、長期受刑者に対するプリズニゼイションを緩和する目的を持っている。犯罪をした者および

非行のある少年の処遇は、刑務所や少年院等の矯正施設でも行われているが、保護観察は、強制的に施設のなかに拘禁または収容することなく、実社会のなかで実施される点に大きな意義を含んでいる。刑務所等の矯正施設が施設内処遇と呼ばれるのに対し、保護観察を中核とする更生保護は社会内処遇と呼ばれている。社会内のあらゆる資源を活用し、社会に支えられたものであるという積極的な意義がある。

2 保護観察の主体

保護観察を実施する機関が保護観察所である。保護観察所は、法務省の地方支分部局として全国の地方裁判所の管轄区域ごとに置かれている（法務省設置法第15条、法務省組織令第75条）。保護観察所には、保護観察官が配属され、保護観察所の長からの指名を受け、保護観察を実施している。保護観察は、通常、一人の保護観察対象者を保護観察官と保護司が共に担当する協働態勢により実施されている。

3 保護観察の種類

現行法上、保護観察の対象となるものには、次の5種類がある。

①保護観察処分少年（家庭裁判所の決定により保護観察に付された者、1号観察）

②少年院仮退院者（地方更生保護委員会の決定により少年院からの仮退院を許された者、2号観察）

③仮釈放者（地方更生保護委員会の決定により仮釈放を許された者、3号観察）

④保護観察付執行猶予者（刑事裁判所の判決により刑の執行を猶予され保護観察に付された者、4号観察）

⑤婦人補導院仮退院者（地方更生保護委員会の決定により婦人補導院からの仮退院を許された者、5号観察）

このうち、保護観察処分少年および保護観察付執行猶予者に対する保護観察は施設収容を回避してなされるもので、いわゆるプロベーションに相当し、少年院仮退院者、仮釈放者および婦人補導院仮退院者に対する保護観察は施設処遇の後になされるものでパロールに属するものであるといえる。

（1）保護観察処分少年（1号観察）

保護観察期間については、保護処分決定の日から20歳に達するまでであ

るが、その期間が2年に満たない者の場合は2年（更生保護法第66条）である。例外的には23歳まで（同法第68条第3項）認められる。

　保護観察処分少年の保護観察は、家庭裁判所での審判の後に少年が保護者とともに保護観察所に出頭し、保護観察官の面接（初回面接）を受けることにより実質的に開始される。初回面接において保護観察官は、少年の資質や性向、身上や家庭環境を含めた生活状況、非行の内容や背景と審判結果の受け止め方、更生の阻害要因等を把握し、保護観察の実施計画を策定する。保護者に対しても、必要に応じ監護の責任を自覚させる。

　保護観察を実施した結果、保護観察を継続しなくとも健全な生活態度を保持し、善良な社会の一員として自立し、確実に改善更生することができると認められるときは、保護観察所の長によって保護観察は解除され、当初に定められた保護観察期間前に保護観察を終了させることが可能である。

　例えば保護観察により、自分が認められ、かつ適切な指導助言を受けられる場を得た少年は、被害者や社会に与えた被害、影響等を深く省み、家族、友人らと新たに健全な人間関係を築くことができる。このような少年に対しては、早期に保護観察終了させる措置（解除）がとられることになる。

　また、同様に健全な生活態度を保持している者に対し、保護観察を一時的に解除することもできる。一方、遵守事項を遵守しなかったと認められるときは、警告を発したうえで、特別観察期間として保護観察処分少年に対する指導監督を強化することになるが、それでもなお、警告にかかる遵守事項を遵守せず、その程度が重いと判断されるときは、家庭裁判所に施設（少年院、児童自立支援施設または児童養護施設）送致申請を行うことができる。また、新たに少年法第3条第1項第3号に定める虞犯少年（「犯罪性のある人もしくは不道徳な人と交際し、またはいかがわしい場所に出入すること」などの事由があって、将来、罪を犯し、または刑罰法令に触れる行為をする虞のある少年）、保護観察処分少年について家庭裁判所に通告することができる。

　また、交通短期保護観察は、道路交通法違反等の交通事件により少年法第24条第1項第1号の保護処分に付された者のうち、家庭裁判所の処遇勧告がなされた者に対し、交通安全に関する知識の向上および安全運転の態度形成を図ることを目的として実施しているもので、原則として3か月以上4か月以内の期間内に保護観察官による集団処遇を受けさせるとともに、書面に

よる生活状況の報告をさせている。

　少年の指導においては、家族等との関係を調整し、本人が落ち着いて生活できる場をつくると同時に不良交友を改善することである。また、学業あるいは就労を中心とした規律ある生活習慣の確立である。対人接触を苦手とし、表現力に乏しく、困難場面を適切に乗り越える力が乏しい少年に対しては、面接を繰り返し、少年が十分に表現できない心情等を言葉に置き換える作業を手伝うことである。また、社会的体験を多く積ませ視野を広げさせるとともに、自信や有用感を抱かせることも大切であり、保護観察所が行う老人ホーム等の介護ボランティア等社会参加活動に参加させ、他者の役に立つ喜びを感じさせるなどの取組みが大切である。

　また、少年の非行の背景には、親子関係等に問題を抱える場合が多いことから、更生保護法第59条において、保護観察に付されている少年の保護者に対し、その少年の監護に関する責任を自覚させ、その改善更生に資するため、指導、助言その他の適当な措置をとることができる旨規定されている。具体的には、保護観察に付されている少年の面接の際に、保護者の同席を求め、少年の生活状況を把握して保護観察官または保護司に知らせるように働きかけたり、保護観察官または保護司が少年に指示したことについて家庭内での協力が得られるよう関係を築いたりするほか、保護者の養育態度に問題があるときは、保護者に対し、これを改善するよう指導・助言することになる。加えて、保護者が少年の監護のあり方について不安や悩みを抱えていたり、薬物乱用や不良交友など特定の問題に対応する知識を求めていたりする場合は、保護観察所において保護者会を開催したり、他の機関や団体において開催される講習会等に関する情報を提供している。

(2) 少年院仮退院者（2号観察）

　地方更生保護委員会の決定によって少年院からの仮退院を許されると、仮退院の日から通常は20歳に達するまで保護観察に付される（少年院法第11条）が、少年院収容中に収容期間を延長する手続が取られ、26歳を超えない範囲で収容期間が定められていると、仮退院の時点ですでに成人に達していたとしても、新たな収容期間に達するまで保護観察に付される（更生保護法第72条第3項）。

　保護観察を実施した結果、保護観察を継続しなくとも、健全な生活態度を

保持し、善良な社会の一員として自立し、確実に改善更生することができると認められるときは、保護観察所の長の申出を経て、地方更生保護委員会の決定によって退院を許され、これに伴い、当初に定められた保護観察期間満了前に保護観察を終了させることが可能である。一方、遵守事項を遵守しなかったと認められ、遵守事項違反にかかる情状や保護観察の実施状況等を考慮し、少年院に戻して処遇を行うことが必要かつ相当と判断されるときは、保護観察所の長の申出を経て、地方更生保護委員会が少年院送致の決定をした家庭裁判所に対し、少年院に戻して収容する旨の決定の申請をすることができる。

(3) 仮釈放者（3号観察）

仮釈放者の保護観察は、開始期において、矯正処遇、仮釈放審理、生活環境の調整等を経ており、遵守事項や保護観察の法的枠組みを本人が理解し、相応の自覚と更生意欲を持っている。

保護観察期間については、出所の日から残刑期間の満了の日までである。無期刑の言渡しを受けて仮釈放を許された者については終身であるが、少年時に無期刑の言渡しを受けた場合は10年（少年法第59条）である。

地方更生保護委員会の決定によって刑事施設からの仮釈放を許されると、仮釈放の日から刑期が満了するまでの間、保護観察に付される。ただし、少年法第51条第2項による定期刑、同法第52条第1項による不定期刑には例外が認められている。また、無期刑の仮釈放者は、恩赦によらないかぎり、終身、保護観察を受けなければならないが、少年のとき無期刑の言渡しを受けた者は、仮釈放後は10年を経過すると刑の執行が終了する。少年法第52条第1項による不定期刑の仮釈放者については、すでに刑の短期を経過し、保護観察を実施した結果、保護観察を継続しなくとも、健全な生活態度を保持し、善良な社会の一員として自立し、確実に改善更生することができると認められるときは、保護観察所の長の申出を経て、地方更生保護委員会の決定によって刑の執行を終了させることも可能である。

すべての仮釈放者について、保護観察を実施した結果、遵守事項を遵守しなかったと認められ、遵守事項違反にかかる情状や保護観察の実施状況等を考慮し、その改善のために保護観察を継続することが相当であると認められる特別の事情がないとき、保護観察所の長は、地方更生保護委員会に対し、

仮釈放の取消の申出を行う。申出を受けた地方更生保護委員会において、仮釈放の許可基準に照らし、仮釈放の取消の申出が相当と認められるときは、仮釈放の取消の決定がなされる。また、保護観察中に罰金以上の刑に処せられたときなどは、地方更生保護委員会は、決定をもって仮釈放を取り消すことができる。

この他、仮釈放者が居住すべき住居に居住していないことが認められたときは、保護観察所の長は、地方更生保護委員会に対し、保護観察停止の申出を行う。申出を受けた地方更生保護委員会は、仮釈放者の所在が判明しないため、保護観察が実施できなくなったと認めるときは、決定をもって保護観察を停止することができる。

保護観察においても、性犯罪や薬物犯罪など特定の問題については、専門的処遇プログラムを実施し、犯罪にいたる過程を点検して、考え方のゆがみや行動選択の誤りを自覚させ、より望ましい行動を選択できるよう指導がなされ、被害者等への謝罪、慰謝の措置等への働きかけを行い、犯罪的傾向を改善し、社会適応力を高めていく取組みに力が入れられている。

疾病や障害を抱え、生活基盤が弱いうえに、適切な行政サービス等へのアクセス方法も知らない者に対しては、個々のニーズを把握し、福祉、医療等関係機関に結びつけて自立を支援するかかわりも保護観察において行われている。

保護観察の停止が決定されると、刑期の進行を止め、刑の事項が完成するまで、保護観察事件は終結しない。その後、所在が判明したときは、保護観察の停止を解除する決定が地方更生保護委員会でなされ、その際に改めて刑期計算が行われ、新たに刑の終了日が算出される。ただし、この場合には、保護観察の停止となる前の無断転居等の遵守事項違反により仮釈放が取り消される。

(4) 保護観察付執行猶予者（4号観察）

地方裁判所などで保護観察付の刑の執行猶予の言渡しがなされ、その判決が確定すると、その日から刑の執行猶予期間が満了するまで保護観察に付される（刑法第25条の2第1項）。保護観察を実施した結果、保護観察を仮に解除しても、健全な生活態度を保持し、善良な社会の一員として自立し、確実に改善更生することができると認められるときは、保護観察所の長の申出を

経て、地方更生保護委員会の決定によって保護観察を仮に解除する処分がなされ、これに伴い、保護観察における指導監督および補導援護を行わないこととなる。一方、遵守事項を遵守しなかった場合において、保護観察の実施状況等を考慮し、遵守事項違反にかかる情状が重いと認められるときは、検察官に対し、刑の執行猶予の取消の申出をしなければならない。

(5) 婦人補導院仮退院者（5号観察）

地方更生保護委員会の決定によって婦人補導院からの仮退院を許されると、仮退院の日から補導処分の残期間が満了するまで保護観察に付される（売春防止法第26条第1項）が、売春防止法に基づく補導処分がほとんどなく、近年、婦人補導院仮退院者の保護観察を実施していない状態が続いている。

4　保護観察における処遇

保護観察における処遇は、原則として、保護観察官および保護司の協働によってなされている。保護観察官は、国家公務員であって、心理学、教育学、社会学その他の更生保護に関する専門的知識に基づく役割が期待され、保護司は、法務大臣から委嘱を受けた民間篤志家であって、地域性、民間性等の特色に基づく役割が期待されている。保護観察官は、保護観察開始当初において、関係記録や本人との面接から得た資料に基づき、保護観察実施上の問題点を明らかにして処遇計画を作成する。この処遇計画に沿ってなされる直接的な指導・援助は保護司によって行われる場合が多いが、保護観察官は、保護司から提出される処遇経過報告を検討し、新たな問題が生じた場合は、その都度、または随時保護司と協議し、必要に応じて本人を呼び出し、あるいは直接本人宅等に赴いて必要な措置をとっている。

このように、保護観察は、通常、一人の保護観察対象者を保護観察官と保護司が協働して担当する態勢により実施されている。保護観察官は、一人で多数の保護観察対象者を担当し、保護観察の開始時に、保護観察対象者と面接し、改善更生への動機づけを図るとともに、面接結果や関係記録等に基づき、保護観察の実施計画として、処遇の目標や指導監督および補導援護の方法等を定める。保護司は、それぞれが一人から数人程度の保護観察対象者を担当し、保護観察官が定めた実施計画に沿って、面接、訪問等を通じて保護観察対象者やその家族等と接触し、指導・援助を行う。その経過は、毎月、

保護司から保護観察所の長に報告され、保護観察官は、これを受けて、保護司と連携し、必要に応じて保護観察対象者や関係者と面接するなどして、状況の変化に応じた処遇上の措置を講じている。

わが国の保護観察は、有給常勤の国家公務員である保護観察官と無給非常勤の国家公務員である保護司の協働態勢で処遇が行われる点に特色があるといえるが、保護司のような民間篤志家が保護観察に参加している例は他の国にも少なからず見られるところである。わが国の場合、民間篤志家である保護司には、法律によって、人格および行動について社会的な信望があること、職務の遂行に必要な熱意と時間的余裕があることなどの資格要件が定められ、また、守秘義務などの責任が課されている。平成29年1月1日現在、保護司の人員は4万7,909人で、25年から4万8,000人を下回っている。同年は60歳以上の保護司の割合が80.0％で、19年と比べて10pt以上高くなっており、高齢化が急速に進んでいる。また、職種による増減はあるものの、有職者の占める割合は最近20年間横ばいで、主婦を含む無職者の割合が4分の1を超えている。

更生保護法では、「保護観察における指導監督及び補導援護は、保護観察対象者の特性、とるべき措置の内容その他の事情を勘案し、保護観察官又は保護司をして行わせるものとする（同法第61条第1項）」と規定している。つまり、これからは、処遇上特段の配慮を要する事案については、保護観察官に直接担当させるなど、保護観察官と保護司の適切な役割分担が求められることになったのである。つまり、無期刑・長期刑受刑者、殺人等凶悪重大な事件を起こした少年、暴力的犯罪を繰り返している者、性犯罪等対象者など、重点的に保護観察を実施すべき者、言わば、従来から保護司に大きな負担をかけていた対象者については、保護司との協働態勢をとりつつ保護観察官の直接的関与を強化し、その中でも、処遇に特段の配慮を要する者については、保護観察官が直接担当することとし、また、その他の対象者についても、保護司に対するきめ細かな処遇協議・助言を行うことや、問題発生時における保護観察官の迅速・的確な介入等を行うことにより、保護司の負担を軽減し、保護司の活動が円滑に進められるよう配慮することが明記されたのである。

5　指導監督と補導援護

保護観察は、指導監督と補導援護の２つの側面から成り立っている（更生保護法第49条第１項）。

(1) 指導監督

指導監督は、保護観察の権力的・監督的な性格を有し、次の方法によって行われる（更生保護法第57条第１項）。

①面接その他の適当な方法により保護観察対象者と接触を保ち、その行状を把握すること。

②保護観察対象者が遵守事項を遵守し、ならびに生活行動指針に即して生活し、および行動するよう、必要な指示その他の措置をとること。

③特定の犯罪的傾向を改善するための専門的処遇を実施すること。

実務上、毎月、定期的に保護観察対象者に保護司のもとなどを訪問させたうえで、自らの生活状況を報告させたり、または、保護司が保護観察対象者のもとを訪問したりして保護観察対象者の行状を把握しているが、事案や経過に応じて、保護観察官が保護観察対象者を呼び出したり、または、保護観察対象者のもとを訪問したりすることもある。

このようにして、保護観察は保護観察対象者の行状を把握することから始まる。保護観察対象者の行状を把握した段階で、保護観察対象者に対し、遵守事項を守っているかどうか、または、生活行動指針に即して生活し、行動しているかという観点からの指示や助言を具体的・実際的な形で与えることになる。

保護観察対象者に対する措置としては不良措置と良好措置がある。不良措置とは、保護観察対象者に遵守事項違反または再犯等があった場合に執られる措置である。仮釈放者に対する仮釈放の取消および保護観察付執行猶予者に対する刑の執行猶予の言渡しの取消がある。保護観察対象者に遵守事項違反等の疑いがあるときは、保護観察所の長は、保護観察対象者からの事情聴取を含む調査を行うが、保護観察対象者が出頭の命令にも応じない場合等には、保護観察所の長は、裁判官が発する引致状により引致することができる。さらに、保護観察所の長または地方更生保護委員会は、不良措置の審理を開始するときは、一定の期間、引致された者を留置することもできる。

所在不明になった仮釈放者については、保護観察を停止することができる。

また平成18年5月から、所在不明となった仮釈放者および保護観察付執行猶予者の所在を迅速に発見するために、保護観察所の長は、警察からその所在に関する情報の提供を受けている。

　指導監督を適切に行うために、特に必要があると認められるときは、保護観察所の長は、指導監督に適した宿泊場所を供与することができる（更生保護法第57条第2項）。保護観察対象者の指導監督にあたるため保護観察官や保護司は、保護観察開始時や再犯・再非行が危惧される場面では、不良措置がとられうることについて率直に伝え、保護観察対象者を保護観察の場につなぎとめ、遵守事項に違反する行為の中止もしくは抑止を図るといった厳格な姿勢が求められている。

　良好措置とは、保護観察対象者が健全な生活態度を保持し、善良な社会の一員として自立し、改善更生することができると認められる場合に執られる措置であり、不定期刑の仮釈放者について刑の執行を受け終わったものとする不定期刑終了および保護観察付執行猶予者について保護観察を仮に解除する仮解除がある。保護観察を実施した結果、保護観察を継続しなくても改善更生することができると認められるときは、保護観察期間満了前に保護観察を一時的または終局的に終了させる措置がとられる。

　一方、生活行動指針は、保護観察対象者の改善更生にあたっての努力目標や注意事項として定められるもので、生活行動指針に即して生活し、行動するよう褒め、励ますなどして保護観察対象者の改善更生に向けて前向きに動機づけていくことができる。また、性犯罪や暴力犯罪などを繰り返している者に対しては、遵守事項や生活行動指針に基づき、必要な指示等を与えることに加えて、特定の犯罪的傾向を改善するための専門的処遇を実施することとしている。

(2) 補導援護

　補導援護は、保護観察の援助的・福祉的な性格を有し、次の方法によって行われる（更生保護法第58条）。

①適切な住居その他の宿泊場所を得ることおよび当該宿泊場所に帰住することを助けること。
②医療および療養を受けることを助けること。
③職業を補導し、および就職を助けること。

④教養訓練の手段を得ることを助けること。
⑤生活環境を改善し、および調整すること。
⑥社会生活に適応させるために必要な生活指導を行うこと。
⑦保護観察対象者が健全な社会生活を営むために必要な助言その他の措置をとること。

住居、医療、就業、生活環境、社会生活の適応力等をめぐる問題について相談、助言、調整等を行い、保護観察対象者が将来にわたって自立した生活を営むことができるようにするための働きかけを補導援護と称する。住居のない者には、知人や親類等頼れるところがないかを聞き、疾病や負傷を抱える場合は、適切な医療機関を紹介し、就職先を探している者に対しては、協力雇用主につなげたりする。また社会常識に欠けたり、対人関係のスキルが乏しい者等には、認知行動療法の一つとして、日常生活で必要とされる効果的な対人行動の獲得を目指し、人間関係を円滑に行うための具体的な技術を身につけさせ、その効果的活用を体験学習等を通して、構造的、体系的に援助していく生活技能訓練（SST）等の専門的な処遇の実施があげられる。この訓練は更生保護事業者等に委託することもできる。

また、補導援護の一形態であるが、保護観察対象者に緊急事態が生じた場合の緊急措置が応急の救護である。応急の救護は、適切な医療、住居その他の健全な社会生活を営むために必要な手段を得ることができないため、その改善更生が妨げられるおそれがある場合の緊急的な措置である。所持金のない者に対して食費や旅費を支給したり、差し当たり住居のない者には、更生保護施設を設置している更生保護事業者などに宿泊保護を委託することなどを主な内容としている（更生保護法第62条）。

しかし、保護観察所の長は、応急の救護の措置をとるにあたっては、保護観察対象者が自助の責任の自覚を損なわないように配慮しなければならない（同法第62条第4項）。

6　一般遵守事項と特別遵守事項

更生保護法は、一般遵守事項として、「保護観察官または保護司の呼び出しまたは訪問を受けたときは、これに応じ、面接を受けること」、および「保護観察官または保護司から労働または通学の状況、収入または支出の状況、

家庭環境、交友関係その他の生活の実態を示す事実であって指導監督を行うため把握すべきものを明らかにするよう求められたときは、これに応じ、その事実を申告し、またはこれに関する資料を提示すること」を定めている（同法第50条第2号）。これらのことは、保護観察を有効に実施するうえで必要不可欠の事項であり、従来においても、保護観察対象者が当然に守るべき事項であると解されてきたが、更生保護法は、「更生保護のあり方を考える有識者会議」の提言を受けて、「接触義務」と「生活状況報告義務」を条文に明記したのである。

　また、特別遵守事項について、更生保護法は、これに違反した場合に仮釈放の取消等のいわゆる不良措置がとられることがあることを踏まえ、保護観察対象者の改善更生のために特に必要と認められる範囲内において、具体的に定めることとし、単なる生活指針・努力目標的な事項は特別遵守事項とはなしえないことを明確にしたうえで、定めうる事項の一定類型を明示している（同法第51条第2項）。

　従来、特別遵守事項は、保護観察の開始に当たり必ず設定しなければならず、保護観察の途中で変更したり取り消したりすることはできないこととされていたが、更生保護法では、特別遵守事項の設定を必要的ではないものとしつつ、保護観察の途中においても設定・変更ができることとし、必要がなくなった特別遵守事項は取り消すものとしたのである（同法第52条、53条）。

　それゆえに、今後、保護観察対象者にとっては、いかなる行為をすれば不良措置がとられるか、保護観察中いかなる行為が求められまたは禁止されるかがより明確になったうえに、改善更生が進めば遵守事項が緩和され、対象者の自立と改善更生に向けた意欲が喚起されるものと期待されるのである。他方、保護観察官にとっても、遵守事項違反の有無の判断が容易になり、不良措置をとるべき場合に、一層的確な措置が可能となり、また、保護観察対象者の改善更生の状況に即した弾力的な保護観察の実施が可能になった。

　このように更生保護法では、保護観察の機能を強化するものとして、第50条第2号は、保護観察官・保護司の呼出しまたは訪問に応じ、面接を受けること（同号イ）や、保護観察官・保護司から求められたときは、生活実態を示す事実を申告し、又はこれに関する資料を提示すること（同号ロ）を一般遵守事項としている。また、第51条第2項では、特別遵守事項は、こ

れに違反した場合に仮釈放の取消等のいわゆる不良措置をとることがあることを踏まえ、特別遵守事項の法的規範性がよりいっそう明確になっている。

さらに、第52条は、保護観察の途中における特別遵守事項の設定・変更を可能としているほか、第53条は、必要がなくなった特別遵守事項は取り消すものとしている。このように必要な遵守事項を定めて、その遵守を十分に義務づけ、その違反に対して不良措置を含め毅然とした対応をとることにより、社会内処遇としての保護観察の実効性が増している。

遵守事項には、すべての保護観察対象者が遵守すべき一般遵守事項と、保護観察対象者ごとに定められる特別遵守事項がある。

(1) 一般遵守事項（更生保護法第50条）

①再び犯罪をすることがないよう、または非行をなくすよう健全な生活態度を保持すること。

②保護観察官や保護司の呼出し・訪問に応じるなど、保護観察を誠実に受けること。

(i) 保護観察官または保護司の呼出しまたは訪問を受けたときは、これに応じ、面接を受けること。

(ii) 保護観察官または保護司から、労働または通学の状況、収入または支出の状況、家庭環境、交友関係その他の生活の実態を示す事実であって指導監督を行うため把握すべきものを明らかにするよう求められたときは、これに応じ、その事実を申告し、またはこれに関する資料を提示すること。

通常は、給与明細書、タイムカード、在学証明書、成績証明書などの提示が求められる。

③保護観察に付されたときは、速やかに、住居を定め、その地を管轄する保護観察所の長にその届出をすること（仮釈放等にあたり居住すべき住居を特定された場合および特別遵守事項として宿泊すべき特定の場所を定められた場合は除く）。

仮釈放者や少年院仮退院者については、更生保護法第39条第3項の規定により、仮釈放または仮退院の処分をするにあたり、生活環境の調整の結果に基づき、通常は、居住すべき住居が特定されるので、出所または出院の際の住居の届出義務は免除されている。

④届け出た住居（仮釈放・仮退院の場合は、その許可の際に定められた住居）に

居住することと住居を離れる場合に事前に許可を得ることなどを内容としている。

⑤転居または7日以上の旅行をするときは、あらかじめ保護観察所の長の許可を受けること。

(2) 特別遵守事項（更生保護法第51条）

①犯罪性のある者との交際、いかがわしい場所への出入り、遊興による浪費、過度の飲酒その他の犯罪または非行に結びつくおそれのある特定の行動をしてはならなこと。

暴力団関係者と接触しないことなど、日常生活を送るうえでの一定の禁止事項である。

②労働に従事すること、通学すること、その他再び犯罪をすることがなくまたは非行のない健全な生活態度を保持するために必要と認められる特定の行動を実行し、または継続すること。

通学している場合には、正当な理由のない欠席、遅刻または早退をすることのないようにすることである。

③7日未満の旅行、離職、身分関係の異動その他の指導監督を行うため事前に把握しておくことが特に重要と認められる生活上または身分上の特定の事項について、緊急の場合を除きあらかじめ保護観察官または保護司に申告すること。

7日未満の旅行や離職、婚姻などについて事前申告を義務づけている。

④医学、心理学、教育学、社会学その他の専門的知識に基づく特定の犯罪的傾向を改善するための体系化された手順による処遇として法務大臣が定めるものを受けること。

特定の犯罪的傾向を改善するために、法務大臣の定める専門的な処遇を受けることを義務づけるものである。認知行動療法におけるリラプス・プリベンション（再発予防）を理論的な基盤に置き、認知の偏りや自己統制力の不足等を問題点として自覚させたうえで、再発を防止するための具体的な方法を習得させることにより犯罪傾向を改善しようとしている。「覚せい剤事犯者処遇プログラム」については、プログラム実施期間中、「教育課程」と並行して簡易薬物検出検査を定期的に実施し、覚せい剤を使用していないことを確認することによって、覚せい剤をやめ続けている努力を評価し、保護観

察対象者の断薬に向けての意志を強化している。「性犯罪者処遇プログラム」
は、対象者自身に性犯罪者にいたる過程や性犯罪を起こす危険性の高い状況
を理解させるとともに、誤った考え方や偏ったものの見方を自覚させ、性犯
罪をしないための具体的な方法や自己コントロールの技術を身につけさせて
いる。「暴力防止プログラム」は、自己統制力の不足等の自己の問題性につ
いて理解させる。

⑤法務大臣が指定する施設、保護観察対象者を監護すべき者の居宅その他
の改善更生のために適当と認められる特定の場所であって、宿泊の用に供さ
れるものに一定の期間宿泊して指導監督を受けること。

⑥その他指導監督を行うため特に必要な事項。

特別遵守事項は、これを遵守させることが必要な保護観察対象者には、保
護観察開始時または保護観察中の状況に応じて随時定められるが、必要がな
い事項は取り消される。

保護観察対象者には、遵守事項のほか、生活習慣や交友関係の改善等を図
るため、生活行動指針が定められることがあり、生活行動指針は、本人に通
知され、遵守事項とともに指導の基準となる。

7　処遇の実施方策

保護観察対象者に対する処遇は、個々の対象者の状況に応じて実施されな
ければならず、問題性の深い対象者にはより重点的に保護観察を実施するた
め、処遇に段階を設ける段階別処遇と、対象者が抱える類型的な問題性に応
じた効率的な処遇を実施する類型別処遇を軸とし、さまざまな施策に基づい
て処遇の充実が図られている。

（1）段階別処遇

段階別処遇は、保護観察対象者を、改善更生の進度や再犯の可能性の程度
および補導援護の必要性等に応じて、4区分された段階に編入し、各段階に
応じて、保護観察官の関与の程度や接触頻度等を異にする処遇を実施する制
度である。

無期刑または長期刑（執行刑期が10年以上の刑）の仮釈放者は、仮釈放後1
年間は、最上位の段階に編入して充実した処遇を行っている。なお、無期刑
または長期刑の仮釈放者に対する段階別処遇の実施について、長期受刑者の

場合、時間の経過とともに、高齢となった家族による引受けが困難になったり、予定されていた就労ができなくなるなど、状況が変化することも少なくなく、そうした場合には、家族のほか、地方自治体や福祉機関等とも連携して、新たな引受人や就労先を確保できるよう粘り強く生活環境の調整に努めている。

　また、無期刑または長期刑の仮釈放者は、社会の状況が受刑前と大きく変わっていることもあり、段階的に社会生活に復帰させることが適当な場合があるため、本人の意向も踏まえ、必要に応じ、仮釈放後1か月間、専門の指導員のいる更生保護施設で生活させて指導員による生活指導等を受けさせる「中間処遇」を行うことがある。指導員は、基本的な生活習慣、金銭管理、対人行動のあり方等を指導するほか、物価の状況や雇用情勢、交通機関の利用方法、公的サービスを受けるための手続等についても教示している。

(2) 類型別処遇等の問題性に応じた処遇
類型別処遇および特定暴力対象者に対する処遇

　保護観察対象者には、薬物依存があること、暴力団員であることなど、保護観察処遇を実施する際にその改善に留意すべき類型的な問題が認められる者や、中学生、高齢者等、その環境的条件に応じて処遇上特別な配慮をしなければならない者がいるが、そうした者には、これまでに蓄積された実務経験に基づく問題の対処方法をすべての保護観察官や保護司が活用して処遇を行うことが効果的・効率的である。そのため、保護観察処遇には、類型別処遇の制度が導入され、類型的な問題のある保護観察対象者は、その類型に認定し、実務経験を踏まえて体系化された処遇指針や留意事項に沿って、問題に応じた効果的な処遇が行われている。

　一部の保護観察所では、保護観察対象者に対する集団教育（「無職等」の類型認定者に対する就労能力向上のためのセミナーの実施等）を行い、または「覚せい剤事犯」の類型認定者の保護者・引受人に対する講習会を実施するなどの手法による処遇も行われている。

　また、仮釈放者または保護観察付執行猶予者のうち、暴力的犯罪を繰り返していた者で、覚せい剤事犯・問題飲酒・精神障害等・家庭内暴力・シンナー乱用等・暴力団関係のいずれかの類型に認定された者および極めて重大な暴力的犯罪を犯すなどした者は、特定暴力対象者と指定し、段階別処遇におけ

る上位の段階に編入し、保護観察官が頻繁に対象者やその家族と面接するなどして、生活状況の綿密な把握に努め、問題が生じているときは、迅速にその改善に向けた指導を行うほか、関係機関とも連携して特定暴力対象者に指定した理由である類型上の問題の改善に努める（暴力団からの離脱に向けた支援、保健医療機関での薬物依存の治療や断酒自助グループへの参加についての助言等）などの処遇が実施されている。

専門的処遇プログラム

　ある種の犯罪的傾向を有する保護観察対象者に対しては、その傾向を改善するために、専門的処遇プログラムとして、心理学等の専門的知識に基づき、認知行動療法（自己の思考〔認知〕のゆがみを認識させて行動パターンの変容を促す心理療法）を理論的基盤として開発され、体系化された手順による処遇が行われている。

　専門的処遇プログラムとしては、性犯罪者処遇プログラム、覚せい剤事犯者処遇プログラムおよび暴力防止プログラムの３種がある。

　これらの専門的処遇プログラムは、仮釈放者および保護観察付執行猶予者のうち、「性犯罪」の類型に認定された者（男性に限る）、覚せい剤の自己使用により保護観察に付された者（保護観察付執行猶予者は、規制薬物の使用を反復する傾向が強い者に限る）、暴力的犯罪を繰り返す者に対し、その処遇を受けることが特別遵守事項として義務づけられて、実施されている。

　専門的処遇プログラムによる処遇は、保護観察官が５回にわたり、保護観察対象者に面接し、ワークシートに書き込ませるなどの方法で自己の問題性（認知のゆがみや自己統制力の不足等）を考えさせるとともに、ロールプレイング（望ましい行動パターンを理解させるために、身近な社会生活の場面を取り上げて、役割に応じた演技を行わせる方法）等の方法で、犯罪に至らないための行動方法を指導するという内容で行われている。

　また、覚せい剤事犯者処遇プログラムによる処遇は、簡易薬物検出検査（簡易試薬による尿検査または唾液検査により、覚せい剤使用の有無を推定する検査）と組み合わせて実施されている。なお、簡易薬物検出検査は、覚せい剤使用を反復する傾向がある保護観察対象者であって、覚せい剤事犯者処遇プログラムに基づく指導が義務づけられず、またはその指導を受け終わった者にも、必要に応じて断薬意志の維持等を図るために、その者の自発的意思のもとで

実施されている。

しょく罪指導プログラム

自己の犯罪により被害者を死亡させ、または重大な傷害を負わせた保護観察対象者には、しょく罪指導プログラムによる処遇を行うともに、被害者等の意向も配慮して、誠実な慰謝等に努めるよう指導している。

就労支援等

出所受刑者等の社会復帰には、就労による生活基盤の安定が重要な意味を持つため、保護観察の処遇においては従来から就労指導に重きを置いているが、さらに、平成18年度から、法務省は、厚生労働省と連携し、出所受刑者等の就労の確保に向けて、刑務所出所者等総合的就労支援対策を実施している。その一環として保護観察所では、支援対象者（保護観察対象者および更生緊急保護申出者）ごとに保護観察所と公共職業安定所の職員からなる就労支援チームにより適切な支援の内容・方法を定めたうえで、公共職業安定所において職業相談・職業紹介を行うほか、対象者の就労能力向上のためのセミナー・事業所見学会や職場体験講習を実施するとともに、事業者による雇用を促進するために、身元保証制度やトライアル雇用制度を活用した支援を行っている。

自立更生促進センター等の設立

適当な引受人がなく、民間の更生保護施設でも受入れが困難な仮釈放者および少年院仮退院者等を対象とし、保護観察所に付設した宿泊施設に宿泊させながら、保護観察官による濃密な指導監督や充実した就労支援を行うことで、対象者の再犯防止と自立を図ることを目的とする施設である。仮釈放者を対象とし、犯罪傾向等の問題性に応じた重点的・専門的な処遇を行う自立更生促進センターとして、平成21年6月に北九州自立更生促進センター（定員男子14人）が、22年8月に福島自立更生促進センター（定員男子20人）が、それぞれ運営を開始した。また、主として農業の職業訓練を実施する就業支援センターとして、19年10月に少年院仮退院者等を対象とする沼田町就業支援センター（北海道、定員男子少年12人）が、21年9月に仮釈放者等を対象とする茨城就業支援センター（定員男子12人）が、それぞれ運営を開始した。

8　保護観察の実施者としての保護司

　保護司は、法務大臣から委嘱を受けた民間篤志家であり、身分は非常勤の国家公務員である。わが国の保護司は、社会奉仕の精神をもって、犯罪者の改善更生の援助と、犯罪予防のための世論の啓発に努め、地域社会の浄化を図ることによって、個人と公共の福祉に寄与することを使命とし（保護司法第1条）、保護観察官で十分ではないところを補って、保護観察官共ども保護観察の業務に従事しているのである。わが国において保護司となる者の必要条件は、①人格および行動について社会的信望を有すること、②職務の遂行に必要な熱意および時間的余裕を有すること、③生活が安定していること、④健康で活動力を有すること（同法第3条第1項）等である。保護司の選考に当たっては、地方更生保護委員会の委員長が保護観察所長の推薦した候補者のなかから、保護司選考会の意見を聞いて適任者を決定し、法務大臣名義で保護司の委嘱を行うという手続がとられる。保護司の任期は2年で、再任を妨げない（同法第7条）。保護司には給与は支給されないが、保護司活動の実費弁償は、その全部または一部について行われることになっている（同法第11条）。

　保護司の定員は保護司法施行後も変わっておらず、5万2,500名を超えないものとされ、879の保護区に配置されている。しかし保護司の実数は、ここ10年間4万9,000人程度となっており、定員に対する充足率は約93％である。そのうち、女性保護司は全体の25.8％である。また保護司の平均年齢は63.6歳となっている。保護司の在職年数は長期化する傾向にあったが、2008年には在職年数10年以上が42％となっており、職業別構成では、無職者・主婦の増加と宗教家・農林漁業従事者の減少が指摘されている。なお、近年では保護司の高齢化対策として、保護司の選任について、原則として新任時65歳以下、再任時76歳未満の年齢制限を設けている。

9　保護観察の問題点
（1）保護観察官の現状

　保護観察官の数は約1,000名であるが、実際に事件処理にあたる保護観察官一人当たりの事件負担量は2006年12月現在で約72件である。一般に、保護観察官の理想的な事件負担量は約30件といわれているのであるから、

わが国の保護観察官が過大な事件負担量をこなしていることは明白である。しかも、わが国の保護観察官は、保護観察以外の行政業務に追われながら、約80人の保護司を通じてケースに携わり、デスク・ワークに追われる毎日である。このように、わが国では、保護観察官の事件負担量が極めて過重である結果、実際の処遇はほとんど素人の民間篤志家である保護司に任され、保護観察官はケースの分配と管理に忙殺され、自ら現地で本人と接触することはおろか、保護司との接触もなかなか行えないような現状にあった。

また、保護観察の運用上の問題としては、①4号観察においては、再度の執行猶予には自動的に保護観察が付けられる一方、保護観察中の再犯者には再度の保護観察の可能性がなく、またわが国では判決前調査の制度がないために、対象者の特性に応じた処遇の個別化が図りにくい。②成績不良者に対する取消等の措置および成績良好者に対する停止、解除、仮解除の良好措置が十分に活用されていない等がある。

また、保護司についても、①老齢化が著しく、特に非行少年の処遇におけるジェネレーションギャップが著しい、②専門的知識・技術に乏しい、③資質・能力が各人各様である、④選出層が限定されており、閉鎖的であるとの問題点が指摘されている。

(2) 問題点の改善のための試み

保護観察官による直接的処遇として「定期駐在制度」がある。これは、保護観察官が、月に数回定期的に、担当する保護区の市区町村の公民館等に出向き、そこに終日駐在して対象者との面接、対象者宅への訪問、保護司との処遇協議、関係機関との連絡等の業務を行う活動である。この施策は、保護観察所支部や駐在官事務所が少ない現状と保護観察対象者数に比べて保護観察官の定数が極めて少ないという事情を考えれば、保護観察官の専門性を効率的に活用するための施策として、重要な機能を果たしている。

2004(平成16)年4月から始まった覚せい剤事犯者の仮釈放者や保護観察付執行猶予者に対する「簡易尿検査」の制度がある。この尿検査は、捜査機関が抜き打ちに行う尿検査とは異なり、あくまでも本人の自発的な意思に基づき断薬意思の維持および促進を図ることを目的とするものであるから、現在開発している薬物事犯者処遇プログラムの一環として簡易尿検査を位置づけることも可能であろう。

次に、2005（平成17）年8月にスタートした法務省と厚生労働省による「刑務所出所者等総合就労支援対策」がある。保護観察期間中の再犯率が無職者と有職者では大きな違い（40.4％対7.1％）があることから始められたものである。これには、①身元保証制度（身元保証人がいないために就職が困難な者に対して国が補助を行うもので、事故があった場合には事業主に対して100万円を上限として支払う）、②試用（トライアル）雇用制度（1か月以上の試用雇用を実施する事業主に対して、1か月（5万円、平成19年度からは4万円、最大限3か月間の奨励金を交付する）、③職場体験講習制度（刑務所出所者等に、職場環境や業務を体験させることにより就業への自信をもたせることを目的としたもので、事業主に委託費、1か月2万4,000円を支給する）がある。

2006（平成18）年度から、類型別処遇制度の「性犯罪等」類型に認定された仮釈放者および保護観察付執行猶予者に対しては、特別遵守事項として性犯罪者プログラムの受講を定めている。さらに、更生保護法においては、法務大臣が定めた性犯罪者処遇プログラムをはじめとする専門的処遇プログラムを受講することを義務づけ、これに違反した場合には、少年院への戻し収容、執行猶予取消、仮釈放取消、少年院送致の処分等があることを明記している。

その上さらに、2007（平成19）年3月からは、「しょく罪指導プログラム」が実施されている。プログラムの内容は、①自己の犯罪行為を振り返らせ、犯した罪の重さを認識させること、②被害者等の実情（気持ちや置かれた立場、被害者状況等）を理解させること、③被害者等の立場で物事を考えさせ、また、被害者等に対して、謝罪、被害弁償等の責任があることを自覚させること、④具体的なしょく罪計画を策定させること、の4項目から構成されている。実施対象者に対しては、課題を履行させて、その結果を提出させ、保護観察官または保護司は、課題内容について実施対象者と話し合い、履行状況を確認することにより、保護観察を実施するものである。

第2節　仮釈放等

1　仮釈放の目的と種類

更生保護法（平成19年6月15日法律第88号）は、仮釈放については、職権

による審理開始（更生保護法第35条）、審理開始前の調査（同法第36条）、犯罪被害者等の意見の聴取（同法第38条）、決定時における釈放後の住居の特定（同法第39条第3項）、釈放までの間に特別の事情が生じた場合の審理の再開（同法第39条第4項）等について規定している。

また、仮釈放の審理については、合議体が行う審理全般に関する総則規定が整備されており、最終的な評議に至るまでの過程を主査委員一人に委ねていた犯罪者予防更生法に比して、合議体が担う役割が重くなっている。

現行刑法は、懲役、禁錮につき改悛の状ある時は、有期刑は刑期の3分の1、無期刑は10年経過後、行政官庁の処分によって仮に釈放することを許しえること（刑法第28条）、拘留および労役場留置についてはさらに要件等を緩和し、情状によって何時でも仮出場を許しえること（同法第30条）を定めている。

仮釈放の目的は、「改悛の状」があり、改善更生が期待できる懲役または禁錮の受刑者を刑期満了前に釈放し、仮釈放の期間（残刑期間）が満了するまで保護観察に付して、円滑な社会復帰を促進することにある。つまり、仮釈放とは、矯正施設に収容されている者を、刑期または収容期間の満了に先立って、一定の条件のもとに一定期間仮に釈放して、一般社会において更生させることを図り、その期間を無事に経過したときには再び施設に収容することを免除する制度である。したがって、わが国の現行法のもとにおける仮釈放は、①刑事施設からの仮釈放、②少年院および婦人補導院からの仮退院、③労役場からの仮出場である。

仮釈放は、懲役または禁錮にかかわる受刑者について、有期刑については刑期の3分の1、無期刑については10年の法定期間を経過した後、許すことができる。また、仮釈放は、「改悛の状」があるときに許されるのであるが、具体的には、悔悟の情および改善更生の意欲があり、再犯に及ぶおそれがなく、かつ、保護観察に付することが改善更生のために相当であると認められ、社会の感情もこれを是認すると認められるときに許される。また、平成19年12月1日から、仮釈放審理において、被害者等から意見等を聴取する制度が施行されている。

受刑者の帰住予定地を管轄する保護観察所では、刑事施設から受刑者の身上調査書の送付を受けた後、保護観察官または保護司が引受人と面接するな

どして、帰住予定地の状況を確かめ、住居、就労先等の生活環境を整えて改善更生に適した環境作りを働きかける生活環境の調整を実施している。平成21年度からは、高齢または障害により自立困難で住居もない受刑者について、厚生労働省が整備を進めている地域生活定着支援センターと連携し、社会福祉施設に入所することなどができるようにする調整も行っている。これらによる生活環境の調整の結果は、仮釈放審理における資料となるほか、受刑者の社会復帰の基礎となる。

2 仮釈放の法的性格ないしは機能

仮釈放の法的性格ないしは機能についてであるが、わが国においては、次の見解が一般的に主張されている。

①仮釈放は刑務所内の行状により与えられる恩恵であるという見解（恩恵説）。すなわち、これは仮釈放を一種の褒賞であると考え、施設内の秩序を維持するための手段として仮釈放を捉えていこうとするものである。

②刑罰を個別化し、自由刑の弊害を避けるための制度であるとする見解（刑の個別化説）。状況の推移により不必要となった刑罰の執行を回避し、個別的正義を全うしようとするものである。

③仮釈放を社会防衛のための手段とみる見解（社会防衛説）。これは仮釈放後の保護観察や再収容の可能性に重点を置く立場で、特に危険な犯罪者は野放しにすべきではなく、必ず仮に釈放して保護観察を行い改善更生を促進させて、社会に適応できないときは再び刑務所に収容することが、社会をより良く保護することになるとするものである。

④仮釈放は刑の一執行段階であるとし、どのような受刑者も、刑務所から出た途端に完全な自由になるのではなく、仮釈放という刑の一執行段階を通過しなければならないとする見解（刑の執行の一形態説）。これは拘禁状態から一挙に完全に拘束のない状態に釈放するのではなく、仮に釈放して保護観察を受けさせることで、一定の規則のなかで社会生活に慣れさせ、再犯を防ぐ機能がある。拘禁期間は必要最小限であるのが望ましく、また拘禁生活から社会生活への移行段階では監督と援助を必要とし、釈放は原則的に仮釈放によるべきであるという立場がとられる。

⑤仮釈放は受刑者の社会復帰を目指す社会内処遇の一方法として、刑の一

部執行の後に残刑期間の執行を猶予する制度であるとする見解（刑の一形態説）。これは仮釈放を刑の執行猶予と同視する立場であり、執行猶予は最初から刑の執行を猶予するものであるのに対して、仮釈放は自由刑の一部を執行した後に残りの部分の執行を猶予するものと解するものである。したがって、執行猶予も仮釈放も共に刑の一形態だということになるのである。この説によれば、仮釈放期間を執行猶予の場合の猶予期間と同様に捉えることが可能となり、再犯の危険性を標準として仮釈放期間を定める、いわゆる考試期間主義を採用することが可能となる。

⑥仮釈放の機能として、拘禁費用の節約や刑務所人口の調節等の理由をあげる。

3　仮釈放の手続の過程

仮釈放等は、①矯正施設の長から収容中の者の身上関係事項の通知を受け、②保護観察所の長が「生活環境の調整」を行うなかで、③「法定期間」が経過し、④調査を行って「申出によらない審理」を行いまたは矯正施設の長からの申出に基づき「審理」を開始し、⑤調査を行って、⑥仮釈放等を許す旨の決定を行うという手続を経て行われている。

(1) 収容中の者に対する生活環境の調整

保護観察所の長は、刑事施設等被収容者について、その社会復帰を円滑にするため必要があると認めるときは、その者の家族その他の関係人を訪問して協力を求めること、またその他の方法により釈放後の住居、就業先その他の生活環境の調整を行うものとされている（更生保護法第82条）。地方更生保護委員会は、仮釈放を許す処分をするにあたっては、原則としてこの生活環境の調整の結果に基づき、仮釈放を許される者が釈放後に居住すべき住居を特定するものとされている（同法第39条第3項）など、仮釈放を許すか否かの判断においても重要な資料となる。

(2) 法定期間経過の通告

刑事施設等の長は、刑事施設等被収容者について、刑法第28条または少年法第58条第1項に規定する期間（以下、法定期間）が経過したときは、その旨を地方更生保護委員会に通告しなければならないこととされている（更生保護法第33条）。

①有期刑は、執行すべき刑期の3分の1の期間を経過する末日、②無期刑は10年を経過する末日である。また、拘留の刑の執行のため刑事施設に収容されている者、労役場に留置されている者、保護処分の執行のために少年院に収容されている者および補導処分の執行のため婦人補導院に収容されている者については、法定期間は規定されていない。

(3) 申出によらない審理の開始等

地方更生保護委員会は、仮釈放を許すべき旨の申出がない場合であっても、必要があると認めるときは、仮釈放を許すか否かに関する審理を開始することができることとされている（同法第35条第1項）。なお、地方更生保護委員会は、申出によらない審理を開始するにあたっては、あらかじめ、審理の対象となるべき者を収容している刑事施設等の長の意見を聴かなければならないこととされている（同法第35条第2項）。

(4) 36条調査

地方更生保護委員会は、申出によらない審理を開始するか否かを判断するために必要があると認めるときは、審理の対象となるべき者との面接、関係人に対する質問その他の方法により、調査を行うことができることとされている（以下、36条調査。同法第36条第1項）。36条調査の調査事項は、①犯罪または非行の内容、動機および原因ならびにこれらについての仮釈放を許すか否かに関する審理対象者の認識および心情、②共犯者の状況、③被害者等の状況、④審理対象者の性格、経歴、心身の状況、家庭環境および交友関係、⑤矯正施設における処遇の経過および審理対象者の生活態度、⑥帰住予定地の生活環境、⑦審理対象者にかかる引受人の状況、⑧釈放後の生活の計画等について行うこととされており、これらを調査した結果が、申出によらない審理を開始するか否かを判断するための判断材料となるのである。

(5) 仮釈放を許すべき旨の申出

刑事施設等の長は、刑事施設等被収容者について、法定期間が経過し、かつ、法務省令で定める基準に該当すると認めるときは、地方更生保護委員会に対し、仮釈放を許すべき旨の申出をしなければならないこととされている（同法第34条第1項）。地方更生保護委員会は、仮釈放を許すべき旨の申出を受けたときは仮釈放を許すか否かに関する審理を開始する。

(6) 仮釈放を許すか否かに関する審理

仮釈放等の許否を判断する機関は、地方更生保護委員会であるが、刑法第28条の規定による仮釈放を許す処分等は、地方更生保護委員会の決定をもってするものとされている（更生保護法第39条）ので、仮釈放を許す旨の決定は、3人の委員をもって構成する合議体で判断することとなる（同法第23条第1項）。

(7) 25条調査等

　合議体は、審理において必要があると認めるときは、審理対象者との面接、関係人に対する質問その他の方法により、調査を行うことができることとされている（以下、25条調査。同法第25条第1項）。25条調査は、地方更生保護委員会の委員または保護観察官に行わせる。なお、仮釈放を許すか否かに関する審理においては、原則として、その構成員である委員をして、審理対象者と面接させなければならないこととされており（同法第37条第1項）、重い疾病もしくは傷害により面接を行うことが困難であると認めるときなどの例外を除いて、委員が審理対象者と面接をしないまま、仮釈放を許すか否かに関する審理を終了することはできない。

(8) 被害者等からの意見等の聴取

　地方更生保護委員会は、仮釈放を許すか否かに関する審理を行うにあたり、法務省令で定めるところにより（規則第2章第1節第4款参照）、被害者等から、審理対象者の仮釈放に関する意見および被害に関する心情を述べたい旨の申出があったときは、当該意見等を聴取するものとされており、ただし、当該被害にかかる事件の性質、審理の状況その他の事情を考慮して相当でないと認めるときは、この限りでないこととされている（更生保護法第38条第1項）。

　地方更生保護委員会は、仮釈放等審理を行うに当たり、被害者等から意見等を述べたい旨の申出があったときは、当該意見等を聴取するものとしている。被害者等からの申出を待ってその意見等を聴取することとしたのは、被害者等にとって、仮釈放等審理において意見等を述べることは、それ自体重大な精神的負担となりうるものであり、被害者等に一律に意見等を求めることとすると、かえって二次的被害を生じさせることになりかねないことを考慮したものである。

　しかしながら、申出資格のある者から申出があっても、「被害に係る事件の性質、審理の状況その他の事情を考慮して相当でないと認めるとき」は、

地方更生保護委員会は、その意見等を聴取しないこととしている（同法第38条1項但書）。また、地方更生保護委員会は、被害者等の居住地を管轄する保護観察所の長に対し、申出の受理に関する事務および意見等の聴取を円滑に実施するための事務を嘱託することができることとしている（同法第38条第2項）。仮釈放等の意見等を聴取するのは地方更生保護委員会であるが、地方委員会は全国に8か所しかない。

また、地方更生保護委員会は、仮釈放等審理において、仮釈放等を許すか否か判断するほか、これを許す場合には、必要に応じ本人に遵守させる特別遵守事項を定めるとともに、審理において把握された保護観察実施上の参考事項を保護観察所の長に伝達することになっている。そして、仮釈放審理において被害者等から聴取した意見等は、仮釈放等を許すか否かの判断においてのみならず、仮釈放が許された場合の特別遵守事項の内容や保護観察上の参考事項の内容を決める際に斟酌されることとなるのである。被害者等が反対した場合には仮釈放等を認めないという趣旨ではない。

4　仮釈放等の許可基準

仮釈放等を許すか否かに関する審理においては、個々の審理対象者について、仮釈放等の許可基準に該当しているか否かを的確に判断していくこととなる。具体的な基準は、次のとおりである。

(1) 仮釈放の許可基準

刑法第28条は仮釈放の要件として、「改悛の状があるとき」と規定している。法務省令規則はこれをさらに具体化しており、「悔悟の情および改善更生の意欲があり、再び犯罪をするおそれがなく、かつ、保護観察に付することが改善更生のために相当であると認めるときにするものとする。ただし、社会の感情がこれを是認すると認められないときは、この限りでない」と規定している（規則第28条）。

(2) 仮出場の許可基準

刑法第30条第1項の規定により、拘留に処せられた者は、情状により、いつでも仮出場を許すことができることとなっており、同条第2項の規定により、労役場に留置された者についても同様とされている。

(3) 少年院からの仮退院の許可基準

更生保護法第41条の規定により、地方更生保護委員会は、「保護処分の執行のため少年院に収容されている者について、処遇の最高段階に達し、仮に退院させることが改善更生のために相当であると認めるとき、その他仮に退院させることが改善更生のために特に必要であると認めるときは、決定をもって、仮退院を許すものとする」とされている。

(4) 婦人補導院からの仮退院の許可基準

売春防止法第25条第1項の規定により、「地方更生保護委員会は、補導処分に付された者について、相当と認めるときは、決定をもって、仮退院を許すことができる」とされているところ、法務省令規則第31条の規定により、「売春防止法第25条第1項の規定による婦人補導院からの仮退院を許す処分は、補導処分の執行のため婦人補導院に収容されている者について、補導の成績が良好であり、かつ、保護観察に付することが改善更生のために相当であると認めるときにするものとする」とされている。

第3節　更生緊急保護

1　更生緊急保護の意義

保護観察所では、保護観察対象者について、病気、けが、適当な住居や職業がないなどの事情により改善更生が妨げられるおそれがある場合には、福祉機関等から必要な援助を得るように助言・調整を行っているが、その援助が直ちに得られない場合や得られた援助だけでは十分でないと認められる場合もあり、そうした場合には、保護観察対象者に対して、食事・衣料・旅費等を与え、または更生保護施設に委託するなどの緊急の措置（応急の救護等）を講じている。

また、更生緊急保護は、満期釈放者、保護観察に付されない執行猶予者、起訴猶予者、罰金または科料の言渡しを受けた者、労役場出場・仮出場者、少年院退院者・仮退院期間満了者等に対し、その者の申出に基づいて、応急の救護等と同様の措置を講ずるものである。刑事上の手続または保護処分による身体の拘束を解かれた後6か月を超えない範囲内において行われるが、その者の改善更生を保護するため特に必要があると認められるときは、さらに6か月を超えない範囲内において行うことができる。

このように、「更生緊急保護」とは、更生保護法第85条第1項各号に掲げる者が、刑事上の手続または保護処分による身体の拘束を解かれた後、親族からの援助を受けることができず、もしくは公共の衛生福祉に関する機関その他の機関から医療、宿泊、職業その他の保護を受けることができない場合またはこれらの援助もしくは保護のみによっては改善更生することができないと認められる場合に、緊急にその者に対し、保護を行うことにより、その者が進んで法律を守る善良な社会の一員となることを援護し、その速やかな改善更生を保護することをいう（更生保護法第85条第1項）。犯罪をした者および非行のある少年で刑事上の手続または保護処分による身体の拘束を解かれた者のなかには、必要な援助または保護を受けることができないため再び犯罪や非行に至る者も少なくない。更生緊急保護は、このような者の再犯を防ぎ、またはその非行をなくし、これらの者が善良な社会の一員として自立し、改善更生することを助けるため、「国の責任」（同法第85条第2項）において行うものである。

　更生緊急保護は、その対象となる人の改善更生のために必要な限度で、その意思に反しない場合に行うものとされている。このため、保護観察所では対象となる人から書面による申出を受けたうえで、措置の要否を判断し、その必要を認めたときにかぎり、更生緊急保護を実施することとされている。

2　更生緊急保護の対象となる者

　次の者であって、刑事上の手続または保護処分による身体の拘束を解かれた者が更生緊急保護の対象となる。

　①懲役、禁錮または拘留の刑の執行を終わった者（更生保護法第85条第1項第1号）。

　刑事施設をいわゆる満期釈放された者をはじめ、仮釈放期間を終了した者ならびに更生保護法第44条第1項（刑事施設等に収容中の者の不定期刑の終了）および同法第78条第1項（仮釈放者の不定期刑の終了）の規定により刑の執行を受け終わったものとされた者もこれに該当する。

　②懲役、禁錮または拘留の刑の執行の免除を得た者（同条同項第2号）。

　恩赦により刑の執行を免除された者は、これに該当する。

　③懲役または禁錮の刑の執行猶予の言渡しを受け、その裁判が確定するま

での者（同条同項第3号）。

　刑の執行猶予の言渡しを受けた者のうち、刑法第25条の2第1項の規定により保護観察に付する旨の言渡しを受けた者は、その裁判が確定した後は保護観察の対象となるが、確定するまでの間は、これに該当するものとして更生緊急保護の対象となる。

　④③に掲げる者のほか、懲役または禁錮の刑の執行猶予の言渡しを受け、保護観察に付されなかった者（同条同項第4号）。

　刑の執行猶予の言渡しを受け裁判が確定した者であって、保護観察に付されなかった者はこれに該当する。

　⑤訴追を必要としないため公訴を提起しない処分を受けた者（同条同項第5号）。

　検察官により不起訴処分を受けて釈放された者のうち、犯罪の嫌疑はあるが犯情等を考慮して起訴猶予とされた者がこれに該当する。不起訴処分を受けた者でも、嫌疑なし、嫌疑不十分とされた者や訴訟条件の欠如を理由に不起訴とされた者については、犯罪をした者の改善更生を助けることを目的とする更生緊急保護の対象とはならない。

　⑥罰金または科料の言渡しを受けた者（同条同項第6号）。

　⑦労役場から出場し、または仮出場を許された者（同条同項第7号）。

　刑法第18条の規定により、罰金または科料を完納することができない者は刑事施設に附置された労役場に留置されることとなるが、労役場から仮出場しても保護観察の対象とはならないものの、更生緊急保護の対象となる。

　⑧少年院から退院し、または仮退院を許された者（保護観察に付されている者を除く。同条同項第8号）。

　満齢もしくは期間満了により少年院から退院した者、少年院収容中もしくは少年院仮退院中に地方更生保護委員会の決定により退院を許された者、または仮退院期間が満了となった者がこれに該当する。

3　更生緊急保護の期間

　更生緊急保護は、その対象となる者が刑事上の手続または保護処分による身体の拘束を解かれた日の翌日を起算日として、原則として6か月を超えない範囲内において行うものとされている。ただし、その者の改善更生を保護

するため特に必要があると認められるときは、さらに6か月を超えない範囲内において、これを行うことができるとされている（更生保護法第85条第4項）。

4 更生緊急保護の原則
(1) 必要な限度
更生緊急保護は、その対象となる者の改善更生のために必要な限度で行うものとされている（更生保護法第85条第2項）。
(2) 公共の衛生福祉に関する機関その他の機関へのあっせん等
また、更生緊急保護を実施するにあたっては、公共の福祉機関等から必要な保護を受けることができるようあっせんするとともに、その効率化に努め、期間の短縮と費用の節減をはかることとされている（同法第85条第5項）。

また、職業のあっせんの必要があると認められるときは、公共職業安定所は、更生緊急保護を行う者の協力を得て、職業安定法の規定に基づき、更生緊急保護の対象となる者の能力に適当な職業をあっせんすることに努めるものとされている（同法第85条第6項）。
(3) 実施の基準
更生緊急保護は、保護観察所の長がその必要があると認めたときにかぎり行うものとされている（同法第86条第1項）。

5 更生緊急保護の内容
(1) 更生緊急保護の内容
更生保護法第85条第1項においては、更生緊急保護の内容として、以下の事項を掲げている。

①金品を給与し、または貸与すること、②宿泊場所を供与すること、③宿泊場所への帰住を助けること、④医療または療養を助けること、⑤就職を助けること、⑥教養訓練を助けること、⑦職業を補導すること、⑧社会生活に適応させるために必要な生活指導を行うこと、⑨生活環境の改善または調整を図ること。

更生保護施設では、入所者に対し、宿泊場所を供与し、食事を給与するほか、個々の入所者の抱える課題に応じ、協力雇用主に依頼するなどして就職を援助すること、社会生活に適応させるために必要な能力を身につけさせる

生活技能訓練を実施するなどの生活指導を行うこと、調理や洗濯などの日常生活を営むための知識・技術等を習得させること、適切な金銭管理について助言することなどにより、自立更生にむけた保護が行われる。

　保護観察所においては、食事を得ることができない人に食事を給与すること、住居等への帰住を助けるための旅費や当面の生活を助けるために必要な衣料品等を給与するなどの一時的な保護が行われるほか、公共職業安定所との連携協力による就労支援が実施されている。また、国の措置とは別に、一時保護事業を営む更生保護法人においても、更生緊急保護の対象となる人に対し、当座の生活資金等を給与するなどの保護が行われている。

(2) 実施の手続

身柄釈放時の教示

　検察官、刑事施設の長または少年院の長は、更生保護法第85条第1項に掲げる者について、刑事上の手続または保護処分による身体の拘束を解く場合において、必要があると認めるときは、その者に対し更生緊急保護の制度および申出の手続について教示しなければならない（同法第86条第2項）。社会内処遇規則第118条第2項においては、更生緊急保護の必要があると認めるときまたはその者がこれを希望するときは、更生緊急保護の制度および申出の手続きについて記載した書面ならびにその者に対する更生緊急保護の必要性に関する意見その他参考となる事項を記載した書面（保護カード）をその者に交付しなければならないと規定している。保護カードとは、矯正施設の長または検察官が交付する書面で、更生緊急保護の必要性に関する意見のほか、釈放の事実その他本人に対する保護の必要性を判断するための参考事項等が記載される。更生緊急保護の申出にあわせて保護観察所に提示することで、手続が円滑に進められる。保護カードを所持していない場合には、保護観察所において身柄拘束の事実などを確認のうえ、必要に応じ、保護カードが交付される。

更生緊急保護の申出

　更生緊急保護は、更生保護法第85条第1項各号に掲げる者の申出があった場合において、行うものとされている（同法第86条第1項）。社会内処遇規則第118条第1項においては、更生緊急保護を受けようとする者に対し、書面により申出をさせなければならないと規定している。

要否の判断

保護観察所では、申出のあった人に保護観察官が面接するなどし、その経歴、心身の状況、家庭環境、交友関係、親族の状況、生活の能力、生活の計画等を調査することとされ、その結果および本人を釈放した矯正施設の長または検察官の意見をふまえ、更生緊急保護の必要性について判断し、とるべき措置の内容を選定する（社会内処遇規則第119条、120条）。

措置の選定

同規則第126条第1項は、保護観察所の長は、更生緊急保護を行う必要があると認めるときは、当該更生緊急保護としてとるべき措置を選定するものと規定している。この場合において、当該措置を委託するときは、その委託先および委託期間を定めることとなる。

更生緊急保護の実施と委託の手続

更生緊急保護は、保護観察所の長が自ら行い、または更生保護事業法の規定により更生保護事業を営む者その他の適当な者に委託して行うものとされている（更生保護法第85条第3項）。委託の手続については、保護観察における補導援護および応急の救護の委託の手続と同様である（社会内処遇規則第122条）。

保護観察所は、食事や旅費の給与などの一時的な保護を自ら行うほか、宿泊を伴う継続的な保護を行う必要があると認める場合には、その委託先および委託期間を定めて宿泊場所の供与、食事の給与等の必要な措置を委託する。この場合、保護観察所の委託により入所者を受け入れた更生保護施設は、保護観察所に対し、毎月本人に対する保護措置の実施状況等について書面で報告することとされている。

更生緊急保護の措置は、実務上、宿泊を伴う継続的な保護と宿泊を伴わない一時的な保護とに大別される。適切な住居等がない人については、宿泊を伴う継続的な保護が必要となるが、この場合には、通常、保護観察所自らが設置する宿泊施設がないことから、更生保護施設を設置・運営する更生保護法人に対して、更生緊急保護の委託が行われる。更生保護事業には、継続保護事業、一時保護事業および連絡助成事業の3種の事業がある。いずれも、保護観察対象者、満期釈放者、起訴猶予者等犯罪をした者または非行のある少年の改善更生を助けることを目的とするもので、このうち更生保護施設を

設置して宿泊を伴う保護を行うものが「継続保護事業」である。
　費用の支弁
　(i)　更生保護委託費
　更生緊急保護を委託して行った場合には、国は、法務大臣が財務大臣と協議して定める基準に従い、委託によって生ずる費用を支弁するとされている（更生保護法第87条第1項）。これに基づき、更生保護委託費支弁基準（平成20年法務省令第41号）が定められ、補導援護費、宿泊費、食事付宿泊費および委託事務費の額が、被保護者一人一日を単位として決められている。
　(ii)　その他の費用
　その他の費用としては、食事費給与金、帰住援護旅費、被保護者被服費、医療謝金等が国から支払われている。

第4節　更生保護における犯罪被害者等施策

1　犯罪被害者等施策の概要

　2004（平成16）年12月に成立した犯罪被害者等基本法は、犯罪被害者等のための施策に関し、基本理念を定め、国等の責務を明らかにした。同法に基づき2005（平成17）年12月に閣議決定された犯罪被害者等基本計画においては、犯罪被害者等の意見等が集約され、国が取り組むべき具体的な施策等が示された。
　2007（平成19）年12月1日に開始された更生保護における犯罪被害者等施策は、①仮釈放等審理における意見等聴取制度、②保護観察対象者に対する心情等伝達制度、③更生保護における被害者等通知制度（加害者の処遇状況等に関する通知）、④犯罪被害者等に対する相談・支援、という四つの施策からなる。この4つの施策は、いずれも犯罪被害者等基本計画で検討・実施を求められた事項を導入したものであり、意見等聴取制度および心情等伝達制度は、更生保護法に明記されているものでもある。これらの施策を実施するため、全国の保護観察所において「被害者担当官」および「被害者担当保護司」が新たに指名された。被害者担当官および被害者担当保護司は、犯罪被害者等の心情に配慮して、その任にあたる間、加害者の保護観察、生活環境調整等を担当しないこととされている。

2　犯罪被害者等施策の内容
(1) 意見等聴取制度

　意見等聴取制度は、加害者の刑事施設からの仮釈放や少年院からの仮退院（以下、仮釈放等）を許すか否かの審理において、被害者等が、審理を行っている地方更生保護委員会に対し、仮釈放等に関する意見や被害に関する心情を述べる制度である。

　この制度は、審理において意見等を述べたいという被害者等の希望に配慮するとともに、審理をいっそう適正なものとする観点から導入された。意見等を述べることができる「被害者等」の範囲は、①被害者本人、②被害者の法定代理人、③被害者が死亡した場合またはその心身に重大な故障がある場合におけるその配偶者、直系の親族または兄弟姉妹とされている。この制度は、被害者等が申出をした場合に実施されるが、被害者等が申出をしたり意見等を述べることができるのは、仮釈放等審理の期間中に限られる。

　被害者等は、被害者等通知制度を利用することにより、申出できる時期を知ることができる。意見等の聴取は、被害者等の希望を踏まえ、現に審理を行っている地方更生保護委員会において委員や保護観察官が直接聴取する方法や、被害者等が意見等を記述して郵送した書面を受け取る方法等により行われる。

　聴取された意見等は、地方更生保護委員会における仮釈放等を許すか否かの審理に反映されるほか、特別遵守事項の設定等の参考とされることもある。

(2) 心情等伝達制度

　心情等伝達制度は、被害者等が、保護観察中の加害者に対し、保護観察所を通じて、被害に関する心情、被害者等のおかれている状況または保護観察対象者の生活・行動に関する意見を伝える制度である。この制度は、被害に関する心情等を加害者に伝えたいという被害者等の希望に配慮するとともに、保護観察中の加害者に、被害者等の心情等を具体的に認識させることにより、被害の実情等を直視させ、反省および悔悟の情を深めさせる観点から導入された。

　心情等を述べることができる「被害者等」の範囲は、意見等聴取制度と同様である。心情等伝達制度も、被害者等が申出をした場合に実施されるが、被害者等が申出をしたり心情等を述べることができるのは、加害者が保護観

察中に限られる。

被害者等は、意見等聴取制度と同様に、被害者等通知制度により、申出の時期を知ることができる。心情等は、通常、保護観察所において保護観察官が直接聴取するが、被害者等が心情等を記述して郵送書面を受け取る方法による場合もある。

聴取された心情等は、加害者の保護観察を行っている保護観察所において、保護観察対象者に対し、心情等が記載された書面を読み上げることにより伝達される。ただし、保護観察対象者の改善更生を妨げるおそれがある等の場合は、心情等の一部または全部が伝達されないことがある。

また、希望する被害者等に対し、伝達時に加害者が述べたこと等の伝達結果が保護観察所から通知される。

(3) 加害者の処遇状況等の通知

加害者の処遇状況等の通知は、検察庁、刑事施設、少年院等が協力して実施しており、更生保護の分野においては、地方更生保護委員会と保護観察所が実施している。地方更生保護委員会は、仮釈放等審理の開始や結果に関する事項について被害者等に通知する。保護観察所は、保護観察の開始、終了、その間の処遇状況に関する事項について被害者等に通知する。

(4) 相談・支援

相談・支援は、主として、保護観察所が、犯罪被害者等からの電話や来庁による相談を受け、悩み等に耳を傾けたり、犯罪被害者等の支援に関する制度を説明したり、関係機関等の紹介等を行うものである。

第5節　恩　赦

1　恩赦の意義

恩赦とは、社会の変化や法令の改廃によって刑の執行の具体的妥当性が損なわれる場合があるため、行政権によって刑罰執行権の全部または一部を消滅あるいは軽減する制度である。恩赦は、裁判によらないで、刑罰権を消滅させ、または裁判の内容・効力を変更もしくは消滅させる制度であり、大赦、特赦、減刑、刑の執行の免除および復権の5種類がある（恩赦法第1条）。

恩赦は、政令で一律に行われる政令恩赦（大赦、減刑および復権）と、特定

の者に対して個別的に審査したうえで行われる個別恩赦（特赦、減刑、刑の執行の免除および復権）とに区別される。さらに個別恩赦には、常時行われる常時恩赦と、内閣の定める基準により一定の期間を限って行われる特別基準恩赦とがある。

2 恩赦の種類
(1) 大　赦
　大赦とは政令で罪の種類を定めて行われ、有罪の言渡しを受けた者についてはその言渡しの効力を失わせ、有罪の言渡しを受けていない者については公訴権を消滅させる効力を有する（同法第2条、3条）。つまり、大赦のあった罪については、受刑者は直ちに刑務所から釈放され、取調べ中の者は放免され、捜査中の者は逮捕されるおそれがなくなるなど、その罪に該当した者すべてに適用されるのである。

(2) 特　赦
　有罪の裁判が確定した特定の者に対し、有罪の言渡しの効力を失わせるもの（同法第4条、5条）で、個別恩赦のなかでは最も強い効力を有するものである。有罪の言渡しの効力が消滅することに伴い、有罪の言渡しを受けたことによる資格制限も回復する。したがって、現に取調べ中の者には適用されない。

(3) 減　刑
　減刑には、刑の言渡しを受けた者に対して政令で罪もしくは刑の種類を定めて行う一般減刑と、刑の言渡しを受けた特定の者に対して行う特別減刑とがある。減刑の内容には死刑を無期懲役に改めるような刑の種類の変更、懲役や禁錮の期間の減軽、刑の執行の減刑および執行猶予の期間の短縮がある（同法第6条、7条）。刑の執行猶予中の者については、刑の減軽と合わせて猶予の期間を短縮することもできる。

　刑の言渡しが確定した者に対して行われ、例えば、無期懲役を有期懲役に減軽するなど、裁判で言い渡された刑を軽くする場合に行われる。刑の執行が猶予されている場合には、刑を軽く変更することに伴って、執行猶予期間を短縮することも可能である。

(4) 刑の執行の免除

刑の言渡しが確定した特定の者に対し、裁判で言い渡された刑そのものは変更せず、将来に向かって、その刑の執行だけを免除するものである。受刑者が直ちに釈放される点では大赦や特赦と異ならないが、前科が残る。この刑の執行の免除は、刑の言渡しを受けた特定の者に対して行われるが、刑の執行猶予期間中の者に対しては行われない（同法第8条）。そして、これが無期刑の仮釈放者について適用される場合には、終身伴う保護観察を終了させ、精神的負担を軽減させて社会復帰を促す点において効果的である。

(5) 復　権

復権は、有罪の言渡しによって喪失または停止された資格を回復させるもので、政令によって一律に行われる一般復権と、特定の者に対して個別的に行われる特別復権とがある。これは、刑の執行を終わっていない者および執行を免除されていない者に対しては行われない。復権には、すべての法令上の資格を回復させる全部復権と、特定の法令に定める資格だけを回復させる一部復権とがある（同法9条、10条）。

社会福祉士および介護福祉士法上、禁錮以上の刑に処せられ、その刑の執行を終わり、または執行を受けることがなくなった日から2年を経過しない者は、社会福祉士や介護福祉士になれない旨が規定されているが、このような資格制限の状態にある者に対して復権の恩赦が行われることにより、社会福祉士や介護福祉士になることが可能になる。復権は、前科のある者の就労や社会参加を実現させ、生活の安定を図るという福祉的意義も有している。

3　恩赦の実施方法

恩赦は、さらにこれを行う方法によって分けると、政令で罪や刑の種類、基準日等を定めて、これに該当する者に対して一律に行われる政令恩赦（大赦、減刑および復権）と、罪の言渡しが確定した特定の者について、個別の事情を勘案し、恩赦を相当とするかどうかを審査して、相当と判断された場合に行われる個別恩赦（特赦、減刑、刑の執行の免除および復権）とがある。このうち個別恩赦は、さらに常時恩赦と特別基準恩赦に分けられる。常時恩赦は常時行われ、特別基準恩赦は、一般には政令恩赦が行われる際に同恩赦の要件から漏れた者などを対象として、内閣の定める基準により一定の期間を限って行われるが、時には政令恩赦と関係なく、単独で行われる場合もある。

特別基準恩赦は従来、政令恩赦と同様、皇室または国家の慶弔ないし重要行事に際して行われているもので、閣議決定により特別の基準が示されたうえ、当該基準に基づいて審査等が行われる。

最近の特別基準恩赦としては、1993（平成5）年6月に行われた皇太子殿下の結婚の儀に当たり行われたものがある。個別恩赦が行われるには、まず、検察官、刑事施設の長または保護観察所長が、職権により、または本人の出願に基づいて、中央更生保護審査会に恩赦の上申をする。これを受けて同審査会が審査を行い、恩赦を相当とした場合には法務大臣に恩赦の申出を行い、法務大臣が閣議を請議し、これを受けて内閣が恩赦を決定し、次いで、天皇の認証を受け恩赦の効力が生ずることになるのである。

しかしながら、恩赦は、行政権によって国家刑罰権の全部または一部を消滅させる行為であって、三権分立の例外をなし、行政権が司法権に干渉する制度であるから、慎重な運用が期待される。特に、国家的慶弔時における政令恩赦とそれに伴う特別基準恩赦については、公職選挙法違反者に対する恩赦と関連して、その濫用が問題となっている。

第6節　更生保護制度の担い手

1　更生保護女性会

更生保護女性会は、犯罪や非行のない明るい地域社会を実現しようとするボランティア団体であり、全国に約16万人の会員がいる。更生保護施設における自立のための料理教室の開催、各種レクリエーション活動への協力、図書等の寄贈など更生保護施設へのサポートを行ったり、保護観察中の少年の社会参加活動への協力等を行う更生支援活動というべき活動領域がある。

更生保護女性会は、女性の立場から地域の犯罪予防と犯罪者や非行少年の更生保護に協力し、犯罪のない明るい社会の実現に寄与することを目的とする民間有志女性の団体であり、その趣旨に賛同する女性であれば誰でも参加できる。1949（昭和24）年に犯罪者予防更生法が施行された後、市町村等の地域を単位に地区会が組織されるとともに、県単位、地方ブロック単位の組織化が進み、1964（昭和39）年には、全国組織として全国更生保護婦人協議会が結成されたが、その後、1969（昭和44）年に「全国更生保護婦人連盟」

と改称され、さらに、2003年の「第40回記念全国更生保護婦人の集い」において、全国更生保護婦人連盟が「日本更生保護女性連盟」と改称された。2010（平成22）年4月1日現在、地区会数は1,310、会員数は18万5,176人である。更生保護女性会の活動の主なものは、①研究協議活動、②更生保護思想の普及活動、③犯罪予防活動、④矯正保護関係の施設や団体に対する協力・援助活動の4つであるが、実際には、毎年7月に行われる「社会を明るくする運動」に参加することがその活動の主たるものである。その他、矯正保護施設への慰問や物資的援助活動があるが、更生保護女性会の活動の特色は、①犯罪者や非行少年の更生保護を、直接的、間接的に図ることを主要な活動としていること、②婦人の立場、母の立場から行う活動であること、③活動は、会員が単独で行う更生保護活動もあるが、団体として組織力を生かした活動を行うことが多いこと、④会員の活動を通じて、犯罪や非行の防止に関する地域住民の関心を高める機能を果たすこと、⑤自発的な奉仕活動として、会員は、この活動のために時間や労力、特技、金品を無償で提供すること等である。

2 BBS会

BBS会（Big Brothers and Sisters Movement）は、犯罪や非行のない明るい社会の実現を目的に、兄や姉のような身近な存在として、少年たちの自立支援のための活動等を行う青年ボランティア団体である。全国に約5,000人の会員がいる。BBS運動の理念は、友愛とボランティア精神を基礎とし、少年と同じ目の高さで共に考え学び合うことにある。

この運動は、1904年、アメリカのニューヨーク市少年裁判所書記のアーネスト・K・クールター（Ernest K. Coulter）が提唱したものであり、わが国においては、1947（昭和22）年に、同志社・立命館大学の学生を中心に結成された「京都少年保護学生連盟」に端を発するものである。このBBS運動は、初期の頃においては、戦災孤児や非行少年の善導等を目的とするもので目立たない存在であったが、その後先駆者たちの熱意は急速に広まり、1950（昭和25）年11月には「全国BBS運動連絡協議会」が結成され、1952（昭和27）年には、「日本BBS連盟」と改称され現在に至っている。

BBS会員には、この運動の趣旨に賛同し、積極的に参加協力しようとす

る熱意を持った健全な青年であれば誰でもなることができるが、入会の資格として、①おおむね20歳代の青年男女であること、②社会奉仕の精神があること、③非行少年の更生に関心を寄せ、少年や子供に愛情を持って接しうること、④性格に偏りがなく、幅広い教養を持っていること、⑤活動に必要な余暇があること等が考えられているようであり、学歴や職業は問わないものとされている。

会員数は、1966（昭和41）年の1万1,831人をピークとして、その後減少傾向にあり、1978（昭和53）年には7,741人にまで減少したが、同年に策定された5か年計画に基づく会員5割増強の努力が現われ、1979（昭和54）年からはやや増加傾向に転じた。しかし、その後再び減少、2017（平成29）年4月1日現在BBS会の数は472、会員数は4,509人である。

また、BBSの組織には、市町村等の地域（例外として職域がある）を単位に結成されている地区BBS会、保護観察所単位の都府県BBS連盟、地方委員会単位の地方BBS連盟および全国組織としての日本BBS連盟がある。これらの組織のうち、実践活動の基盤として最も重要な役割を果たしているのが地区BBS会であり、2010（平成22）年4月1日現在BBS会の数は489である。また、BBS運動基本原則によれば、組織の性格として、①組織運営については、更生保護機関の育成指導を受けること、②関連機関、団体への協力は、すべて組織として協力することが明記されている。BBS運動の中心となる活動には、①ともだち活動、②非行防止活動、③自己研鑽があるが、1955（昭和30）年頃からは、ケースワーク的要素の導入が図られ、ともだち活動に重点が置かれているとのことである。

3　協力雇用主

協力雇用主は、保護観察対象者や更生緊急保護の対象者を、その事情を理解したうえで雇用し、更生に協力する事業主である。

保護観察対象者等のなかには、犯罪や非行の前歴を有するという社会的負因に加えて、資質や環境に恵まれないという個人的負因を持つ者も少なくないところから、定職を得ることが必ずしも容易ではなく、そのことによって社会復帰が妨げられることも多い。このような保護観察対象者等に対して、前歴を承知のうえで雇用し、その改善更生に協力しようというのが民間の協

力雇用主の制度である。この協力雇用主の制度は、もともと保護司等が知人の事業家に対象者の就職等に対して協力を求めたことに始まったものであるといわれている。したがって、協力雇用主は、保護観察対象者や更生緊急保護の対象者の就職援助および職業生活の補導の面から、更生保護事業に協力している民間篤志事業家であると定義づけることができよう。

協力雇用主の数は、2017（平成29）年4月1日現在、個人と法人を合わせて18,555であり、協力雇用主に雇用されている保護観察対象者の数は774人である。その業種は、建設業64.5％、サービス業14.3％の順であり、これらで78.8％を占めている。

第3章 医療観察制度

第1節 医療観察制度の成立と概要

1 医療観察制度の成立と概要

　平成17年7月15日、心神喪失等の状態で重大な他害行為を行った者の医療及び観察等に関する法律（平成15年法律第110号。以下「心神喪失者等医療観察法」という）が施行された。心神喪失者等医療観察法は、「心神喪失又は心神耗弱の状態で重大な他害行為を行った者について、継続的かつ適切な医療並びにその確保のために必要な観察及び指導を行うことによって、病状の改善及びこれに伴う同様の行為の再発防止を図り、本人の社会復帰を促進することを目的」とするものである。

　心神喪失者等医療観察法による処遇の対象になるのは、殺人、放火、強盗、強姦・強制わいせつ（以上については未遂を含む）または傷害の罪に当たる行為を行った者であって、不起訴処分において心神喪失者もしくは心神耗弱者と認められたもの、または心神喪失を理由とする無罪の確定裁判もしくは心神耗弱を理由に刑を減軽する確定裁判（執行すべき刑期がある場合を除く）を受けたものである。これら対象者については、検察官の申立により、裁判官一人と精神保健審判員（精神科医）一人からなる地方裁判所の合議体が審判を行い、処遇の要否・内容を決定する。また、退院や処遇の終了についても、同じ構成の合議体が審判を行い、これを決定する。心神喪失とは精神障害により、物事の是非善悪を弁別する能力またはその弁別に従って行動する能力が失われた状態のことである。心神喪失者の行為は罰しない（刑法第39条第1項）。心神耗弱とは、精神障害により、物事の是非善悪を弁別する能力またはその弁別に従って行動する能力が著しく低い状態のことでありる。心神喪失者の行為はその刑を減軽する（同法第39条第2項）。

2 医療観察制度の概要

(1) 入院による医療

裁判所の入院決定（医療を受けさせるために入院をさせる旨の決定）を受けた者は、指定入院医療機関に入院して、国による手厚い専門的な医療を受ける。入院中は、保護観察所による退院後の生活環境の調整も行われる。

(2) 地域社会における処遇と社会復帰調整官

通院決定（入院によらない医療を受けさせる旨の決定）を受けた者および退院許可決定（退院を許可するとともに入院によらない医療を受けさせる旨の決定）を受けた者は、原則として3年間（最大で5年間）、指定通院医療機関による入院によらない医療および保護観察所による精神保健観察を受ける。精神保健観察は、継続的な医療を確保することを目的として、本人との面接や関係機関からの報告等を通じて本人の通院状況や生活状況を見守り、必要な指導等を行う。

また、本人が地域社会において安定した生活を営んでいくためには、継続的な医療に加えて、必要な精神保健福祉サービス等の援助が行われることが大切であり、地域で生活する精神障害者に対するサービスとして、都道府県・市町村（精神保健福祉センター・保健所等）による援助や精神障害者社会復帰施設等の利用も行われる。

このように地域社会における処遇では、医療、精神保健観察、援助という、いわば三本柱が適正かつ円滑に実施されることが必要であり、保護観察所は、そのために指定通院医療機関および都道府県・市町村と協議して処遇の実施計画を定め、処遇方針の統一と役割分担の明確化を図る。保護観察所、指定通院医療機関、都道府県・市町村等の関係機関は、同計画に基づいて処遇を実施し、保護観察所は、これらの処遇が実施計画に基づいて適正かつ円滑に実施されるよう、関係機関間の協力体制を整備し、関係機関による会議を開催して相互の緊密な連携の確保に努めている。

これらの事務に従事するため、保護観察所に社会復帰調整官が新たに配置されている。

(3) 精神保健審判員

審判において裁判官と合議体を形成する医師であり、毎年、厚生労働大臣から最高裁判所に提出される名簿に登載された医師（精神保健判定医）のうち、

地方裁判所が毎年あらかじめ選任した者のなかから処遇事件ごとに一人が任命される。裁判官との評議では精神障害者の医療に関する学識経験に基づいて意見を述べる。

(4) 指定入院医療機関、指定通院医療機関

心神喪失者等医療観察法による処遇において医療を提供する機関で、厚生労働大臣により指定される。指定入院医療機関は、国、都道府県または特定(地方)独立行政法人が開設する病院であって厚生労働省令で定める基準に適合する病院のなかから指定され、指定通院医療機関は、厚生労働省令に定める基準に適合する病院や診療所等のなかから指定される。

(5) 社会復帰調整官

保護観察所において精神保健観察の事務に従事する社会復帰調整官は、精神保健福祉士のほか、保健師、看護師、作業療法士もしくは社会福祉士で精神障害者に関する援助業務等に従事した経験を有する者または法務大臣がこれらと同等以上の専門的知識を有すると認める者でなければならないとされている。

(6) 入院による医療

裁判所の入院決定を受けた者は、指定入院医療機関（国、都道府県または特定〔地方〕独立行政法人が開設する病院のなかから厚生労働大臣が指定するものをいう）に入院して、国による専門的な医療を受ける。入院中は、保護観察所による退院後の生活環境の調整も行われる。

(7) 退院または入院継続にかかわる審判

指定入院医療機関の管理者は、心神喪失者等医療観察法の入院決定を受けて入院している者について、入院を継続させて医療を行う必要があると認めることができなくなった場合は、地方裁判所に対し退院の許可の申立をしなければならない。また、入院を継続させて医療を行う必要があると認める場合は、6か月ごとに、地方裁判所に対し入院継続の確認の申立をする。なお、入院決定により入院している者およびその保護者は、いつでも退院の許可または医療の終了の申立をすることができる。

第2節　医療観察制度の内容

1　医療観察制度の目的

本制度は、最終的には対象となる人の社会復帰を促進することを目的としている。

精神の障害のために善悪の区別がつかないなど、通常の刑事責任が問えない状態のうち、まったく責任を問えない場合を心神喪失、限定的な責任を問える場合を心神耗弱と呼ぶ。このような状態で重大な他害行為が行われることは、被害者に深刻な被害を生ずるだけでなく、その病状のために加害者となるということからも極めて不幸な事態である。そして、このような人については、必要な医療を確保して病状の改善を図り、再び不幸な事態が繰り返されないよう社会復帰を促進することが極めて重要である。

2　制度創設の背景と経緯

医療観察法の施行前までは、刑罰法令に触れる行為を行った精神障害者は、刑法第39条の規定により刑事司法の手続から外され、「精神保健および精神障害者福祉に関する法律」（以下「精神保健福祉法」という）の規定に基づく措置入院の手続がとられていた。この精神保健福祉法に基づく措置入院制度等によって対応することが通例であったが、①一般の精神障害者と同様のスタッフ、施設のもとでは、必要となる専門的な治療が困難であった。また、措置入院制度については、重大な犯罪行為を行った者でも安易に短期間で退院させてしまう場合があるなどの指摘がなされていたため、②退院後の継続的な医療を確保するための制度的仕組みがないなどの問題が指摘されていた。③入退院に関する判断が事実上医師に委ねられており、医師に過剰な責任を負わせていた。

さらに措置入院の患者が院外散歩の途中で強盗殺人を犯した北陽病院事件に関する判決で、最高裁は医療側の過失を認め、被害者の遺族に損害賠償を支払うことを命じた。この判決により、精神医療関係者の間では、精神障害者の受入れや外出・退院のあり方に対する不安が生じていた。

この制度では、①裁判所が入院・通院などの適切な処遇を決定するととも

に、国の責任において手厚い専門的な医療を統一的に行い、②地域において継続的な医療を確保するための仕組みを設けることなどが盛り込まれている。

3 制度の対象者

本制度は、心神喪失または心神耗弱の状態で重大な他害行為を行った人が対象となる。「重大な他害行為」とは、殺人、放火、強盗、強姦、強制わいせつ、傷害（軽微なものは対象とならない）に当たる行為をいう。これらの重大な他害行為を行い、

①心神喪失者または心神耗弱者と認められて不起訴処分となった者
②心神喪失を理由として無罪の裁判が確定した者
③心神耗弱を理由として刑を減軽する旨の裁判が確定した人（実刑になる人は除く）について、検察官が地方裁判所に対して、この制度による処遇の要否や内容を決定するよう申し立てることによって、この制度による手続が開始される。

これらの対象となる行為については、個人の生命、身体、財産等に重大な被害を及ぼすものであり、また、このような行為を行った者については、一般に手厚い専門的な医療の必要性が高く、仮に精神障害が改善されないまま、再び同様の行為が行われることとなれば、本人の社会復帰の大きな障害ともなる。そこで、国の責任による手厚い専門的な医療と、退院後の継続的な医療を確保するための仕組み等によって、その円滑な社会復帰を促進することが特に必要であるとして、本制度の対象とされた。

4 対象となる人の入院や通院の手続

この制度では、対象となる者の入院や通院を、地方裁判所で行われる審判で決定する。心神喪失等の状態で重大な他害行為を行い、不起訴や無罪になった者については、検察官から地方裁判所に、適切な処遇の決定を求める申立がなされる。申立を受けた裁判所では、裁判官と精神科医（「精神保健審判員」という）それぞれ一名から成る合議体を構成し、両者がそれぞれの専門性をいかして審判を行うことになる。

裁判官は、「この法律による医療を受けさせる必要が明らかにないと認め

る場合を除き」鑑定入院命令をしなければならない。そのうえで、その鑑定結果を基礎とし、生活環境等も考慮して、被申立人について「対象行為を行った際の精神障害を改善し、これに伴って同様の行為を行うことなく、社会に復帰することを促進するため」、入院または通院させて医療観察法による医療を受けさせる必要があるか否かを、裁判官と精神科医の意見の一致したところにより決定する。

このように審判の過程では、合議体の精神科医とは別の精神科医による詳しい鑑定が行われるほか、必要に応じ、保護観察所による生活環境（居住地や家族の状況、利用可能な精神保健福祉サービス等その者を取り巻く環境をいう）の調査が行われる。

生活環境の調査は、地方裁判所の求めに応じて、本人の社会復帰の促進という医療観察法の目的に照らし、処遇の要否および内容に関する適切な決定がなされるよう、必要な資料を審判過程に提供する目的で行うものである。社会復帰調整官が調査する事項は、住居の状況、今後の居住の可否、生計の状況、家族の状況、本人の社会復帰に関する家族の協力意思の有無・程度、過去の生活状況および治療の状況、利用可能な精神障害者の保健または福祉に関する援助等の内容、その他裁判所から指示を受けた事項等である。

調査は、鑑定入院先での本人との面接、家族等関係者との面談、官公署や本人が過去に受診した医療施設に対する照会等の方法により行う。

裁判所から与えられる調査期間は1か月程度であり、保護観察所の長は、本人に対して通院決定がなされた場合に居住地において継続的な医療が確保できるかどうかなどに関する意見を付して、調査結果を裁判所に報告する。

裁判所では、この鑑定の結果を基礎とし、生活環境を考慮して、さらに、必要に応じ精神保健福祉の専門家（「精神保健参与員」という）の意見も聴いたうえで、この制度による医療の必要性について判断することになる。

また、対象となる者の権利擁護の観点から、当初審判では、必ず弁護士である付添人を付けることとし、審判においては、本人や付添人からも、資料提出や意見陳述ができることとしている。

5 指定医療機関

この制度における医療は、厚生労働大臣が指定する指定入院医療機関また

は指定通院医療機関で行われる。これらを併せて「指定医療機関」という。

入院決定を受けた者について、入院による医療を提供するのが「指定入院医療機関」である。指定入院医療機関は、国、都道府県または特定（地方）独立行政法人が開設する病院のうちから指定され、対象となる者の症状の段階に応じ、人的・物的資源を集中的に投入し、専門的で手厚い医療を提供することとしている。

厚生労働大臣は、入院決定を受けた者の医療を担当させるため、一定の基準に適合する国公立病院等を指定入院医療機関として指定し、これに委託して専門的な医療を実施する。指定入院医療機関では、入院期間を急性期、回復期、社会復帰期に区分し、対象者の病状に応じた人員配置、医療プログラムによって治療が行われる。

入院中に、指定入院医療機関または本人等からの申立により、入院による医療の必要性がないと認められたときは、裁判所により直ちに退院が許可される。入院を継続する場合にも、少なくとも6か月に1回はその要否について裁判所が判断することとしている。

一方、退院決定または通院決定を受けた者については「指定通院医療機関」において、必要な医療を受けることになる。指定通院医療機関は、地域バランスを考慮しつつ、一定水準の医療が提供できる病院、診療所等から指定される。

これら指定医療機関が提供する医療については、いずれも全額国費により賄われる。

6　入院によらない医療

通院決定を受けた者は、厚生労働大臣が指定する指定通院医療機関において医療を受けるとともに、保護観察所に置かれる社会復帰調整官による精神保健観察に付される。社会復帰調整官は、対象者と適当な接触を保ち、指定通院医療機関の管理者および対象者の居住地の都道府県知事等から報告を求めるなどして、対象者が必要な医療を受けているか否かおよびその生活状況を見守り、継続的な医療を受けさせるために必要な指導を行う。さらに、関係機関相互の連携確保等の事務にも当たる。通院期間は原則3年間であるが、裁判所を通じて2年を超えない範囲で延長することができる。また、保護観

察所の長は指定通院医療機関の管理者と協議のうえ、通院患者について通院医療の継続の必要があると認めることができなくなった場合には、直ちに地方裁判所に対し、処遇終了の申立をしなければならない。

　他方、通院期間の延長が必要な場合には通院期間延長の申立を、入院の必要があると認められる場合には入院の申立を、地方裁判所に対して行わなければならない。

7　保護観察所の役割

　精神障害者の地域ケアには、医療機関のほか、精神保健福祉センター、保健所など精神保健福祉関係の多くの機関がかかわっているが、この制度では、対象となる者をめぐり、これら関係機関の連携が十分に確保されるよう、保護観察所が処遇のコーディネーター役を果たすこととされている。

　具体的には、関係機関と協議のうえ、対象となる一人ひとりについて、地域社会における処遇の具体的内容を定める「処遇の実施計画」を作成し、地域での医療や援助に携わるスタッフによる「ケア会議」を随時開催するなどして、必要な情報の共有や処遇方針の統一を図ることとしている。この他、本人と面談したり関係機関から報告を受けるなどして、その生活状況等を見守り（「精神保健観察」という）、地域において継続的な医療とケアを確保していくこととしている。

　これらの業務を適切に実施するため、保護観察所には、精神保健や精神障害者福祉等の専門家である「社会復帰調整官」が配置され、本制度の処遇に従事している。

(1) 処遇の実施計画

　保護観察所が、指定通院医療機関や、都道府県・市町村等の精神保健福祉関係の諸機関と協議して作成する「処遇の実施計画」には、対象となる一人ひとりの病状や生活環境に応じて、必要となる医療、精神保健観察、援助の内容等が記載されている。具体的には、例えば、医療については、治療の方針、必要とされる通院の頻度や訪問看護の予定などが、精神保健観察については、本人との接触方法（訪問予定等）等が、援助については、利用する精神保健福祉サービスの内容や方法などが記載事項とされている。また、病状の変化等により緊急に医療が必要となった場合の対応方針や、関係機関およびその

担当者の連絡先、ケア会議の開催予定等も盛り込むこととされている。実施計画の内容については、本人への十分な説明と理解が求められ、作成した後も処遇の経過に応じ、関係機関相互が定期的に評価し、見直しを行うことが必要である。また、本制度による処遇終了後における一般の精神医療・精神保健福祉への円滑な移行についても視野に入れて、その内容を検討することも大切である。

(2) 関係機関によるケア会議

地域社会における処遇を進める過程では、保護観察所と指定通院医療機関、精神保健福祉関係の諸機関の各担当者による「ケア会議」を行うこととしている。ケア会議を通じ、関係機関相互間において、処遇を実施するうえで必要となる情報を共有するとともに、処遇方針の統一を図っていくこととしている。具体的には、処遇の実施計画を作成するための協議を行うほか、その後の各関係機関による処遇の実施状況や、本人の生活状況等の必要な情報を共有し、実施計画の評価や見直しについての検討を行う。また、保護観察所が裁判所に対して行う各種申立（本制度による処遇の終了、通院期間の延長、入院）の必要性についての検討や、病状の変化等に伴う対応等についても検討される。ケア会議は、保護観察所が、定期的または必要に応じて、あるいは関係機関等からの提案を受けて開催され、関係機関の担当者のほか、場合によっては、本人やその家族等も協議に加わることがある。ケア会議で共有される本人に関する情報の取扱いについては、個人情報の保護の観点から特段の配慮が必要となる。

(3) ケア会議と処遇の実施計画

処遇実施計画書には、処遇の目標、本人の希望、医療、精神保健観察および援助の具体的な内容・方法、緊急時の対応方法等が記載される。各関係機関は、この処遇の実施計画に基づいて、それぞれの処遇を行わなければならない（医療観察法第105条）。

病状悪化等の緊急時は、あらかじめ処遇の実施計画で定めた方法により対応する。なお、通院期間中は、精神保健福祉法に基づく入院が行われることを妨げないとされているので（医療観察法第115条）、本人の病状に応じ、精神保健福祉法に基づく入院が適切に行われるよう配慮する。

処遇の実施計画の作成後も、保護観察所は、定期的または必要に応じてケ

ア会議を開催する。ケア会議では、関係機関間で処遇の実施状況や本人の生活状況に関する必要な情報を共有するほか、処遇の実施計画に基づいて処遇が行われているかどうか、処遇の実施計画の内容が本人のニーズや生活・病状の変化に対応したものになっているかどうかなどを評価し、必要に応じ、内容の見直しについて検討する。

また、保護観察所の長が、裁判所に対して、処遇終了の申立や（再）入院の申立を行う場合も、通常は、あらかじめケア会議において申立の必要性、時期等を検討したうえで行う。

本人やその保護者も、保護観察所がケア会議の参加機関の意見を聴いたうえで適当でないと認めた場合以外は、ケア会議に出席して意見や希望を述べることが可能である。また、保護観察所や地域処遇に携わる関係機関は、処遇の実施計画の内容、ケア会議での決定事項等について、本人に懇切丁寧に説明し、同意を得るよう努めることが重要である。

(4) 精神保健観察

精神保健観察とは、地域において継続的な医療を確保することを目的として、社会復帰調整官が、本人の通院状況や生活状況を見守り、必要な助言指導等を行うものである（医療観察法第106条第2項）。社会復帰調整官は、処遇の実施計画に基づいて、本人宅への訪問、保護観察所での面接、通院同行等のさまざまな方法により、本人との適当な接触を保つほか、家族から本人の様子について話を聞いたり、指定通院医療機関、都道府県・市町村等から報告を求めるなどする。そして、見守りを通じて得られた情報から本人に通院や服薬を促したり、家族の相談に応じ助言を行うなど、継続的な医療を受けさせるために必要な指導その他の措置を講ずる。

また、継続的な医療を確保するために、医療観察法には、精神保健観察中の人が「守るべき事項」が規定されている（同法第107条）。その内容は、一定の住居への居住、転居または2週間以上の長期の旅行をするときの事前届出などである。転居等の届出を受けた保護観察所においては、転居先の保護観察所を通じて、転居先の生活環境の調査・調整を行うなど、全国的なネットワークを用いて、転居後や旅行中も本人にとって必要な医療および援助が円滑に確保されるよう配慮する。

(5) 保護観察所の長による申立

通院期間は、裁判所で通院決定または退院許可決定がなされた日から起算して3年間とされており（同法第44条、51条第4項）、これを経過すると、期間満了により地域処遇は終了する。

ただし、病状等によっては、保護観察所の長や本人からの申立により、裁判所で処遇終了決定がなされて期間満了前に処遇が終了することや、指定入院医療機関への（再）入院決定がなされることもある。保護観察所の長が、処遇の経過に応じ、裁判所に対して行う申立は、次の3種類である。

①処遇の終了の申立（医療観察法第54条第1項）

医療観察法による医療を受けさせる必要があると認めることができなくなった場合に行う。

②通院期間の延長の申立（同条第2項）

通院期間を延長して医療観察法による医療を受けさせる必要があると認める場合に行う。

③（再）入院の申立（第59条第1項・2項）

医療観察法による入院医療を受けさせる必要があると認める場合等に行う。これらの申立は、緊急を要するときの（再）入院の申立を除き、指定通院医療機関の管理者と協議のうえ、指定通院医療機関の管理者の意見を付して行うこととされている。実務では、指定通院医療機関のほか、地域処遇に携わっている都道府県・市町村等の関係機関とも協議を行うことが通例である。

なお、期間満了や裁判所での処遇終了決定により医療観察制度による処遇が終了することが見込まれる場合は、保護観察所を含め関係機関は、本人の希望を踏まえながら、あらかじめケア会議で協議するなどして、処遇終了後も一般の精神科医療や精神保健福祉サービスが必要に応じ確保されるよう十分配慮する。

8　指定入院医療機関からの退院

この制度では、指定入院医療機関に入院した人が、その地元等において円滑に社会復帰できるよう、入院当初から退院に向けた取組みを継続的に行うこととしている。

具体的には、保護観察所が、指定入院医療機関や地元の都道府県・市町村

等の関係機関と連携して「生活環境の調整」を行い、退院地の選定・確保や、そこでの処遇実施体制の整備を進めることとしている。

生活環境の調整とは、入院医療を受けている一人ひとりについて、その円滑な社会復帰を促進するため、保護観察所が、指定入院医療機関のほか、退院後の居住予定地において通院医療を担当することとなる指定通院医療機関、居住予定地の都道府県・市町村等と連携協力しながら、具体的な退院先の確保、退院後に必要な医療および援助の実施体制の整備等を進めるものである（医療観察法第101条）。

①社会復帰調整官が指定入院医療機関に出向き、本人から退院後の生活に関する希望を聴取するほか、指定入院医療機関の医師、精神保健福祉士等との協議や、当初審判における生活環境の調査結果も踏まえて、生活環境の調整計画を作成する。

②本人の社会復帰を促進するためには、退院後の医療を確保することはもとより、本人が地域社会で生活していくために必要な精神保健福祉サービス等の援助を確保することも重要であることから、居住予定地の都道府県・市町村において必要な援助が円滑に受けられるよう、生活環境の調整計画に基づいて、あっせん、調整等する。

③指定通院医療機関、都道府県・市町村主管課、精神保健福祉センター、保健所等、退院後の地域処遇に携わることとなる関係機関に出席を求めてケア会議を開催し、退院後に必要な医療や援助の内容・方法等をまとめた「処遇の実施計画」の案を作成する。

ケア会議は、本人自身が会議に出席して希望や意見を述べたり、退院前に居住予定地の関係機関の担当者と顔合わせをしておくことができるよう、本人が指定入院医療機関から退院先へ外出・外泊する機会に併せて開催することもある。

対象となる者の社会復帰の促進のためには、退院後の医療を確保することはもとより、必要な生活支援を行うことも重要である。このため、精神保健福祉センターや保健所などの専門機関を通じ、その地域における精神保健福祉サービス等の現況も確認しつつ、具体的な援助の内容について検討することになる。

調整の過程では、退院先の社会復帰調整官が、定期的または必要に応じて

指定入院医療機関を訪問し、本人から調整に関する希望を聴取し、指定入院医療機関のスタッフと調整方針等について協議する。また、入院中における外泊等の機会を利用して、本人と退院後の処遇に携わる関係機関のスタッフとが面談する機会を設けるなど、地域社会における処遇への円滑な移行に配慮することとしている。

9　地域社会における処遇

裁判所の通院決定を受けた者および退院許可決定（退院を許可するとともに入院によらない医療を受けさせる旨の決定をいう）を受けた者は、原則として3年間、指定通院医療機関（厚生労働省令で定める基準に適合する病院や診療所等のなかから厚生労働大臣が指定するものをいう）による入院によらない医療および保護観察所による精神保健観察を受ける。精神保健観察は、継続的な医療を確保することを目的として、本人との面接や関係機関からの報告等を通じて本人の通院状況や生活状況を見守り、必要な指導等を行うものである。また、地域で生活する精神障害者に対するサービス（障害者自立支援法等に基づく都道府県・市町村による援助等）を適切に利用することが、地域社会で安定した生活を営んでいくためには重要であることから、保護観察所は、指定通院医療機関および都道府県・市町村と協議して処遇の実施計画を作成し、同計画が有効に機能するよう、関係機関相互の緊密な連携の確保に努めている。心神喪失者等医療観察法に基づく保護観察所の事務には、社会復帰調整官が従事している。処遇の終了（期間満了を除く）や指定入院医療機関への再入院は、裁判所の審判により決定される。

このように地域社会においては、指定通院医療機関が本制度の「入院によらない医療（通院医療）」を担当し、必要となる専門的な医療を提供することとなる。対象となる者の病状の改善と社会復帰の促進を図るためには、この必要な医療の継続を確保することが重要である。本制度では、継続的な医療を確保するため、保護観察所の社会復帰調整官が、必要な医療を受けているかどうかや本人の生活状況を見守り、必要な指導や助言を行う（「精神保健観察」）こととしている。対象となる者の社会復帰を促進するためには、医療を確保するだけでは十分ではないため、本人がその障害と向き合いつつ社会生活を営んでいくためには、必要な精神保健福祉サービス等の援助が行われ

ることが大切である。これら地域社会において行われる通院医療、精神保健観察および精神保健福祉サービス等の援助の内容や方法を明らかにするため、保護観察所では、関係する機関と協議して、対象となる一人ひとりについて「処遇の実施計画」を作成することとしている。地域社会における処遇は、この実施計画に基づいて、関係機関が相互に連携協力して進めることとしている。

10 関係機関の連携

地域社会における処遇が円滑かつ効果的に行われるためには、これを担う指定通院医療機関、保護観察所、精神保健福祉関係の諸機関が相互に連携協力して取り組むことが極めて重要である。本制度では、保護観察所が、指定通院医療機関や都道府県・市町村をはじめとする精神保健福祉関係の諸機関と協議して、対象となる一人ひとりについて「処遇の実施計画」を作成することとしている。この実施計画では、地域社会において必要となる処遇の内容と関係機関の役割を明らかにすることとしている。また、処遇の経過に応じ、保護観察所は、関係機関の担当者による「ケア会議」を開くこととしている。ケア会議では、各関係機関による処遇の実施状況等の必要な情報を相互に共有しつつ、処遇方針の統一を図っている。保護観察所では、あらかじめ指定通院医療機関、都道府県・市町村等精神保健福祉関係の諸機関との間で連絡協議の場を持つなどして、必要な情報交換を行い、平素から緊密な連携が確保されるよう努めていくこととしている。

本制度による地域社会における処遇を受けている期間（以下「通院期間」という）は、裁判所において退院決定または通院決定を受けた日から、原則3年間となる。ただし、保護観察所または対象者本人等からの申立に応じ、裁判所において処遇終了決定がなされた場合には、その期間内であっても、本制度による処遇は終了することになる。

一方で、3年を経過する時点で、なお本制度による処遇が必要と認められる場合には、裁判所の決定により、通じて2年を超えない範囲で、通院期間を延長することが可能とされている。処遇終了決定や通院期間の満了などにより、本制度に基づく地域社会における処遇が終了したとしても、引き続いて一般の精神医療や精神保健福祉サービスが必要である場合が通例であると

考えらている。本制度による処遇の終了に当たっては、一般の精神医療や精神保健福祉サービス等が、必要に応じ確保されるように、本人の意向も踏まえながら、関係機関が相互に協議するなどして、十分に配慮することが大切である。

11　医療観察制度と精神保健福祉法の関係

この制度による入院決定を受けて、指定入院医療機関に入院している期間中は、精神保健福祉法の入院等に関する規定は適用されない。

一方、通院決定または退院決定を受けて、地域社会における処遇を受けている期間中は、原則として、この法律と精神保健福祉法の双方が適用される。地域社会における処遇の実施体制は、精神保健福祉法に基づく精神保健福祉サービスを基盤として形づくられるものともいえる。

また、任意入院、医療保護入院、措置入院等の精神保健福祉法に基づく入院についても、地域社会における処遇の期間中は妨げられることはないため、これらを適切に行う必要がある。例えば、本人の病状の変化等により緊急に医療が必要となった場合等は、まず、精神保健福祉法に基づく入院を適切に行い、一定期間、病状の改善状況を確認するといった対応が考えらる。

精神保健福祉法に基づく入院の期間中も、精神保健観察は停止することなく続けられ（通院期間も進行する）、この場合、指定通院医療機関や保護観察所は、本人が入院している医療機関と連携し、必要とされる医療の確保とその一貫性について留意することとしている。

12　医療観察制度の現状と課題

(1)　施設と人材の不足

指定病院の指定に対する地域住民の反対や行政側の準備不足等のため、指定入院医療機関の整備状況は平成23年3月現在で国または国立病院機構の15施設にとどまっている。

指定入院医療機関の整備状況　（平成23年3月31日現在）

1　国関係

国立病院機構花巻病院（岩手県）

国立病院機構下総精神医療センター（千葉県）

国立精神・神経医療研究センター病院（東京都）

国立病院機構久里浜アルコール症センター（神奈川県）

国立病院機構さいがた病院（新潟県）

国立病院機構北陸病院（富山県）

国立病院機構小諸高原病院（長野県）

国立病院機構東尾張病院（愛知県）

国立病院機構榊原病院（三重県）

国立病院機構松籟荘病院（奈良県）

国立病院機構鳥取医療センター（鳥取県）

国立病院機構賀茂精神医療センター（広島県）

国立病院機構肥前精神医療センター（佐賀県）

国立病院機構菊池病院（熊本県）

国立病院機構琉球病院（沖縄県）

2　都道府県関係

群馬県立精神医療センター

東京都立松沢病院

神奈川県立精神医療センター芹香病院

山梨県立北病院

長野県立駒ヶ根病院

静岡県立こころの医療センター

大阪府立精神医療センター

岡山県精神科医療センター

山口県立こころの医療センター

長崎県病院企業団長崎県精神医療センター

鹿児島県立姶良病院

山形県立鶴岡病院

茨城県立友部病院

埼玉県精神医療センター

栃木県立岡本台病院

滋賀県立精神医療センター

愛知県立城山病院

(2) 精神鑑定をめぐる問題

医療観察制度における処遇決定は、鑑定を基礎として行われる。鑑定入院はその期間が最大3か月である。医療観察法には鑑定入院中の対象者に対する医療、処遇内容についての規定がない。さらに、鑑定入院医療機関は指定入院医療機関に限定されておらず、多くの民間の精神科病院で鑑定入院を受け入れている現状にある。

(3) 不当な拘束に対する補償

不当な身体拘束に対する補償については、刑事手続は刑事補償法で、措置入院等の行政処分は行政不服審査法でそれぞれ規定されている。しかし、医療観察法にはこれらに相当する規定がない。そのため、鑑定入院命令の後に他害行為の認定が誤りで、検察官の申立が却下された場合や、指定入院医療機関への入院命令が抗告審で取り消された場合等における補償手続が整備されていない。

(4) 刑事施設での処遇

犯行時には責任能力が失われていなかったと判断され、医療観察制度の対象とはならずに刑事施設に入る精神障害者の処遇も問題を抱えている。近年、刑事施設では過剰収容が問題となっているが、新受刑者総数の増加に比例して、新受刑者に占める精神障害者数も増えている。このうち、専門的な治療が必要とされる者については、医療刑務所に収容し、診療が行われている。しかし、医療刑務所も過剰収容状態が続いており、治療上の限界もあるため、医療重点施設や他の一般刑務所にも多数収容されているのが実態である。また、精神障害者が刑事施設を出所する場合は、仮釈放ではなく満期出所であることが多く、出所する際の状況によっては、精神保健福祉法に基づく矯正施設の長の通報で措置入院となることもある。

第4章　少年非行

第1節　少年非行の全体像

1　少年非行の概念

　少年非行とは、①14歳(刑事責任年齢)以上20歳未満の少年による犯罪行為、②14歳未満の少年による触法行為（刑罰法令に触れる行為であるが、行為者が刑事責任年齢に達しないため、刑法上の責任を問われない行為）および③虞犯(ぐはん)（保護者の正当な監督に服しない性癖、不良交際等、その行為自体は犯罪・非行行為ではないが、性格・環境から見て、将来、犯罪・触法行為をするおそれがあると認められる行状）という3種類の行為または行状を総称する概念である。

　すなわち、ここでいう少年非行という概念は、成人への人格形成期にあって可塑性に富む少年に対しては、犯罪行為だけでなく、虞犯についても、少年の健全な育成と矯正・保護のために、国家が司法的に介入する必要があるとするアメリカ少年司法の「国親思想」(くにおや)（parens patriae, 国が親として、親らしい配慮をもって臨むことを少年裁判所に要請する理念）に基づく概念である。

2　少年非行の要因

　少年非行の要因については、少年自信に関する要因としては、①少年の精神的自立の欠如、②少年の挫折感との未対決、③少年の相談相手の不在、④内面的幼稚性、自己中心性の肥大化、⑤対人接触からの遠ざかりと社会的人間関係の訓練の喪失等、また、家庭に関係のある要因としては、①核家族化・家庭の小規模化に伴う家庭の伝統的諸機能の変化、②家庭教育の欠如、③母性的機能の過剰と父性的機能の欠落、④親の自主性の欠如、⑤父親の権威の失墜等の諸要因、さらに、学校に関係する要因としては、①受験競争の原理によって歪められてしまった現在の教育のあり方、②内申書重視と学業成績優先の考え方、③教師の団結の欠如、④教師と児童・生徒の信頼関係の不足、⑤児童・生徒相互の人間関係の稀薄さ等が考えられる。

3 非行少年の処理手続
(1) 家庭裁判所との関係

　現行少年法における非行少年の処理手続について、まず、非行少年を発見した者は、警察官に限らず一般人でも、14歳以上の少年については家庭裁判所に通告し、14歳未満でしかも適切な保護に欠ける少年については児童相談所または福祉事務所へ通告しなければならないことになっている。また、14歳以上18歳未満の虞犯少年については、司法警察員または保護者は、直接児童相談所へ通告することができることになっている。少年による事件は、警察や検察の捜査の結果、犯罪の嫌疑があるとされると、すべて家庭裁判所に送致される。これを全件送致主義という。

　家庭裁判所は、検察官や児童相談所などから通告、報告、送致された少年について審判をし、処分を決定することとなるが、審判に先立って、家庭裁判所調査官によって事件についての調査が行われる。この調査は、なるべく少年、保護者または関係者の行状、経歴、素質、環境等について、医学、心理学、教育学、社会学等の専門的知識を駆使して行うべきであって、特に少年鑑別所の鑑別結果を活用して行うべきものとされている。

　家庭裁判所が受理した少年のうち、非行を疑うに足る相当な理由があるなど一定の要件を満たす者については、家庭裁判所の決定を以て観護の措置がとられ、少年鑑別所へ収容されることになる（少年法第17条）。また、個々の少年の特性を考慮しつつ、作文、読書、絵画、心理劇、集団討議等の処遇を実施しながら少年の問題点および改善可能性の程度を探る「探索処遇」も試みられている。

　また家庭裁判所は、必要があれば少年を一定期間試験的に家庭裁判所調査官の観察（試験観察）に付することもできる。

　この試験観察には、①少年の身柄を保護者等に引き取らせて、保護者の監督のもとで生活をさせながら観察する「在宅試験観察」、②少年と補導を委託する者と起居を共にさせながら補導する「身柄付補導委託」、③少年をそれまでの住居に居住させながら第三者に補導のみを委託する「補導のみ委託」の3種類がある。

　家庭裁判所は、調査の結果、審判を開始するのが相当であると認めるときは審判開始を決定し、審判の結果、保護処分に付する必要があるものにつ

いては、①保護観察所の保護観察、②児童自立支援施設・児童養護施設送致、③少年院送致のいずれかの決定をし、保護処分に付することができないか、またはその必要がないと認めたときは、不処分の決定をすることになる。そして、調査または審判の結果①児童福祉法上の措置を相当と認めたときは、都道府県知事また児童相談所長送致の決定、②死刑、懲役、禁錮に当たる罪の事件で、その罪質・精状から刑事処分を相当と認めたときは、検察官送致の決定、③審判に付することができないか、または審判に付することが相当でないと認めたときは、審判不開始の決定を行うことになる。

　保護観察に付された少年は、法務省に属する保護観察所の保護観察を受けるが、保護観察官は民間の篤志家である保護司の協力を得て、法律学、心理学、教育学、社会学など更生保護に関する専門知識に基づいて、少年に対する指導監督および補導援護を行う。

　少年院送致になった少年は、同じく法務省に属する少年院に収容される。
　児童自立支援施設・児童養護施設送致になった少年は、国立、公立、私立の児童自立支援施設・児童養護施設において、必要な福祉のための措置を受けることになる。

　また、検察官送致になった少年については、検察官は原則として地方裁判所または簡易裁判所に公訴を提起しなければならず、これらの少年は、成人の刑事事件と同様の手続によって裁判を受けることになる。なお、少年については成人と異なり、刑の緩和（少年法第51条）、不定期刑（同法第52条）、少年刑務所への収容（同法第56条）、仮釈放が許可されるまでの期間の短縮（同法第58条）、その他罰金を納めなくても労役場に留置されない（同法第54条）などの種々の特則が認められている。

(2) 児童自立支援施設・児童養護施設送致

　これは、少年法（第24条第1項第2号）および児童福祉法（第44条、41条）に基づいて行う保護処分で開放的な施設収容処分である。家庭裁判所は調査または審判の結果、少年を児童福祉法上の措置に委ねるのが相当と認められるときは、決定によって事件を知事または児童相談所長に送致し（少年法第18条第1項）、または少年を児童自立支援施設または児童養護施設へ送致する（同法第24条第1項第2号）ことができることになっている。

　児童自立支援施設は、不良行為をなし、またはなすおそれのある児童およ

び家庭環境その他の環境上の理由により生活指導等を要する児童を入所させ、または保護者のもとから通わせて、個々の児童の状況に応じて必要な指導を行い、その自立を支援することを目的とする施設であり（児童福祉法第44条）、また児童養護施設は、乳児を除いて保護者のない児童、虐待されている児童その他環境上養護を要する児童を入所させて、これを養護し、あわせてその自立を支援することを目的とする施設である（同法第41条）。

　児童自立支援施設に課せられている主要な任務は、当該児童を隔離することによって社会の保安を保とうというだけではなく、その児童が生まれながらにして持っている人間としての心身の完全な生育を遂げるべき権利を保障する点にある。児童養護施設は、児童自立支援施設や知的障害児施設等と異なり、児童自身の精神的・肉体的事由によるよりも、むしろ家庭的環境に恵まれない児童を入所させる施設である。

(3) 少年院送致

　少年院送致は、対象少年を法務省の管轄する少年院に収容して矯正教育を行う。原則として非開放的な施設収容処分である。

　少年院での処遇は短期処遇と長期処遇に区分されている。長期処遇の少年院は、短期処遇になじまない者を収容しているのであるが、運用上、収容期間は2年以内とされ、生活訓練、職業能力開発、教科教育、特殊教育および医療措置の5つの処遇課程が設けられている。短期処遇の少年院は、非行の傾向はある程度進んでいるが、少年の持つ問題性が単純であるかまたは比較的軽く、早期改善の可能性が大きいため、短期間の継続的・集中的な指導と訓練によりその矯正と社会復帰が期待できる者を収容し、開放的な雰囲気のなかで処遇を行うものである。これには、収容期間を6か月以内とする一般短期処遇と4か月以内とする特修短期処遇がある。

　この特修短期処遇の特色は院外委嘱教育にある。この院外委嘱教育は、少年院から委嘱先に通勤（通学）させ、対象少年の社会化を図る処遇方法の一つであると考えられる。その通勤（通学）方法は、少年院からであっても、職員の戒護はなく、交通機関も公共のものを利用している。また、衣服、携帯品等も一般社会と差がないように十分配慮されているほか、委嘱先におけるプライバシー保護のために、例えば、対象者の身分等は特定の関係者が了知しているのみで、一般従業員向けには、研修生、実習生、見習生等と紹介

し、対象者が違和感なく職場に溶け込めるような工夫がなされている。

委嘱の内容としては、老人ホームでの介護、園芸、梱包、スーパーでの販売、製品検査、調理見習、印刷作業、自動車整備等さまざまであり、委嘱期間は2～4週間位、勤務時間は9時～16時など、少年院の教育の流れに沿った時間配分をとっているところが多いようである。また、委嘱先からの給料は支給されないが、所在都道府県の最低賃金から見て決して少なくない金額の報奨金が支払われており、これが全額本人のものとなる。

院外委嘱教育の具体的事例としては、例えば松山学園においては、日用品デパートでの商品管理や販売見習、老人ホームでの介護、鉄筋会社・運輸会社・製菓会社での勤務、中学校への登校等が行われている。全体としての成果はおおむね良好であったが、高度の接客が要求されたり内容が複雑な業務は、それ相応の準備期間が必要であり、短期間の院外委嘱教育には一考を要するところがあるようである。また、中学校へ委嘱し復学の準備を行うケースの場合には、少年の取組みの不十分さや学校側の消極的姿勢等から委嘱教育を躊躇せざるをえないと考えられるものもあったということである。実際に委嘱教育を受けた少年たちは、さまざまな職場体験を通じて、責任感や人間関係、思いやりや協力、忍耐力などを再考する機会を得ていることが報告されている。

第2節　非行少年の処遇

1　家庭裁判所送致までの手続の流れ
(1)　犯罪少年

警察等は、犯罪少年を検挙した場合、交通反則通告制度に基づく反則金の納付があった道路交通法違反事件を除き、罰金以下の刑に当たる犯罪の被疑事件は家庭裁判所に送致し、それ以外の刑に当たる犯罪の被疑事件は検察官に送致する。検察官は、捜査を遂げた結果、犯罪の嫌疑があると認めるとき、または家庭裁判所の審判に付すべき事由があると認めるときは、事件を家庭裁判所に送致する。

(2)　触法少年および虞犯少年

触法少年および14歳未満の虞犯少年（虞犯の行状のある少年をいう）につい

ては、都道府県知事または児童相談所長から送致を受けたときにかぎり、家庭裁判所は少年を審判に付することができる。警察官は、触法少年であると疑うに足りる相当の理由のある者を発見した場合は、事件の調査ができるが、その結果、少年の行為が一定の重大な罪にかかわる刑罰法令に触れるものであると思料する場合等には、事件を児童相談所長に送致する。

14歳以上の虞犯少年については、これを発見した者は、家庭裁判所に通告・送致しなければならない。ただし警察官または保護者は、虞犯少年が18歳未満であり、かつ家庭裁判所に送致・通告するよりも、まず児童福祉法による措置にゆだねるのが適当であると認めるときは、児童相談所に通告することができる。

2 家庭裁判所における手続の流れ
(1) 家庭裁判所の調査
家庭裁判所は、検察官等から事件の送致を受けたときは、事件について調査しなければならず、家庭裁判所調査官に命じて必要な調査を行わせることができる。

(2) 少年鑑別所の鑑別
家庭裁判所は審判を行うため必要があるときは、観護措置の決定により少年を少年鑑別所に送致し、その資質鑑別を求めることができる。この場合少年鑑別所は、送致された少年を収容して家庭裁判所が行う審判等に資するため、医学、心理学、教育学、社会学その他の専門的知識に基づいて資質の鑑別を行う。少年鑑別所は平成22年4月1日現在、全国に52庁（分所1庁を含む）が設置されている。

(3) 家庭裁判所の審判等
家庭裁判所は調査の結果、児童福祉法上の措置を相当と認めるときは、事件を都道府県知事または児童相談所長に送致する。また事案等に応じ、審判不開始決定をして事件を終局させ、または審判開始の決定をする。

家庭裁判所における審判は、通常一人の裁判官が取り扱うが、決定により裁判官の合議体でこれを取り扱うこともできる。

審判は非公開で行われるが、家庭裁判所は一定の重大事件の被害者等から審判の傍聴の申出があった場合、少年の健全な育成を妨げるおそれがなく相

当と認めるときは、傍聴を許すことができる。

　家庭裁判所は、一定の重大犯罪の犯罪少年にかかわる事件において、その非行事実を認定するために必要があると認めるときは、決定をもって審判に検察官を関与（出席）させることができる。

　なお家庭裁判所は、保護処分を決定するため必要があると認めるときは、相当の期間、少年を家庭裁判所調査官に直接観察させる試験観察に付することができる。

　家庭裁判所は審判の結果、保護処分に付することができず、またはその必要がないと認めるときは不処分の決定をする。児童福祉法上の措置を相当と認めるときは、事件を都道府県知事または児童相談所長に送致する。死刑、懲役または禁錮に当たる罪の事件について、刑事処分を相当と認めるときは事件を検察官に送致するが、犯行時14歳以上の少年による一定の重大な事件については、原則として事件を検察官に送致しなければならない（逆送）。これらの場合以外は、少年を保護処分に付さなければならず、保護観察、児童自立支援施設・児童養護施設送致（18歳未満の少年に限る）または少年院送致（おおむね12歳以上の少年に限る）のいずれかの決定を行う。

　少年、その法定代理人または付添人は、保護処分の決定に対し、決定に影響を及ぼす法令の違反、重大な事実の誤認または処分の著しい不当を理由とするときに限り、高等裁判所に抗告をすることができる。他方、検察官は、検察官関与の決定があった事件について、非行事実の認定に関し、決定に影響を及ぼす法令の違反または重大な事実の誤認があることを理由とするときに限り、高等裁判所に抗告審として事件を受理すべきことを申し立てることができる。

3　保護処分にかかわる手続の流れ
(1) 家庭裁判所の決定による保護観察

　家庭裁判所の決定により保護観察に付された少年は、原則として20歳に達するまで、または保護観察が解除されるまで、保護観察官または保護司から改善更生のために必要な指導監督および補導援護を受ける。

　なお、家庭裁判所は、少年を保護観察に付する際、非行性の進度がそれほど深くなく、短期間の保護観察により改善更生が期待できる者について、短

期保護観察または交通短期保護観察が相当である旨の処遇勧告をするが、こうした処遇勧告がなされた場合、保護観察はこの勧告に従って行われる。

(2) 少年院収容と仮退院後の保護観察

少年院は、主として家庭裁判所が少年院送致の決定をした少年を収容し、矯正教育を行う施設であり、平成29年4月1日現在、全国に52庁（分院6庁を含む）が設置されている。

少年院での収容期間は、原則として20歳に達するまでであるが、20歳に達した後も、送致決定の時から1年間に限って収容が継続される場合がある。在院者は、収容期間の満了により退院するが、家庭裁判所は一定の場合には、少年院の長の申請により23歳を超えない期間を定めて、収容を継続する決定をする。さらに少年院の長の申請により、26歳を超えない期間を定めて、医療少年院での収容を継続する決定をすることもある。

他方、在院者は、地方更生保護委員会の決定により、収容期間の前に仮退院が許されることがある。この場合仮退院した後は、収容期間の満了日または退院の決定があるまで保護観察に付される。

4 少年院での処遇
(1) 少年院の種類および処遇区分
少年院の種類

少年院には、次の4種があり、それぞれ、少年の年齢、犯罪的傾向の程度および心身の状況等に応じて、以下の者を収容する。

第1種　保護処分の執行を受ける者であって、心身に著しい障害がないおおむね12歳以上23歳未満の者（第2種に定める者を除く）。

第2種　保護処分の執行を受ける者であって、心身に著しい障害がない犯罪的傾向が進んだ、おおむね16歳以上23歳未満の者。

第3種　保護処分の執行を受ける者であって、心身に著しい障害があるおおむね12歳以上26歳未満の者。

第4種　少年院において刑の執行を受ける者。

処遇区分

少年院での処遇は、短期処遇と長期処遇とに分けられ、さらに短期処遇は、一般短期処遇と特修短期処遇とに分けられる。初等少年院および中等少年院

における処遇は、短期処遇または長期処遇として実施され、特別少年院および医療少年院における処遇は、長期処遇として実施される。それぞれの処遇区分の対象者は、以下のとおりである。

①一般短期処遇　早期改善の可能性が大きいため、短期間の継続的、集中的な指導と訓練により、その矯正と社会復帰を期待できる者（収容期間は原則として6か月以内）。

②特修短期処遇　①に記載の者に該当する者であって、非行の傾向がより進んでおらず、かつ開放処遇に適するもの（収容期間は4か月以内）。

③長期処遇　短期処遇になじまない者（収容期間は原則として2年以内）。

少年院の種類は、家庭裁判所が少年院送致決定に際し指定する。また家庭裁判所は、少年院送致の決定に際し、短期処遇が適切であると認めるときは、その旨の勧告を行うが、この場合少年の処遇区分は、その勧告に従い決定され、それ以外の場合には少年は長期処遇を受ける。

5　少年の保護観察対象者に対する処遇

保護観察処分少年および少年院仮退院者に対する処遇は、基本的に特定暴力対象者に対する処遇、性犯罪者処遇プログラム、覚せい剤事犯者処遇プログラムおよび中間処遇制度を除き、仮釈放者および保護観察付執行猶予者についてと同様である。

(1) 凶悪重大な事件を起こした少年に対する処遇

殺人等の凶悪重大な事件を起こした保護観察処分少年および少年院仮退院者は、資質の問題が大きく、家族関係等にも複雑かつ深刻な問題を抱えていることが多いため、段階別処遇において最上位の段階に編入し、保護観察官の関与を深め社会適応力をかん養するほか、被害者等の意向も踏まえ謝罪にも努めさせている。

(2) 暴力防止プログラムによる処遇

暴力的性向を有する保護観察処分少年および少年院仮退院者については、暴力防止プログラムによる指導を受けることを生活行動指針として設定している。

(3) 社会参加活動

保護観察処遇では、主として少年の保護観察対象者を対象として、福祉施

設における介護、公園清掃等の奉仕活動、陶芸教室・料理教室等での学習、農作業、スポーツ活動、レクリエーション活動等に参加させ、対象者の社会性をはぐくみ、社会適応能力を向上させることに努めている。平成21年度における社会参加活動の実施回数は345回であり、実施回数が多かった活動は、「高齢者等に対する介護・奉仕活動への参加」(97回)、「清掃・環境美化活動への参加」(95回)、「創作・体験活動・各種講習等への参加」(71回)であった。

(4) 保護者に対する措置

保護観察所においては、保護観察処分少年および少年院仮退院者の保護者に対し、少年が20歳に達するまでの間、少年の生活実態等を把握して適切にその監護に当たるべきことや、少年の改善更生を妨げていると認められる保護者の行状を改めるべきことなどについて指導または助言を行うほか、保護者会を開催するなどして、少年の非行に関連する問題の解消に資する情報の提供等を行っている。

(5) 就労支援等

少年の保護観察対象者についても計画的な就労支援が実施されているが、その一環として、平成19年10月から、農業に就く意思のある少年院仮退院者を宿泊させて、指導監督や農業実習を通じた就労支援を行うことを目的とした沼田町就業支援センターが運営されている。

6 少年の保護観察対象者に対する措置
(1) 良好措置

保護観察処分少年は、原則として20歳に達するまで保護観察を受けるが、保護観察を継続しなくとも確実に改善更生することができると認められるに至ったときは、保護観察所の長の解除の決定により保護観察は終了する。また保護観察所の長の決定により、一定期間、指導監督、補導援護等を行わず経過を観察する一時解除の措置が執られることもある。少年院仮退院者は、少年院の収容期間(収容すべきであった期間)の満了まで保護観察を受けるが、保護観察を継続しなくとも確実に改善更生することができると認められるに至ったときは、保護観察所の長の申出に基づき地方更生保護委員会が退院を決定し、保護観察は終了する。

(2) 不良措置

保護観察所の長は、保護観察処分少年が遵守事項を遵守しなかったときは、これを遵守するよう警告を発することができ、なお遵守事項を遵守せず、その程度が重いときは、家庭裁判所に対し、新たな保護処分として児童自立支援施設・児童養護施設送致または少年院送致の決定をするように申請（施設送致申請）することができる。また保護観察所の長は、保護観察処分少年について、新たに虞犯事由があると認めるときは、家庭裁判所に通告することができる。少年院仮退院者が遵守事項を遵守しなかったときは、保護観察所の長の申出と地方更生保護委員会の申請を経て、家庭裁判所の決定により少年院に再収容（戻し収容）することがある。

7　少年の刑事手続
(1) 起訴と刑事裁判

家庭裁判所から少年の事件の送致を受けた場合、原則として検察官は、公訴を提起するに足りる犯罪の嫌疑があると思料するときは、公訴を提起しなければならない。

起訴された少年の公判の手続は、成人の場合とほぼ同様である。ただし裁判所は、事実審理の結果、少年の被告人を保護処分に付するのが相当であると認めるときは、裁判の一形式である決定で、事件を家庭裁判所に移送する。また、少年を長期3年以上の有期の懲役または禁錮をもって処断すべきときは、刑の執行を猶予する場合を除き、その刑の範囲内において不定期刑（刑の短期と長期を定める。短期は5年、長期は10年を超えることはできない）を言い渡す。犯行時18歳未満の者には、死刑をもって処断すべきときは、無期刑を科さなければならず、無期刑をもって処断すべきときであっても、有期の懲役または禁錮を科することができる。

(2) 刑の執行

少年の受刑者は主として少年刑務所に収容され、成人と分離し、特に区画した場所でその刑の執行を受ける。ただし平成12年の少年法の改正により、懲役または禁錮の言渡しを受けた15歳未満の少年は、16歳に達するまでは、少年院において刑の執行をすることができることとなった。

少年の受刑者については、処遇要領を策定する際、導入期、展開期および

総括期に分割した処遇過程ごとに目標等を定め、作業、改善指導、教科指導を実施している。ただし、少年院において刑の執行をするときには、作業を課さず矯正教育を行う。

(3) 仮釈放

少年のとき懲役または禁錮の言渡しを受けた者については、無期刑の言渡しを受けた者は7年（ただし、犯行時18歳未満であったことにより死刑をもって処断すべきところを無期刑の言渡しを受けた者については10年）、犯行時18歳未満であったことにより無期刑をもって処断すべきところを有期刑の言渡しを受けた者は3年、不定期刑の言渡しを受けた者はその刑の短期の3分の1の期間をそれぞれ経過した後、仮釈放を許すことができる。

第5章　刑法と更生保護との関係

第1節　刑法の役割

1　刑法の機能

「刑法」という法律は何か。それは、「犯罪と刑罰に関する法律」であるといえる。すなわち、国家（社会）は、ある法秩序に違反した者に対して、ある一定の行為（作為・不作為）を犯罪として規定し、その制裁として主に刑罰を科すことによって、犯罪の発生を予防したり、または抑止したりするものである。

「法律なければ犯罪なく、刑罰もなし」という標語的表現が刑法の大原則であり、これを罪刑法定主義という。すなわち、どういう行為が犯罪となるものであり、かつそれに対してどのような刑罰を科すのかということが、あらかじめ成文の法規によって定められていないかぎり、いかなる行為も犯罪として処罰されることはないという原則である。

中世封建国家や近世の専制君主国家では、為政者の恣意的な判断によって、犯罪と刑罰が運用されていた（これを罪刑専断主義という）ため、被支配者や被疑者（被告人）は、行動の自由を奪われていた。この弊害を避けるために、犯罪と刑罰はあらかじめ法定されていなければならないという原則が立てられ、これが現在の世界各国で採り入れられているのである（その出発点は、1215年のマグナ・カルタ『大憲章』に由来するとされている）。この罪刑法定主義の原則から、①慣習刑法の禁止、②類推解釈の禁止、③刑法の効力の不遡及、④絶対的不定期刑の禁止、⑤罪刑の明確性などが派生的に要請される。

それでは、刑法という法律をなぜ作ったのだろうか。刑法はなぜ存在するのであろうか。それは刑法には一定の役割があるからに他ならない。この刑法の役割のことを刑法の機能と呼んでいる。

（1）法益保護機能

社会一般の刑法のイメージは、「悪い者から国民を守ってくれる法律」と

いうものであろう。つまり、刑法として一定の行為つまり犯罪を犯すと刑罰が科せられる、という規定を置くことによって、人々のさまざまな利益を守っているのである。このように刑法には、国民の生活を脅かす犯罪者を処罰して、国民の利益を守るという機能が期待されている。これを法益保護機能と呼ぶ。

(2) 人権保障機能（自由保障機能）

他方で刑罰は、人権に対する過酷な侵害である。したがって、刑罰権は不当な人権侵害がないように、明確な要件のもとに、必要最小限度において行使されなければならない。なぜなら人権は最大限、尊重されるべきであるし、人権に対する侵害は必要最小限でなければならないからである。

すなわち、刑法は、国家権力が刑罰を科すことのできる要件（犯罪成立要件）と効果（具体的な刑罰）を明文化し、刑罰権の行使をこれに限定することによって、国民の自由をできるかぎり保障するという役割をも営んでいるのである。これを刑法の人権保障機能と呼ぶ。または自由保障機能ともいう。

(3) 法益保護機能と人権保障機能の調和

このように刑法は、①法益保護機能と、②人権保障機能という2つの機能を有している。法益を守り、人権を守るために刑法は存在するのである。憲法上は国民は他人に迷惑をかけないかぎり自由である。ある人の人権が他の人の人権と衝突するときに公共の福祉による調整を受ける。このときの他人の人権が法益であり、その公共の福祉の調整の道具が刑法なのである。

よって、刑法は相手の人権すなわち法益を守り、他方でここまでは自由だ、という範囲を示すことでこちら側の人権保障を目指しているのである。

刑法によって社会秩序を維持していくためには、この①法益保護機能と、②人権保障機能という、相互に矛盾対立する2つの要素を適切に調和させることが必要である。そのため刑法の解釈においても、この両者の調和をいかに図っていくかということが重要となるのである。

第2節　犯罪の成立要件

1　犯罪の成立要件

犯罪は『刑法典』（殺人や強盗など）やそれ以外の法律によって規定された

もの（軽犯罪法や売春防止法など）に触れる場合に、「犯罪」として処罰される。そこで犯罪が成立するためには、どのような要件が必要となるのかということが問題になる。そもそも人を殺すとなぜ罰せられるのだろうか。それは、①悪いことをしたから、②非難されるべきだから、③刑法に書いてあるから、いずれも理由となりそうである。つまり、人を殺すことはその人の生命という貴重な価値を奪って、社会の健全な秩序を乱している。よって、それは悪いことなのである。これを違法性があるという。そして、人を殺すことは人間としてやってはいけないことであり、今日の社会においては強く非難されるべき行為である。これを責任があるという。この責任という言葉は極めて多義的で、民法上の責任という場合や犯罪者は刑事責任を負うべきだというときなどとは違った意味である。非難できるという意味である。また、人を殺すことは刑法第199条に殺人罪として規定（このような規定を構成要件という）が置かれている。

　以上のように、人を殺すと、それは悪いこと（違法性があり）、それは非難されるべきこと（責任があり）、さらに条文（構成要件）に該当するから、犯罪が成立し刑罰を科されるのである。

　それでは、次のケースは犯罪であろうか。

　①旅客船が氷山に衝突して沈没するときに先にボートに乗って逃げた人たちは、すでにボートが満員でこれ以上乗ったらボートも沈んでしまうので、後からボートに乗り込もうとした人たちを突き落とした。

　②まだ全く分別のつかぬ子どもが、近所の駄菓子屋から勝手に店の物を持って帰ってきた。

　①②のこれらの行為はどれも放ってはおけない行為のようにも思える。しかし刑罰権を発動して取り締まる必要のある行為といえるかというとそれは疑問である。

　①の事例において、ボートで先に逃げた人たちが、後から乗ろうとした人を突き落として殺してしまったとすると、それは確かに道徳的には非難されることかもしれないし、殺人罪という規定にも当てはまってしまう。しかし、もしそのまま乗せていたら自分たちも死んでしまうかもしれなかったのである。このような状況では誰しもが同じような行動をとる可能性がある。悲しいことではあっても人間は自分の身を守るためにやむをえず他人を犠牲にす

ることはありうる。よって、このような行動に出た人を社会の秩序を乱す違法な行為をした者たちだといって、刑罰による制裁を科すわけにはいかない。こうした行為は法的には悪いこととは評価されないのである。つまり、違法性がない。

②の事例、駄菓子屋から勝手に店の物を持ってきてしまう行為はどうであろう。これもまた許されるべきことではない。駄菓子屋の財産を侵害し、社会の取引秩序を乱すことになるからこうした行為は違法である。しかも窃盗罪という刑法の条文にも該当する。しかし、全く分別のつかぬ子どもに刑罰を科すべきであるとはいえない。彼は何も分からず持ってきてしまったのであり、彼を非難しても何の意味もないからである。刑罰を科すためには、違法行為をしたことにつき、その行為者を非難できることが必要なのである。

このように通常、犯罪が成立するためには、構成要件に該当し、違法性があり、責任が必要である。つまり犯罪とは、構成要件に該当する違法かつ有責な行為である。以下この３つの要件について概略する。

(1) 構成要件該当性

構成要件とは、刑法各本条または他の刑罰法規に「〜した者は」「〜した場合」には「〜の刑に処する」と規定している犯罪の「〜した」にあたり、犯罪を構成する事実であり、これに該当する行為を「構成要件該当性」という。すなわち、犯罪はこの構成要件という一つの類型に該当する行為でなければならない。そして、構成要件の内容は、例えば、刑法第199条殺人罪をみると、「人を殺した者は……」と規定するが、この場合、「人」を「殺した」「者」という客観的な事実があり、「人」は客体、「殺した」は行為、そして「者」は主体である。

同法第235条は「他人の財物を窃取した者は、……10年以下の懲役または50万円以下の罰金に処する」（窃盗罪）と規定するが、この場合客体は「他人の財物」であり、行為は「窃取した」であり、主体は「（窃取した）者」となる。

このように、刑法各本条のさまざまな犯罪は、大体において「〜した者は〜の刑に処する」という文言となっている。

主体は行為者（いわゆる犯罪行為者）、行為は「（犯罪）行為」、客体は侵害された法益（利益）」という形式をとっている。また「行為」も、積極的に何

らかの動作をなす「作為」と、法によって期待された何かをしない「不作為」に分けられる。

例えば、第199条殺人罪では、短刀やピストルで殺す行為は作為による殺人であり、養育すべき義務ある者が食事を与えないことによって幼児（老人）を餓死させた場合は、不作為による殺人となり、双方とも第199条の殺人罪の構成要件に該当しているのである。

(2) 違法性

構成要件に該当した行為が犯罪とされうるためには、第二に、その行為が「違法性」を具備していなければならない。すなわち、構成要件に該当した行為でも、その行為について違法性が存在しなければ犯罪とはならない。

では、違法性とは何か。「違法性」とは、形式的には、刑法規範に違反していることであり、法益（法によって守られている利益）を侵害した行為に対して、法秩序によって否定的な評価を下すこと、すなわち、法的な観点からその行為は無価値であるという判断を受けた場合を違法性があるという。

もっともこの違法性の判断に関しては、それは形式的に法規範に違反しているとする「形式的違法論」と、形式的違法の「実質的な内容」を明らかにしようとする「実質的違法論」の対立がある。

通説は、「実質的違法論」をとり、それも、「社会的有害性」「文化秩序違反」「法益侵害」「社会的相当性を逸脱した法益侵害」といった学説の対立があり、「法益侵害説」が一般的な考え方であるが、要するに、法的に耐え難い重大な法益侵害・危険招来が生じたときに、違法性が存在するということになる。

このように、構成要件該当性が認められる場合には、構成要件に規定された法益侵害が生ぜしめられている以上、そのような結果惹起を消滅させる特別の理由がないかぎり、違法とされる。しかし、このような構成要件該当行為について、原則的に肯定される違法性の存在を否定（阻却）する特別の理由・根拠がある場合には、違法性は消滅し犯罪とはならない。

この場合を違法性阻却事由と呼んでいるが、『刑法典』でこのことを明確に規定しているのは、第35条の「法令または正当業務行為」、第36条の「正当防衛」、第37条の「緊急避難」である。

①法令または正当な業務行為は違法性が阻却され犯罪とはならない。例えば、法令による行為として、現行犯逮捕（刑事訴訟法第213条）、精神病者の

入院（精神保健福祉法第29条の2第1項）、親権者の懲戒行為などであり、正当業務行為としては、医師の外科手術、「職業的相撲、ボクシング」などは、違法性が阻却され犯罪とはならない。

②正当防衛（第36条）によって、攻撃者を侵害しても、違法性が阻却され犯罪とはならない。この場合「急迫不正の侵害」に対して「自己または他人の権利」を「防衛するため」に「やむを得ない行為」であることを要し、この程度を逸脱すれば、過剰防衛となり違法性は阻却されない（同条第2項）が、情状によってその刑が減軽または免除されることがある。

③緊急避難（第37条）によって、正当に保護された他人の権利を侵害しても違法性が阻却され、犯罪にはならない。自己または他人の生命・身体・自由または財産に対する現在の危難から避けるために、やむをえずにした行為は、これによって生じた害が避けようとした害の程度を超えなかった場合に限り、違法性が阻却され犯罪とはならない（第37条第1項）。しかし、その程度を超えた行為は、過剰避難となり、違法性は阻却されないが、情状によってその刑を減軽するかまたは免除することができる（同条第1項後段）。

④被害者の承諾が存在すれば、違法性が阻却され犯罪とはならない。しかし、その行為が社会的に相当な程度を逸脱していれば、違法性が存在し犯罪となる。もっとも、被害者の承諾と違法性阻却ということに関しては『刑法典』のなかにおいて明文上の規定はないが、判例・通説はこれを認めている（最高裁判決・1980（昭和55）年11月13日・刑集34巻6号396頁）。

(3) 責任性

刑法に規定する、ある一定の行為や不作為が構成要件該当性があり、違法性が存在したうえに、その行為者に責任性がなければ、犯罪は成立しない。責任性とは、行為者に対する法的な非難可能性であり、違法が一般的・客観的見地から「行為」そのものに対する法的無価値判断であるのに対して、責任性は主として行為者個人の個別的・客観的能力を基準として、違法行為を行った意思に対して、法的な無価値判断を下すことをいう。

その「責任性」の存在は、絶対的に責任能力を欠如する14歳に満たない者（第41条）、心神喪失者（第39条）、それに、故意・過失の責任のない者の行為（第38条）、期待可能性が存在しなかった場合には、行為者に責任性を問うことができず、犯罪の成立はない。

要するに、構成要件該当性、違法性、責任性という3つの要件が揃って、はじめて犯罪の成立が認められるのである。

＜精神障害者の犯罪＞

精神障害者の犯罪としては、1964（昭和39）年のライシャワー大使刺傷事件と1980（昭和55）年の新宿西口バス放火事件で問題となった精神障害者による犯罪、2001（平成13）年の大阪池田小児童殺傷事件などがある。沿革史的には、多くの精神障害者が「狐つき」である言われ、「私宅監置」という形で、いわゆる座敷牢に閉じ込められ、悲惨な状態に置かれていた。

精神障害とは精神機能の障害のことであり、精神保健福祉法第5条には、「『精神障害者』とは、統合失調症、精神作用物質による急性中毒またはその依存症、知的障害、精神病質その他の精神疾患を有する者をいう」と規定されている。

ドイツの精神医学者であるシュナイダー（K. Schneider）、精神病質を、異常な人格の所有者で、その異常のために自分自身が悩むか、あるいは社会を悩ますような、いわば状態的な不適応者であると定義し、藤本哲也によると次のような10種類の精神病質類型を提示している（藤本哲也 『刑事政策概論』（全訂第六版）青林書院、2008年、419-421頁）。

1）発揚型
気分は朗らかであるが落着きがなく、激しやすいが活動的である。外向的で社交性に富み、人当たりがよい。その反面軽率であったり、干渉的であったり、好争的であったり、嘘つきであったりする。この類型は、情性欠如型、意志欠如型、爆発型、自己顕示型などと複合していることが多い。犯罪は共犯であることが多く、強盗、恐喝、傷害などの暴力犯罪あるいは詐欺罪との親和性が強い。アルコール中毒者になる者も相当多数見られる。

2）抑うつ型
あらゆる生活経験に対して沈うつな気分が特徴的で、厭世的、懐疑的な人生観を持つ。喜びを率直に表わすことができず、常にその裏を考えるタイプの人間である。もちろん、この中にも、気重であるが温かく情の細やかなタイプ、不機嫌で利己的であり不平を述べるタイプ、及び懐疑心の強いタイプなどがある。

3）自己不確実型（自信欠乏型）

内的な不確実感、不十全感があり、自分の言動や能力に自信がなく、狐疑逡巡するタイプの人間である。倫理感が強く、良心の呵責に悩み、何事も自己の責任に帰する反面、自負心、名誉心、顕揚欲が強い。そのため、深刻な内部葛藤に陥りやすい型と、何でもないことに拘泥執着し、自分自身つまらぬこと不合理なことと知りながら、それに囚われ、恐怖から逃れることができぬ型とがある。この類型は、規律違反に問われる場合を除けば、ほとんど犯罪とは関係がないと言えよう。

4）狂信型

異常に強い感情を伴った、一定の思想に支配されている人間である。普通、誇大性狂信型、闘争性狂信型などのタイプに分けられる。闘争性狂信型は、特に侮辱、暴行を起こしやすく、また好訴的な言動を示しやすい。活気のない狂信型は規律違反を起こしやすいと言われている。

5）自己顕示型

自分を実際以上に見せようとする傾向が著しく、虚栄心が強くて、誇張した話をしたり嘘をついたりするタイプの人間である。ヒステリー性格とも言われ、常軌を逸した大げさな行動をする者、大法螺吹き、空想と現実のけじめがつかぬ虚談者などがこの類型に属する。また、この類型に属する者は、詐欺、偽造などの犯罪と関係が深く、特に詐欺では、結婚詐欺、無銭飲食、同情詐欺などを犯しやすい。

6）気分易変型

何の原因もなく発作的に抑うつ性の気分変調を示すが、抑うつ性の気分は持続しない。どちらかと言えば、くるくると気分の変わるタイプの人間である。この類型に属する者は、徘徊、逃走、濫費、飲酒に加えて、窃盗、放火などを行う傾向がある。

7）爆発型

ささいな動機から激昂して、暴言、侮辱、暴行、破壊などを行うタイプの人間である。平常は穏やかで御しやすいが、一旦興奮すると手がつけられなくなり、熟慮することなく短絡的に衝動的な行為をする。発揚型、抑うつ型、自己顕示型、狂言型、情性欠如型、無力型などと結び付いて現われやすい類型である。この類型と関係の深い犯罪としては、暴行、傷害、

殺人、公務執行妨害、器物損壊などの暴力犯罪があり、暴力団に加入する者も少なくない。

8）情性欠如型

同情、羞恥心、名誉感情、後悔、良心、人間愛などの情性が鈍麻し、陰険、冷酷、残忍で、よく不平を述べ、その反社会的行動は残虐である。しかし、どちらかと言えば純粋型が少なく、発揚型、意志欠如型、気分易変型と結びつくことが多い。この類型は、凶悪な犯罪者に多く、社会的に極めて危険であり、しばしば財産犯、暴力犯、性犯罪など多種方向型の犯罪傾向を示す。

9）意志欠如型

意志決定が他の人の言いなりになる傾向があり、あらゆる影響に対して抵抗力を有しない。すなわち、意志の一貫性、独立性、持続性に欠け、被影響性が強いタイプの人間である。発揚型、抑うつ型、無力型と結びつくこともあるが、これに知能の欠陥や情性欠如型が加わると、その犯罪性が一層強められる。合併症としては、アルコール中毒との結合が重視されるが、薬物や賭博などとの親和性が強い。この類型は、暴力犯罪が少ない反面、窃盗、横領、詐欺が多く、一度前科が付くとずるずると立ち直れず犯罪を繰り返す。犯罪学的には、非行少年にこの類型の多いことが報告されている。

10）無力型

神経質とほぼ同義で、神経衰弱症状を慢性的に持つタイプの人間であると言われている。無力型には、疲労感、頭痛、不眠、嘔気などの身体的症状を主として示すタイプと、作業能力減退、記憶不良、注意散漫、疲労性亢進などの精神的症状を示すタイプがある。この類型は犯罪とほとんど関係がないと言われている。

以上が、シュナイダーの精神病質人格論の骨格となる精神病質の10類型であるが、われわれのすべての者が、シュナイダーの10類型の特徴のいずれかを持つことになり、われわれのすべてが精神病質者となるのではないかという批判が強い。

「精神障害者」という名称は、共同認識、常識、規範を共有している多数

人によって特定人の者に付ける名称で、自分および自分と似た者を正常者、多数者の論理が多数人の価値観や思想と相違する者を精神障害者と見なすのである。どこから正常者でどこから精神障害者であるかを画一的に判断することは困難である。人は精神障害者であったことを知ると、精神障害者として社会から疎外し、精神障害と犯罪を結びつける傾向がある。一方で、精神障害者が自分のことを精神障害者と思っていないと同様に、いわゆる正常者が自分のことを正常者と思うのと同じ根拠でもって精神障害者も自分のことを正常者と思っているのである。

　法律家は、刑罰を科して社会防衛を重視する傾向にあるが、精神医学者には、治療を重視する傾向にある。犯罪性のある精神障害者には、犯罪予防の観点から、刑罰を科すよりも先に治療的取組みをすることが必要であろう。

＜知的障害者の犯罪＞

　知的障害者の非行は、一般の非行少年の場合と同様、6～7歳頃から始まり、12～13歳頃から青年期にかけて最も多く、家出、家財持ち出し、怠学、不良交友、乱暴等のいわゆる虞犯行為で始まり犯罪に発展する場合と、初めから窃盗、わいせつ、放火、殺人等の犯罪を犯す場合がある。また犯罪・非行の内容について見ても、一般の場合と同じように、窃盗が60～70％を占め財産犯が多いが、その精神的特性から詐欺、強盗、恐喝等の罪種が比較的少なく、性的非行と放火が比較の多いことが特色とされている。

　また、知的障害の一般的な精神的特性として挙げられることは、知能の発達が遅れていることからくる判断力、理解力、行動力等の鈍さであり、自主性の欠如、人格構造の未熟性、未分化性等も見られる。したがって、一面では単純、素朴で楽天的傾向があるので、保護者や周囲の人々がよくその特性を理解して指導に当たれば非行に陥らずにすむ場合が多い。しかし、他面では衝動の抑制力や自我の統御力が弱く、興奮しやすく、強い劣等感や情動の不安定さを伴う場合も少なくないことから、衝動的に犯罪や非行に赴く危険性があり、特に精神病質傾向を伴う場合にはその危険性が大であると言われている。現在、わが国の知的障害犯罪者に対する対策としては、知的障害非行少年のための専門施設である医療少年院において、教科教育、職業補導、生活指導等の矯正教育活動と並んで、種々の治療活動が行われている。

資 料 集

自立更生促進センター

法務省ホームページ
(http://www.moj.go.jp/hogo1/soumu/hogo_hogo19.html) より

1　目的

　犯罪をして刑務所に入った人も、刑期が終われば必ず社会に帰ってきます。こうした人たちが、二度と犯罪をすることなく、確実に更生することは、社会の安全にとても重要なことです。

　ところで、刑務所を出ても、頼るべき親族や知人がなく、仕事もない中で、すぐに自分一人の力で生活しながら更生することは、決して容易なことではありません。こうした人たちを確実に更生できるようにするためには、刑務所からの釈放と同時に国が手を離し、いきなり一人で社会に戻すのではなく、出所後も一定期間、国の専門機関の監督下に置き、犯罪とは縁のない健全な社会生活を送れるよう、指導や援助をしていくことが必要です。

　しかしながら、裁判で言い渡された刑期が終われば、国の監督下に置いてその人の自由を制約することはできません。そこで、刑務所内での成績が良好で、更生意欲が認められる人については、刑期が終わる前に刑務所から仮に釈放し、刑期が終わるまでの間、一般社会の中で国の監督下に置きながら、必要な指導や社会復帰の支援をする仮釈放と保護観察という制度があります。

　仮釈放を許された人は、刑期が終わるまでの間、国の機関である保護観察所による保護観察に付され、定められた約束事を守りながら、指導や監督などを受けなければなりません。これが、刑務所での管理された生活と一般社会での自由な生活のいわば中間段階になります。約束事を破れば、刑務所に戻されることもあります。

　仮釈放は、出所後の生活の場が用意されていなければ認められません。親族のもとや民間の更生保護施設などで受け入れてもらえる人は仮釈放の見込みがあります。しかし、受け入れ先がどこにもない人は、たとえ刑務所内で

努力し、成績が良好であったとしても、仮釈放されず、結局、最後まで刑務所にいて、保護観察という中間段階を経ることなく、刑期終了と同時にいきなり一般社会に委ねられてしまうという実情があります。

　自立更生促進センター構想は、こうした現状を改めるため、国がそうした人の受皿になり、その確実な立ち直りと将来の犯罪の防止、ひいては社会の安全・安心の確保を図っていこうとするものです。

2　構想の概要

　この構想は、親族や民間の更生保護施設では受入困難な刑務所出所者等を受け入れ、一時的な宿泊場所を提供するとともに、保護観察官が直接、濃密な指導監督と手厚い就労支援を行うことにより、これまで十分な社会内処遇を行うことができなかった刑務所出所者等の改善更生を助け、再犯を防止し、安全・安心な国や地域づくりを推進することを目的とするものです。

　本構想では、特定の問題性に応じた重点的・専門的な社会内処遇を実施する施設を、「自立更生促進センター」と呼び、主として農業等の職業訓練を行う施設を「就業支援センター」と呼んでいます。

3　自立更生促進センター

　自立更生促進センターは、刑事施設内での成績が良好であるのに、これまで親族などの適切な受け入れ先を確保できないがために仮釈放されず、満期釈放となり、就職や住居の確保などの支援をほとんど受けられずに社会に委ねられていた人たちの受け入れ先となるために国が設置した宿泊施設（保護観察所に附設）です。

　センターでは、保護観察官が、刑事施設から仮釈放された人に対し、一人一人の問題性に応じた専門的な処遇を行い、二度と過ちを繰り返さないための考え方や行動の仕方を身に付けさせるとともに、就職活動やセンター退所後の住居の確保を支援し、円滑な社会復帰を助けます。

　現在、福島自立更生促進センター（福島保護観察所に附設、平成22年8月運営開始）及び北九州自立更生促進センター（福岡保護観察所北九州支部に附設、平成21年6月運営開始）の2施設を運用しています。

4　沼田町就業支援センター

　沼田町就業支援センターは、北海道雨竜郡沼田町にある旭川保護観察所沼田駐在官事務所に附設された宿泊施設です。センターでは、保護観察官が、少年院を仮退院するなどして保護観察を受けている少年たちと生活を共にし、農業について学びながら自立を目指す彼らにきめ細かく指導助言して、自立・更生を支援します。少年は、沼田町内の実習農場において、農業の専門指導員による訓練を受けながら、実習期間（おおむね6か月から1年）を過ごします。

　センターのある沼田町は、旭川市から車で約1時間ほどのところに位置しており、森林地帯が面積の7割を占めていますが、牧場や水田も多く、南部に市街地が開けています。気候は内陸型で四季の区別がはっきりしており、季節ごとに変化のある景色を楽しむことができます。

5　沼田町就業支援センターでの生活

（1）農業実習

　少年たちは朝（午前8時ころ）から夕方（午後5時ころ）まで、週5日にわたって実習を受けています。実習では、しいたけ栽培及び肉牛の飼育管理に加えて、平成22年度からは、有機トマト、スイートコーンの栽培、農家に出向いての稲作の実習等のほか、少年に栽培のすべての過程に主体的に取り組ませる自家消費向けの作物栽培も行っています。

　少年たちは、実習を通じて、農業に関する知識や技能を身に付けます。

（2）センターでの生活

　少年たちは、実習期間を沼田町就業支援センターで生活します。センターには、食堂（兼談話室）、浴室などが整備され、夜は各自の部屋で睡眠を取ります。センターにいる時間には、学習をしたり、保護観察官と面接したりしています。活動がない時間帯は自由時間で、部屋でテレビを見たり、外出することも可能です（門限は午後8時です。）。

6　茨城就業支援センター

　茨城就業支援センターは、茨城県ひたちなか市にある水戸保護観察所ひたちなか駐在官事務所に附設された宿泊施設です。センターでは、将来農業に

就く意欲がある刑務所仮釈放者や満期釈放者を中心に受け入れ、厚生労働省、農林水産省と連携しながら、入所者に対して、農業に関する職業訓練（約6か月）を行い、就農による自立を支援します。さらに、保護観察官が生活を共にして、規則正しい生活習慣を身に付けさせたり、二度と過ちを繰り返さないための考え方や行動の仕方について、指導助言し、改善更生を助けます。

7　茨城就業支援センターでの生活
(1) 農業訓練
入所者は、農作業等の訓練を受講します。訓練のプログラムは、公共職業訓練として、厚生労働省から茨城県内の農業者に委託されています。訓練は、学科88時間、実技780時間で、入所者は、朝（午前8時ころ）から夕方（午後4時ころ）まで、週5日間、訓練先まで通い、ナス、ショウガ、大根、カブ等の播種や収穫を実際に行い、農業に関する知識や技能を身に付けています。

(2) センターでの生活
センターでは、休日も含め日課を定め、入所者が規則正しい生活習慣を身に付けられるよう保護観察官が日々指導しています。

入所者の生活上の不安や悩み、将来の生活設計などについて、担当の保護観察官が個別に面接、指導を行ったり、全体集会やレクリエーションなどの集団処遇も実施しています。

8　地域の人々との交流
各センターでは、休日など就職活動や職業訓練の合間に、地域のボランティアの方々と食事会を開いたり、清掃活動等のボランティア活動を行っています。また、クリスマスや正月などには、地域のボランティアの方々がセンターに集まり、クリスマス会や餅つきを行うなど地域との交流が盛んです。

このように、各センターの入所者は、ボランティアをはじめとする多くの地域の方々に支えられながら社会復帰を目指しています。

平成20年度　犯罪白書　高齢犯罪者の実態と処遇

<高齢犯罪者の現状>
　高齢犯罪者の増加は単に高齢者人口の増加のみにより説明できるものではなく、<u>高齢者の活動範囲の拡大や孤立化など高齢犯罪者の増加に拍車をかける他の要因が存在していることが推測される。</u>
<高齢犯罪者研究の必要性>
　わが国の社会の高齢化のスピードは、ここ20年のうちに、その人口が約2倍になるというペースであるにしても、それより<u>ハイペースで高齢犯罪者の増加が見られている。高齢者人口が増えれば、高齢犯罪者が増えるのは当然であるにしても、その幅はイコールにはなっておらず、高齢犯罪者の増加の幅は、人口の増加の幅をはるかに上回っている。</u>
<罪名別動向>
　各年齢層別に罪名を見ると、どの年齢層においても、総検挙人員中、窃盗の占める比率が最も高い。高齢者については、<u>窃盗が65.0％と一般刑法犯検挙人員の3分の2近くを占めており</u>、次いで、<u>横領（その99.3％は遺失物等横領である。）が22.0％、暴行が3.7％、傷害が2.3％と続く。</u>
　特に、<u>女子の高齢者においては、窃盗が88.4％を占めており</u>、その比率の高さが一段と目立っている。
　このように高齢犯罪者の多数を占める窃盗について、手口別に窃盗総数中の構成比を見ると、万引きが81.9％と圧倒的に高く、これを含む非侵入窃盗が94.5％にも及ぶ。万引きは女子比が高い犯罪であり（平成19年の万引きの検挙人員中の女子比は44.2％であり、高齢者層では48.4％に及ぶ。）、これが高齢犯罪者の女子比を高めている主たる要因である。<u>万引きと遺失物等横領のみで、高齢者の一般刑法犯検挙人員総数中の75.0％に及んでおり</u>、これらのことから、高齢者の犯罪は、数の上では、比較的軽微な財産犯が主であることが分かる。

高齢者の検挙人員は、主要罪名のほとんどについて増加しており、その各検挙人員に占める高齢者比も上昇している。

　高齢者の一般刑法犯検挙人員の多くを占める罪名は、窃盗と遺失物等横領であったが、昭和63年から平成19年までの高齢者の一般刑法犯検挙人員の推移を見るに、総数で3万8,717人増加し、そのうち、窃盗の増加分が2万4,088人（62.2％）、遺失物等横領の増加分が9,347人（24.1％）であり、この二つの罪名で全体の増加分の86.4％を占める。さらに、窃盗の増加分の多くは、万引きの増加分である。

　しかしながら、高齢者による犯罪の増加は、こうした軽微な財産犯のみに止まらない。殺人、強盗等の重大事犯、傷害、暴行、脅迫等の粗暴犯、詐欺等の財産犯、さらに、強制わいせつ等の性犯罪においても、検挙人員及び高齢者比のいずれもが増加・上昇している。特に、殺人については、高齢者比が、窃盗や遺失物等横領に次ぐ高水準にあることが注目される。また、粗暴犯の増加傾向も顕著であり、傷害については、高齢者比が昭和63年には0.5％だったところ、平成19年には4.4％（20年間で3.9ポイント上昇）に、暴行については、高齢者比が昭和63年には0.8％だったところ、平成19年には8.4％（同7.6ポイント上昇）に、いずれも目立って上昇している。

＜高齢新受刑者の配偶関係＞

　男女ともに、高齢新受刑者においては、一般高齢者に比較し、有配偶者の比率が低く、未婚や離別の比率が高い。

＜新受刑者の職業の有無＞

　高齢新受刑者では、男女とも、有職者率が20％を割っており、65歳未満の新受刑者と比べ、無職者の比率が相当高い。

＜高齢犯罪者による犯罪の特徴＞

　調査対象高齢犯罪者の罪名について見ると、高齢初犯者及び高齢再犯者に共通して、傷害・暴行が一定の比率を占めていることが分かるが、他方で、特徴的なのは、高齢再犯者については、絶対数は少ないものの実に40.2％の者の1犯時罪名が窃盗であることである。また、これらの高齢再犯者の再犯期間を見ると、69.7％の者が2年以内に再犯をしており、再犯期間が短い傾向がうかがわれる。

[1]「高齢初発群」に属する事案（電車内での痴漢）
　65歳男子。本件まで前科・前歴なく、高校卒業後就職した会社に約40年間勤務し、定年退職後、再就職した。自宅を所有し、経済的に問題はない。子供は既に独立し、妻と二人暮らしで、家族間に特段の問題はなし。本件では、仕事からの帰宅途中、地下鉄の電車内で女性の下半身等を触った。罰金30万円。

[2]「前歴あり群」に属する事案（食料品等の万引き）
　67歳女子。64歳になるまで、サラリーマンの夫と子供と平穏に生活していた。子供が独立し、夫と二人暮らしをするようになってから、近隣のスーパーで財布を紛失し、なくした分を取り戻そうとして日用品等を万引きしたのがきっかけで、以後、万引きを繰り返し、2回起訴猶予になった。本件では、再度、食料品等を万引きした。罰金30万円。

[3]「前科あり群」に属する事案（飲酒酩酊しての暴行）
　69歳男子。本件までに飲酒運転、無免許運転に係る罰金の前科を有する。高校卒業後、建設関係の会社に就職した。定年退職後、妻と死別し、子供が独立してからは、単身で年金生活を送り、一人暮らしの寂しさから、外出して飲酒する回数が増えた。本件では、飲酒酩酊して帰宅途中、地下鉄の駅員に注意されたことから、かっとなって同人を殴った。罰金15万円。

[4]「受刑歴あり群」に属する事案（常習的な無銭飲食）
　73歳男子。前科・前歴44件、うち無銭飲食19件、受刑回数19回。中学卒業後、職を転々とし、一時期暴力団にも加入した。若いころは傷害や暴行等の粗暴事犯を繰り返したが、40代からは常習的に無銭飲食を行った。酒好きでアルコール依存症。本件では、簡易宿泊所などで生活し、生活保護を受給していたが、酒代に費消し、金銭に窮し無銭飲食を行った。懲役2年。

＜高齢犯罪者の居住状況、婚姻状況、同居者等の生活状況＞
　居住状況、婚姻状況、同居者等の生活状況について見たが、犯罪性が進むにつれ、住居が不安定になるとともに、配偶者がなく、単身生活の者が激増し、親族との関係は希薄となる。「高齢初発群」と「受刑歴あり群」の比較では、配偶者のない者、単身である者の比率はそれぞれ後者が前者の3倍を超え、親族との音信のない者の比率は後者が前者の6.2倍である。犯罪性が進むほど、高齢犯罪者は孤独な生活状況に陥っている。

＜高齢犯罪者の犯行の背景＞

　[1]「経済的不安」とは、「収入が少なくて、生活が苦しい。」、「貯金が尽きたらどうしよう。」などの、現在又は将来の経済的不安が犯行の背景にあると思われる場合を、[2]「健康不安」とは、老化による体力の衰えや病気への不安、死に対する恐怖感等が犯行の背景にあると思われる場合を、[3]「問題の抱え込み」とは、「誰を頼ればよいのか分からない。」、「迷惑を掛けたくない。」などと思い、あるいは、福祉等に関する知識や理解が不十分で行政にも頼れないなどと追い詰められた心境が犯行の背景にあると思われる場合を、[4]「頑固・偏狭な態度」とは、適切な判断や認識ができにくく、柔軟な発想が困難になりがちで他者との対応に支障が生じやすかったり、「自分は間違ったことをしていない。」などと、頑固でゆがんだ考えを捨てない態度が犯行の背景にあると思われる場合を、[5]「疎外感・被差別感」とは、「周りの人々から嫌われている、あるいは、相手にされていない。」と感じていたり、対人関係が希薄で孤独な生活を送っていることが犯行の背景にあると思われる場合を、[6]「自尊心・プライド」とは、「若い者にばかにされているような気がする。」、「長年苦労して働いてきたのに、高齢者になってから周りから受ける扱いに我慢ができない。」、「年長者として敬意を払われていない。」などという不満が犯行の背景にあると思われる場合を、[7]「開き直り・甘え」とは、「高齢者だから、多少の違法行為は見逃してもらえるだろう。」などという安易な考え方が犯行の背景にあると思われる場合を、[8]「あきらめ・ホームレス志向」とは、現実から逃避し、自分が築いてきたものを投げ出すような心理的傾向や無気力な生活習慣が犯行の背景にあると思われる場合を、それぞれいう。

　それらの背景については、高齢犯罪者の犯した罪によって当然に異なるものであり、「高齢初発群」では、「頑固・偏狭な態度」(20.9%)、「自尊心・プライド」(17.6%)の比率が、「前歴あり群」では、「開き直り・甘え」(39.6%)、「経済的不安」(28.3%)の比率が、「前科あり群」では、「経済的不安」(29.0%)、「開き直り・甘え」(28.0%)の比率が、「受刑歴あり群」では、「経済的不安」(40.5%)、「あきらめ・ホームレス志向」(32.8%)、「開き直り・甘え」(32.1%)の比率が、それぞれ高い。犯罪性が進んでいない「高齢初発群」では、頑固・偏狭な態度やプライドを傷つけられたなど突発的な原因で犯罪に至る傾向が

あるのに対して、犯罪性が進むにつれ、開き直り・あきらめといった規範意識の低下や経済的不安・ホームレス志向といった生活基盤・経済基盤の破綻によって犯罪に至る傾向が認められる。

＜高齢犯罪者の属性分析＞

犯罪性が進むにつれ、単身、住居不安定、無収入の者の比率が上昇し、周囲に保護・監督する者もなく、経済的に不安定な状態にある高齢犯罪者の実態が浮き彫りになった。そして、これらの者の中には、心身に疾患を抱える者、暴力団関係歴、問題ギャンブル歴を有する者がいた。

このような実態を踏まえ、犯罪性の進度に応じた適時適切な対応が高齢者犯罪の発生を防止する有効な方策であると思われる。そのためには、刑事司法機関のみならず、医療・福祉、地方自治体等関係機関が連携するのはもちろん、地域住民の支援や就労先の確保等地域社会において高齢者を孤立させないシステムの構築が求められるであろう。

＜窃盗＞

［1］常習窃盗犯（言わば窃盗のプロ）による事案

67歳男子。若いころから、窃盗（空き巣）を繰り返し、刑務所を出たり入ったりの人生を送ってきた。刑務所を出所しても、身よりもなく孤独で職もない。本件では、刑務所を満期出所後、簡易宿泊所に泊まっていたが、所持金が尽きて野宿し、「福祉は頼り方も分からない。手馴れた方法にしよう。」と考え、閉店後の店に盗みに入った。懲役3年8月。

［2］刑務所に戻りたい気持ちがあって犯行に至った事案

76歳男子。刑務所から仮釈放されたが、保護観察所にも出向かず、保護観察から離脱し、刑務所で得た作業報奨金は、酒を飲んですぐに使い果たし、路上生活を送るようになった。稼ぎはなく、万引きで食いつなぎ、仮釈放後2週間後にコーヒー1缶の万引きで本件逮捕となった。「刑務所に入れば寝床と食事と作業がある。」として、本人はむしろ逮捕されることを望んでいた。懲役2年2月。

［3］孤独が犯行の背景にあると思われる事案

76歳女子。未婚。定職に就き、健全な社会人として生活しており、犯罪歴はなかった。両親死亡後、孤独となり、生活には困っていなかったが、70歳くらいから万引きを繰り返すようになった。本件は、チョコレートの万引

きであるが、「(店内で)私に注目している人はいない。このまま手提げ袋に入れても見つからない。」と考えて犯行に及んだ。罰金30万円。

　[4] 漠然とした経済不安から節約のため犯行に至ったと思われる事案
　75歳女子。配偶者と死別し単身。生活に困っているわけではないが、余裕はなく、「年金暮らしでお金を遣うのがもったいない。」として、75歳から、しばしば万引きをするようになった。本件では、コンビニエンス・ストアで、おにぎりとサンドイッチを盗んだ。罰金30万円。
　窃盗事犯者の男子は、高齢・非高齢ともに、所持金がほとんどなく、収入源もない者の比率が高く、ホームレスや住居不定の比率が高かった。共に単身者の比率が高いが、高齢窃盗事犯者の場合、更に一層その傾向が大きく、経済的にもひっ迫している。一方、高齢窃盗事犯者の女子の場合には、一定の収入や所持金がありながら、犯行に至っているものが目立つものの、非高齢窃盗事犯者の女子と比べると、単身者の比率が高かった。
　高齢窃盗事犯者は、男子では、「生活困窮」により窃盗に至った者の比率が顕著に高く、女子では、「生活困窮」よりも、「対象物の所有」、「節約」による者が多かった。
　高齢窃盗事犯者において、男子では、「経済的不安」、「開き直り・甘え」、「あきらめ・ホームレス志向」の順に比率が高かった。一方、女子では、「経済的不安」、「開き直り・甘え」、「疎外感・被差別感」の比率が高かった。なお、女子の「疎外感・被差別感」を有している者は、すべて単身者であった。

＜高齢窃盗事犯者のまとめ＞
　高齢窃盗事犯者が男子の場合、概して所持金が少なく、ホームレスか住居の定まらない生活を送っている者が目立ち、生活費に困窮して少額の食料品等の万引きに至る者が多かった。また、前科や受刑歴を有する者が多く、職業的窃盗事犯者も一定数含まれており、更生できずに、経済的にひっ迫して犯行に至る場合も少なくなかった。それらの中には、生活費というよりは、酒代や薬物代(覚せい剤などの購入に当てるもの)、ギャンブルといった遊興費獲得目的に犯行に至る者もいた。
　一方、女子の高齢窃盗事犯者の場合は、生活基盤はあり、生活費自体に困っているわけではない者が多く、少額の食品等の万引きがほとんどで、高齢になって万引きを繰り返すようになった者も少なくなかった。切羽詰まった状

況ではないものの、経済的不安を感じることから金銭を節約しようとして、食料品等の物を盗む傾向が認められた。また、犯行に至った背景要因として、疎外感や被差別感を有している者がおり、これらについては、周囲からの働きかけや支えがほとんどないことからくる孤独感・孤立感といった心理的要因が影響している可能性がある。

＜傷害・暴行＞

[1] 泥酔して駅員に暴力を振るった事案

65歳男子。犯罪歴なし。妻子と同居し、アパート収入と年金で生活している。同窓会の帰り、泥酔して駅で寝ていたところを、駅員に声をかけられ、駅員を殴った。罰金10万円。

[2] 近所の人を注意し、言い返されて暴力を振るった事案

81歳男子。婚姻歴はなく、定年退職後、年金で単身生活。犯罪歴なし。野良猫にえさを与えている近所の顔見知りの女性（58歳）を注意したところ、女性が言い返してきたので、かっとして持っていた傘を振り下ろして殴り、打撲傷を負わせた。罰金20万円。

[3] 通行上のトラブルから通行人に暴力を振るった事案

68歳男子。妻子と同居し、年金とアルバイト収入で生活している。前科4犯で、うち傷害・暴行事件が3犯含まれる。外出時、スケート・ボードをしている少年（17歳）が邪魔だったので注意したところ、少年が口答えをしてきたと思って、かっとなって殴り、打撲傷を負わせた。酒が入っていた。罰金15万円。

[4] ホームレスが飲酒の上、少年に暴力を振るった事案

65歳男子。ホームレス。古本を拾い集めて小遣いを得ていた。これまで、飲酒下の対人トラブルが多く、前科はないが、傷害や暴行の前歴がある。本件では、公園で遊んでいる少年（9歳）たちがうるさいと感じて、少年のバットを取り上げそれで殴り、打撲傷を負わせた。酒が入っていた。懲役1年。

＜高齢傷害・暴行事犯者の実態等＞

犯行場所と、加害者と被害者の関係別に見ると、道路上・公園等で犯行に至った47人のうち34人（72.3％）に被害者と面識がなく、交通機関で犯行に至った24人すべてに被害者との面識がなかった。これら交通機関で犯行に至った24人については、22人に飲酒が認められ、外出先で、酩酊・泥酔し、

駅員やバスやタクシーの運転手に対して、暴力を振るった事例が目立った。ちなみに、交通機関で犯行に至った者は、前科・前歴がない者が11人（45.8%）であった。

＜高齢傷害・暴行事犯者のまとめ＞

　傷害・暴行事案に関しては、個人の資質、置かれた環境、被害者との関係等の様々な要因が複雑に絡み合って犯罪が生じているものが多く、個別的な要素が大きいことなどから、高齢傷害・暴行事犯者と非高齢傷害・暴行事犯者を比較しても特徴的な差が出にくく、両者の違いは明確ではないものの、以下の特徴が指摘できよう。

　高齢傷害・暴行事犯者は、高齢窃盗事犯者と比較すると、前科を有している者の比率が低く、家族と暮らし、経済状態が比較的良い者が多く、事案については飲酒の影響が認められるようなものが多かった。これらには、いわゆる平均的な生活を送っている高齢者が、外出先で飲酒して泥酔し、交通機関を利用するなどした際に、職員や乗車中の客等とトラブルとなり、犯行に至った軽微なものが多数含まれる。高齢傷害・暴行事犯者は、非高齢傷害・暴行事犯者のような遊び仲間と盛り場でけんかに至るような遊び感覚の暴力は含まれなかったものの、犯行場所は非高齢傷害・暴行事犯者同様多様で、動機等にもさほどの差がないことから、活動範囲や対人関係が多岐にわたることによって生ずる犯罪が少なくないと考えられる。

　ただし、非高齢傷害・暴行事犯者と比較すると近所の人とのトラブル等から犯行に至ったものが目立つことからは、高齢者において、近隣の付き合いが対人関係の主要なものの一つとなる傾向を反映していると考えられる。

　さらに、高齢傷害・暴行事犯者の中には、粗暴な事案を繰り返している者も少なくなく、道路上・公園といった公共的な場で、面識のない者と些細なことでトラブルになるなどして、暴力を振るっている者がいた。この者のうちには、前科を持つ者が過半数おり、ホームレス・住居不定の者も少なくなかった。前科を有する者については、非高齢傷害・暴行事犯者に比して比率が高く、犯行の背景として「頑固・偏狭な態度」や「自尊心・プライド」に該当する割合も高いことを考えると、犯罪性がより深まるにつれ、認知面等に問題を抱えていることも推察できよう。

　なお、今回の調査では、明らかにアルコール中毒・依存が認められた者は、

高齢傷害・暴行事犯者のうち、3人であった。非高齢傷害・暴行事犯者の犯行時の飲酒ありの比率が高齢傷害・暴行事犯者以上であり、粗暴事案については飲酒との関連の検討が欠かせないところである。

＜殺人＞

[1] **介護疲れ、経済不安により夫殺害を企てた事案**

69歳女子。前科・前歴なし。70歳代の認知症の夫の介護に疲れ、本件直前に退職。減収による経済不安もあり、ゴムひもとふろしきを用いて夫殺害を企てたが、途中で断念。懲役2年6月執行猶予3年。

[2] **病気と多額の負債を苦にした無理心中の事案**

67歳男子。前科・前歴なし。体調不良の上に、自営業の不振による1,000万円の借入金があり、50歳代の内妻も持病を抱え、将来を悲観。内妻の提案により無理心中を決意し、同女を刺殺したが、自殺は未遂に終わった。懲役3年。

[3] **退職後に居場所を失い、家族への不満を募らせた事案**

66歳男子。罰金前科1犯（35年前の業務上過失傷害）。長い単身赴任歴の間に深酒が身に付き、定年退職後に自宅に戻ったものの家庭内での居場所がなく、公園徘徊、競馬、飲酒に走り、本人のことを心配した60歳代の妻が、アルコール依存症として医者に相談しようとしたところ、立腹して切り付けた。未遂に終わったが、事件後、妻とは離婚。懲役3年。

[4] **飲酒時に自尊心を傷付けられて激高した事案**

70歳男子。前科・前歴なし。40歳代の隣人を自宅に招いて飲酒していた際、同人が、以前本人が稼動していたいわゆる飯場の人間を差別するような発言をしたため、過去の自分を否定されたように感じて憤激し、刺殺した。懲役10年。

[5] **少年時から犯罪を重ねてきた事案**

67歳男子。前科10犯、受刑歴複数回。少年時から窃盗や粗暴事犯を重ねてきたが、直近前科は16年前（傷害）。土木作業員の仕事を辞め、所持金を競馬で使い果たし、簡易宿泊所を出て路上生活を送っていたところ、ホームレスに身の上話を聞かせていた際、同人がうるさがって本人を罵倒したため激高し、カッターナイフで首を切り裂いて殺害した。懲役10年。

<高齢殺人事犯者のまとめ>

　高齢殺人事犯者においては、親族殺の比率がやや高く、親族殺の者には前科・前歴のない者が多かった。高齢親族以外殺の者には有前科者が多かったが、その内訳を見ると、若い時期から犯罪行為に及んでいる者が多いものの、以後継続的に犯罪を重ねてきているわけではなく、本件が数十年ぶりの犯罪という者が多かった。総じて、犯罪性の進んでいる者は少なかった。

　高齢親族殺事犯者については、犯罪とは無縁の社会生活を送ってきた者が、高齢になり、減収や多額の負債等による経済的困窮、あるいは自身や家族の体調不良等の問題を複数抱えるようになり、不安や疲労が高じた末、自らにとって負担となっている者を排除して楽になろうとしたケース（事例[1]）や、将来を悲観して無理心中を図ったケース（事例[2]）、離職して共に過ごす時間の増えた家族との関係がうまくいかず、やり切れない思いを爆発させたケース（事例[3]）が複数認められた。また、親族以外の者との交流を有する者がほとんどであったにもかかわらず、「問題の抱え込み」が見られた者が約4割おり、困難なことや不安があっても、人に相談できずに一人で思い悩んでいた様子がうかがえた。親族殺の既遂率は、高齢・非高齢を問わず、親族以外殺と比べて高く、高齢親族殺では本件時に「飲酒なし」であった者がほとんどであり、偶発的犯行より思い悩んだ末の犯行が多いことがうかがわれた。

　一方、高齢親族以外殺事犯者については、非高齢者と比べ、経済的にひっ迫した末の犯行や、以前から交流のあった者とのトラブルに起因する犯行が多かった。また、高齢者ならではのプライドに起因すると推察されるケースも散見された（事例[4]）が、健康不安に起因するケースは、疾病り患率が親族殺における比率とほぼ同じであったにもかかわらず、ほとんど見られなかった。高齢親族以外殺の一部には、前科を多数有する者もおり、それらについては、前科の数の少ない者と比べて不安定な生活を送っている者が多かった（事例[5]）。

　高齢親族以外殺のうち、強盗殺人事犯者には、「激情・憤怒」が動機となっていた者も本件時飲酒していた者もおらず、計画的犯行が多いように見受けられるのに対し、強盗殺人以外の殺人事犯者では、8割以上の者の動機に「激情・憤怒」が含まれ、本件時飲酒の影響を受けていた者が過半数いるなど、

傷害・暴行事犯と共通する特徴も多かった。ただし、高齢親族以外殺の場合は、傷害・暴行と比べると、「面識なし」の被害者の比率が低い一方で、「報復・怨恨」が動機に含まれていた者の比率が高くなっており、このことからすると、傷害・暴行ほどには偶発性・突発性は高くなく、以前から被害者に対して抱いていた不満や怒りを噴出させた犯行が多いものと推察された。

＜高齢受刑者の処遇の概要＞

　高齢受刑者には、加齢による体力の減退、疾病率の高さ、新しい技術・能力を身に付けることの困難さ、帰住先のない者が多いといった問題があり、各刑事施設においては、これらを考慮した処遇上の配慮を行っている。

　例えば、従前から、刑務作業時間を短縮すること、刑務作業の種類として紙細工などの軽作業を課すること、保温のために衣類・寝具の貸与を増やし、また、湯たんぽ、眼鏡等を貸与すること、各種疾病の早期発見に努めるとともに、発見後の医療措置に万全を期すなどの措置が採られてきたところである。さらに、高齢化とともに、基礎体力が低下して歩行、食事等の日常的な動作全般にわたって介助を必要とする者、知的能力・理解力の衰えのために刑務作業や日常生活上の指示・指導に多くの時間と労力を要する者、動作が緩慢なために食事、運動、所内の移動等について、一般の動作時間に合わせた行動が困難な者などが増加するため、それらの高齢受刑者の適性に応じた処遇を工夫する施設が増えている。このような処遇は、一般に「養護的処遇」と呼ばれ、その内容は施設ごとに一様ではないが、高齢受刑者を集めて軽作業中心の作業を行わせる「養護工場」を設けたり、高齢受刑者専用の収容区画を設け、手すりの設置、段差の解消などのいわゆるバリアフリー環境を整備した施設もある。

　新たな試みとして、喜連川社会復帰促進センターでは、高齢受刑者に対し、民間会社作成のドリルを用いて計算、文字のなぞり書き、パズル等を行わせたり、高齢者向けのスポーツプログラムやフラワーアレンジメントを通して自己回復を図るプログラム等を受けさせたりすることなどにより、高齢受刑者の社会適応能力や身体機能を向上させ、改善更生の意欲を喚起し、円滑な社会復帰を促すことを目指している。同センターには、精神又は身体に障害を有する受刑者を収容する特化ユニットが設けられ、特化ユニットの収容棟と工場間を結ぶ通路は段差がなく、バリアフリーになっているほか、障

害者専用浴室が備え付けられている。さらに、特化ユニットには、庭園型運動場が設置され、高齢受刑者や身体能力の低下により一般の運動ができない受刑者でも軽い運動やリハビリのための散歩ができるスペースが設けられている。

　平成20年度には、歩行など日常生活に支障がある高齢受刑者の処遇を改善するため、広島刑務所、高松刑務所及び大分刑務所において、手すり、エレベーター等を備えたバリアフリーの専用棟の建設に着手している。

　また、高齢受刑者の中には、釈放後、直ちに病院への入院や福祉の支援を必要とする者もおり、釈放に当たっては、刑事施設において、病院や福祉機関との連携、調整を行っているが、特に調整を要する受刑者を多く収容する一部の刑事施設には、福祉に関する相談援助の専門家である精神保健福祉士や社会福祉士が非常勤職員として配置されている。

　精神保健福祉士及び社会福祉士は、精神上若しくは身体上の障害を有する受刑者の社会復帰に関する相談、助言及び指導を行うほか、これらの受刑者の受入先となる病院や福祉施設の開拓、また、これらの施設への受入調整について、効果的な援助を行うことを目的として配置されているものであるが、高齢受刑者の増加に伴い、これら専門家の活用や関係機関との連携、調整の必要性はますます高まるものと考えられる。

＜高齢受刑者の作業＞

　65歳未満の受刑者（以下、本節において「非高齢受刑者」という。）では、経理作業（炊事、清掃、洗濯、看護、理髪、指導補助等の刑事施設の自営に必要な作業）の比率が最も高いところ、高齢受刑者では、紙・紙製品製造作業の比率が最も高く、次いで、紙細工作業、化学製品製造作業、織物製品製造作業となっている。

＜高齢犯罪者が増加した原因・背景＞

　現在の我が国では、高齢者の平均寿命が延び、また、高齢者人口も急激に増加していて、社会の高齢化が急速に進んでいる。

　そして、現在の高齢犯罪者を取り巻く環境に目を向けてみると、高齢犯罪者の犯罪性が進むにつれ、住居が不安定になるとともに、配偶者がなく、単身生活の者が増えている。これらの者は、親族との関係も希薄である。このように、犯罪性の進んだ高齢犯罪者は、孤独な生活状況に陥っており、周囲

から隔絶されている状況がうかがわれる。犯罪性が進んだ高齢犯罪者には、犯罪に結び付きやすい物質依存関連疾患にり患した経歴を有する者の比率が高いが、このような問題について福祉的なサポートを受けないままでいる者が少なくないこともうかがわれる。

就労状況、収入源等の経済状況についても、犯罪性が進むにつれ、就労の安定しない者、低収入の者の比率が上昇しており、また、生活保護などの福祉的支援を受けないまま無収入でいる者の比率も大幅に上昇している。経済的に不安定な状態に置かれて、生活に困窮していることから、更に犯罪の危険性が高まっているといえる。

このように、犯罪性が進んだ高齢犯罪者ほど、社会的な孤立や経済的不安といった深刻な問題を抱えており、このことが高齢犯罪者全般の主な増加原因であると言えよう。

＜高齢者の増加傾向が目立つ主な犯罪＞

高齢者に係る一般刑法犯の検挙人員について、各年齢層別にその罪名を見ると、どの年齢層においても、総検挙人員中、窃盗の占める比率が最も高い。高齢者については、窃盗が一般刑法犯検挙人員の３分の２近くを占めており、次いで、横領（その検挙人員の99.3％が遺失物等横領である。なお、高齢犯罪者特有の統計ではないものの、平成19年の遺失物等横領の検挙件数中96.6％が自転車を被害品とするものである。）が22.0％、暴行が3.7％、傷害が2.3％と続く。特に、女子の高齢者においては、窃盗が９割弱を占めており、その比率の高さが一段と目立つ。窃盗について、その手口別構成比を見ると、万引きが約９割と圧倒的に高い。万引きは女子比が高い犯罪であり（万引きの検挙人員中の女子比は44.2％であり、高齢者層では48.4％、これが高齢犯罪者の女子比を高めている主たる要因であろうと思われる。万引きと遺失物等横領のみで、高齢者の一般刑法犯検挙人員の75.0％に及ぶ。昭和63年から平成19年までの高齢者の検挙人員の推移を見るに、総数で３万９千人近く増加し、この増加分の内訳は、窃盗が62.2％、遺失物等横領が24.1％であり、この２罪名で全体の増加分の９割近くを占め、このうち窃盗の増加分の多くは万引きの増加分である。

傷害、暴行の検挙人員及びその人口比についても、高齢者層の増加・上昇傾向が著しい。したがって、高齢犯罪者の増加原因は、罪名で言うと、窃盗・

遺失物等横領、次いで傷害・暴行の増加である。

　なお、殺人については、検挙人員の高齢人口比は、平成19年は昭和63年の約1.4倍であり、殺人の検挙人員及びその人口比を年齢層別に見ると、高齢者層では、20年前よりも増加・上昇しているほか、高齢者比も、窃盗や遺失物等横領に次ぐ高水準にあることが注目される。

　そこで、罪名別には、窃盗、傷害・暴行、殺人の増加原因を探ることが重要であることから、以下、各罪名別における特徴的なものについて、その原因や背景について検討する。

＜窃盗（再犯者、女子の万引きが目立つ）＞
　高齢者の窃盗の増加は著しいものの、前記のとおり、その検挙段階における増加分のほとんどは万引きによるものである。もちろん、万引き以外の窃盗犯を含めて、警察での検挙後、微罪処分になり、また、検察庁に送致されても処分の段階で起訴猶予になり、さらに、裁判の段階で執行猶予などになることによって、受刑者になる者は少ないにもかかわらず、その後の受刑の段階を見ても、経年的な全体の流れとしては大きく増加している事実が認められる。

　そして、特別調査によると、高齢窃盗事犯者では受刑歴を有する者が5割強を占めているところ、手口が万引きである比率が、非高齢窃盗事犯者に比して高く、高齢窃盗事犯者のうち男子に関しては、所持金がほとんどない者が女子より多く、ホームレス・住居不定である者が5割弱を占めるなど、生活状況が悪化している問題性が指摘される。

　このような状況において、まず、取り上げなければならない事柄としては、再犯者が増加している事実であろう。通常であれば、仮に、若年期や壮年期に窃盗などを犯しても、高齢に至ることにより、体力的な衰えを感じ、また社会的な分別を自覚して、窃盗などの犯罪行為を差し控えようとするのが当然だと思われるものの、再入者が増加している。このような再犯者が窃盗に及ぶ直接的な原因は、様々であろうが、本人の犯罪性向が強い影響を与えていると思われる。

　また、高齢になって初めて窃盗に及ぶ者の数も増加している。しかしながら、侵入盗やすりなどの本格的な窃盗は非常に少ない。その原因や背景については、一概には言えないものの、男子であれば、ホームレスに転落し、生

活をする上での手段として万引きに及ぶ者、また、女子であれば、必ずしも生活困窮に基づくものとは限らず、いわゆる開き直りや甘えた社会認識から万引きに及ぶといった事案も多いことから、そのようなケースが初犯者の窃盗の数の増加をもたらしていると思われる。

<**傷害・暴行**（飲酒下での暴力や近隣トラブルが目立つ）>

　傷害・暴行についても、窃盗同様、各手続段階で高齢犯罪者の増加が認められる。そして、特別調査では、高齢傷害・暴行事犯者についても分析したが、従来、高齢者については、若年・壮年期よりも、平穏で大人しいイメージがあったにもかかわらず、そうした印象に反し、対人加害行為に至った例が増えている。高齢傷害・暴行事犯者については、概して前記の高齢窃盗事犯者の場合と異なり、多くの者は家族と生計を共にし、経済状態にも大きな問題は認められない傾向が見られた。ただし、犯罪に至るまでの生活状況から受ける印象からは、活動力が低下しているという状況にはなく、非高齢傷害・暴行事犯者とは目立った相違はなかった。しかしながら、近隣でトラブルを起こし犯行に至っている場合が少なくない点は、非高齢傷害・暴行事犯者の場合よりも目立っており、この点は社会復帰上留意すべきと思われる。また、高齢傷害・暴行事犯者の中には、本件犯行時に飲酒の影響が認められる者も少なくなかったが、その背景には、社会で孤立し、相談相手もいないなどから、飲酒で気を紛らわす習慣が改善されなかったことが推察される。被害の程度が軽微である上、社会での孤立等、同情すべき事情がある場合が多いからであろうが、検挙され、送検されても公判請求に至る者の数は多くなく、その多くが略式命令請求されている（傷害68.4％、暴行80.5％。）。これについての特別調査でも、傷害・暴行の約8割が罰金で処分されており、実刑に処せられる者は全体から見ればその数は少ない。

　そして、傷害・暴行に及ぶ高齢犯罪者については、窃盗の場合とは異なり、前科の有無等の常習性を犯罪増加の原因として考慮する必要性は低く、前科の有無にかかわらず、単に、激情・憤怒にかられ、頑固さやプライドなどを背景として犯行に及んでいることがうかがわれる。

<**殺人**（親族を被害者とした事犯が多い）>

　高齢者による殺人も増加の傾向にある。ただ、高齢者の殺人には、親族殺とそれ以外とで、その内容にも傾向にも大きな違いがある。特別調査の結果

によると、高齢殺人事犯者50人中、親族殺が28人と過半数であり、特に、女子の高齢殺人事犯者は、その9人全員が親族殺である。しかも、特に女子の高齢親族殺事犯者の過半数が、その犯行動機・原因として「介護疲れ」を挙げていることをも考えると、高齢社会化が進むことにより家族の誰かが介護を必要とする状態での生活に疲れた結果としての親族殺が、高齢者の殺人数の増加原因の一つであろうと思われる。

＜多様な高齢事犯者への対応＞

　高齢犯罪者には、若年のころから犯罪を繰り返して高齢になった者や、受刑歴を持ち、改善更生がかなり困難になっている者などの層と、高齢になって初めて犯罪に手を染めた層とが認められる。前者の層については、その進行した犯罪性が原因となっていることによる問題が大きく、したがって高齢犯罪者特有の問題ではなく、むしろ、高齢累犯者になる前の段階で、刑事政策としていかなる対策を講ずべきかの問題である。そして、近時、高齢者層だけでなく、50～64歳の年齢層においても人口の伸び以上に犯罪者を生み出す傾向にあり、今後、高齢犯罪者対策は、若年犯罪者・壮年犯罪者の再犯防止対策に始まるというべきである。

　そして、特別調査結果からは、高齢犯罪者については、犯罪性が進むほど、概して経済的問題など生活上の問題の比重が大きくなることが分かった。また、「高齢窃盗事犯者」、「高齢傷害・暴行事犯者」、「高齢殺人事犯者」別で分析すると、それらの抱える問題について、それぞれやや異なった傾向も認められた。すなわち、例えば、高齢窃盗事犯者で若年・壮年期からの累犯傾向の問題が解消できないでいる者のうち、ホームレスや住居不定の生活を送り、少額の食料品等の万引きや酒代や薬代欲しさに窃盗を繰り返している者に対しては、生活指導と共に、社会復帰後の生活基盤の調整も視野に入れた対応をしていくことが不可欠であろう。高齢傷害・暴行事犯者では、その将来の社会復帰を考えると、人間関係の修復等に向けた調整上、近隣でのトラブルが要注意であることなどの点について留意すべきであろう。高齢殺人事犯者では、いわゆる「介護疲れ」から殺人に至る例が、特に女子においてはその比率が高く、例えば、その予兆を見過ごさないような周囲からの配慮が必要であろう。以上のように、一口に高齢犯罪者といっても、その処遇等に課せられた課題は多様なものがある。

そこで、以下、前記の各罪について個別的に検討していくこととする。

＜窃盗（犯罪性の進度に応じた対応や指導が必要）＞

窃盗の高齢初犯者の手口のほとんどは万引きである。男性の高齢初犯者のうち、その動機・原因が生活困窮にあるものが半数近くを占めるところ、こうした問題を持つ高齢窃盗事犯者に対しては、就労が不可能な者については直ちに福祉的な援助につなぐ必要があり、また、就労が可能な者についても、就労につなぐまでの一時的な生活の援助が得られるよう、調整を行うことが重要である。その上で、金銭管理指導等の生活指導や、必要に応じ酒害教育等の支援を実施することが必要となろう。ただ、単に対象物の所有や節約を目的として繰り返し万引きに及ぶ女子の場合の問題はまた別であると思われる。その対策は、金銭的なサポートにあるのではなく、むしろ教育的なものにあり、単なる起訴猶予で刑事手続から離してしまうのではなく、被害回復や身元引受人の存在の確認等をした上で、いったん処分としては起訴猶予とするものの、その後も検察官において被疑者となった高齢者や被害者と連絡を取って処分後の経過を観察し、再犯のおそれが払拭できない状況にあれば、事件を再起して起訴を検討するなどの運用も今後検討すべきではないだろうか。

また、窃盗を繰り返し、かつ、受刑歴を有する者については、社会的にも孤立し、安定した職も持たない傾向が見られることから、積極的な手当てを検討することが肝要なのではないだろうか。更生保護施設においても、社会性を持たせるような訓練・指導を充実させ、また、就職できず、金銭にまつわる問題を解消できない者については、福祉制度を積極的に活用するなどして、再度、犯罪に及ぼうとする気持ちを事前に摘み取っていく努力をすべきではないかと考える。

＜傷害・暴行（機会的な事犯者と常習性の高い事犯者の識別・応差的処遇）＞

高齢傷害・暴行事犯者は、窃盗の場合と比べ、有前科者の比率が低く、必ずしも孤独とは言えず、経済的不安も深刻ではない者が多く、飲酒の上、公共的な場で、面識のない相手に対し暴行を加えるような事犯が少なからず含まれており、活動範囲や対人関係の拡大が影響していると思われる者が少なからずいる。また、非高齢事犯者と比べ、高齢事犯者は、近隣との付き合いの在り方が影響している事犯も見られる。

この中には、前歴がないまま高齢になった後、突発的に傷害・暴行に及ぶ者も含まれており、このような者の犯罪防止対策としては、処罰いかんではなく、むしろ、社会における犯罪防止教育として、余暇の過ごし方や対人関係のスキルの習得等について指導をするなどの教育が必要ではないのだろうか。すなわち、高齢者であるから良識をわきまえており、あえて何かを教育・指導する必要などないというのではなく、<u>高齢に至ってもなお、精神的・社会的に自立できておらず、自己のコントロールが十分にできないか、あるいは、かつてはそれができていても、加齢によってその統制力を減弱していく事態が起き得ることを率直に認め</u>、飲酒が原因でのトラブルや近隣関係でのトラブルを繰り返し、ついには、それが犯罪にまで至るおそれがある場合については、社会生活の中において指導・教育できる方策を考慮すべきであろう。

　また、高齢傷害・暴行事犯者の中には、数は多くないものの、常習性が顕著な者がおり、その中には、公共的な場で、初対面の相手に対し、飲酒の上で、粗暴な事犯を繰り返している者が見られた。この過半数が有前科者で、ホームレス・住居不定の者も少なくなかった。かかる者の処遇に関しては、平成19年版犯罪白書でも触れたように、傷害については、再犯を重ねても繰り返し罰金刑に処せられる傾向があり、罰金刑の感銘力について考えさせられる問題を含んでいるように思われ、再犯防止の観点を含めて、より柔軟に処分を決める必要があろう。このような場合、より確実にこの者を改善更生・社会復帰させるという目的の下に、保護観察に付し得る処分を検討するなどし、酒害教育を施すなどした上、感情をコントロールするための能力を身に付けることを目的とした処遇などのサポートができるよう配慮することが考えられよう。

＜殺人（福祉を中心とした多様な高齢者対策による犯罪危険要因の排除）＞
　高齢の新受刑者の初入者の罪名には殺人が上位に入っているところであるが、特別調査で見ると、親族殺の高齢事犯者の多くは、前科・前歴のない者が「介護疲れ」から、あるいは「将来を悲観」して、配偶者や子供などを殺害する高齢初犯者である。

　親族殺について裁判内容を見ると、親族以外殺と異なり、男女とも無期懲役はおらず、男子では、刑期10年以下5年超の者が半数を占め、女子は刑

期10年超はおらず、4割強が執行猶予であって、量刑上の配慮が見られる。しかしながら、高齢になって、介護に疲れ、いわば突発的に殺人に至る行為に対しては、刑事司法機関が早期に介入して事前に防止することは容易ではなく、これは専ら福祉の領域であることから、社会福祉制度一般の充実を待つ外はないものと思われる。

これに対し、高齢の親族以外殺事犯は、傷害・暴行と比べ、被害者と「面識なし」の者の比率が低い一方、「報復・怨恨」が動機に含まれていた者の比率が高く、以前から被害者に対し不満や怒りを抱いていた者が多い。

平成19年版犯罪白書は、特集した「殺人再犯者」につき、傷害・暴行等の粗暴犯の犯歴を持つ者が多く、これらの者に対し、感情をコントロールする能力を身に付けることを目的とした処遇を実施する必要性が高いと指摘している。親族以外殺では、高齢事犯者・非高齢事犯者ともに前科のある者が多く、傷害・暴行同様、若年時ないし壮年時の前科の処遇において、感情をコントロールするための能力を身に付けることを目的とした処遇などを徹底することが役立つと思われる。

＜高齢犯罪者の特性やニーズに応じた総合的対策の必要性＞

高齢犯罪者は、高齢者人口の増加率よりもはるかに高い比率で増加していることは、前述したとおりである。高齢犯罪者には、高齢期特有の心身上の問題点、社会生活能力や性格・行動特性という生活指導上困難と思われる課題、疾病等を抱えている者が多いという問題に加え、単身、住居不安定、無収入の者の比率が上昇し、周囲に保護・監督する者がなく、経済的に不安定な状態にあり、自立能力に期待できない者も少なくないなど、若者・壮年者とは異なる問題がある。そうした高齢犯罪者に対しては、施設内外での処遇や生活環境の調整の在り方についても検討する必要があると思われる。高齢犯罪者の問題に対応した処遇等を展開するには、その生活実態を踏まえニーズを的確に把握し、そのニーズに応じた支援をいかに計画的に実施していくかということになろうが、高齢犯罪者の心身の状況、帰住予定先の家庭・社会環境等を把握するなどして、効果的な生活環境の調整を行うなどの取組の積極化が望まれる。

高齢受刑者には知的障害者など2割程度心身に疾病等を抱え、早期に福祉施設への入所や病院への入院を必要とする者がいるが、重度の精神障害者に

対しては、刑期が満期になるまで、刑務官が、刑務所内で、食事介助、排泄介助、入浴介助など、本来の介護福祉士の介護業務を刑務官が刑務所内で担っている現状があり、刑務所自体が第二の介護施設化しつつある。平成19年に施行された、刑事収容施設及び被収容者等の処遇に関する法律を契機として、社会福祉士が刑務所など刑事施設を中心に少年院にも配置され、精神保健福祉士が精神及び身体疾患のある者を収容する医療刑務所や医療少年院を中心に配置されているが、ほとんどが非常勤の国家公務員であるため、常勤の国家公務員とは異なり、身分保障の点で問題があり、しかも、配置人数もごく少数に限られており、急増する身体や精神に問題のある高齢受刑者に対する対応が十分になされていない問題がある。また、医療観察制度の対象者には、国による手厚い医療制度があるが、犯行当時は、制度の対象者にならなくとも、刑期中に受刑者が精神疾患になった場合に十分な処遇がなされていない問題もある。このような現状において、刑務所、保護観察所や更生保護施設は、福祉関係機関と意思疎通を図り、刑期の執行中、また、刑務所を出所した者に対しても、必要な福祉等の支援が得られるシステムが必要である。今後は、刑務官が社会福祉士、精神保健福祉士、介護福祉士などの資格取得のための環境整備がより一層重要となってくるであろう。（波線は筆者）

　また、福祉等の支援を得られるようにするための調整には、刑務所から出所してからも一定期間を要することが想定される上、社会福祉施設等への入所のための待機を要する場合もある。そこで、刑務所在所中から、出所後円滑に福祉等の支援が得られるように調整を行った上で、出所してから実際に福祉等の支援が受けられるまでの間は、更生保護施設での受入れを促進し、福祉等の支援への移行準備を行うとともに、社会生活に適応するための指導や訓練を実施することで、円滑かつ確実に福祉等の支援へとつなぐことが必要である。この点で、更生保護施設は事実上就労を期待できる者の受入れを前提とした体制となっている現状を踏まえ、このような新しい役割・機能を担えるよう同施設に福祉スタッフを配置するなどの必要な体制整備を進めることが求められる。

　さらに、比較的健康であり、就労を期待できる者については、就労支援を考慮することになろうが、就労支援については、法務省は、厚生労働省と連携して、対象者の就労支援策を推進しており、刑事施設は在所中の受刑者に

対し、保護観察所では保護観察対象者に対し、実施することとなっているところ、高齢者を取り巻く雇用情勢には厳しいものがあるが、この施策を就労意欲があり、健康な高齢対象者にも積極的に適用することもできよう。

平成22年度　犯罪白書　少年非行

<少年の保護観察対象者に対する処遇>
　暴力的性向を有する保護観察処分少年及び少年院仮退院者については、暴力防止プログラムによる指導を受けることを生活行動指針として設定している。
　保護観察処遇では、社会参加活動において主として少年の保護観察対象者を対象として、福祉施設における介護、公園清掃等の奉仕活動、陶芸教室・料理教室等での学習、農作業、スポーツ活動、レクリエーション活動等に参加させ、対象者の社会性をはぐくみ、社会適応能力を向上させることに努めている。平成21年度における社会参加活動の実施回数は345回であり、実施回数が多かった活動は、「高齢者等に対する介護・奉仕活動への参加」（97回）、「清掃・環境美化活動への参加」（95回）、「創作・体験活動・各種講習等への参加」（71回）であった。

平成17年度　犯罪白書　少年非行

＜家族関係に対する保護者及び非行少年の意識＞

　父母別に見ると、父親の方が母親よりも、「子供の好きなようにさせていた」、「子供との会話が少なかった」、「子供の行動に無関心だった」と子供に対する接触の乏しさを強く認識している比率が高い。これに対し、母親は、父親よりも子育てに対する関心が高いものとうかがわれ、子育てに関し、「夫婦の子育ての方針が一致していなかった」、「子供に口うるさかった」と認識している比率が高く、夫婦間の意見の不一致、過干渉が問題であったと強く認識しているという相違が認められる。

＜資質、規範意識等の問題＞

　「最近の非行少年の処遇において、以前より大きくなっていると感じる資質面の問題には、どのようなものがありますか」との質問に対し、少年院教官が回答した結果は、「人に対する思いやりや人の痛みに対する理解力・想像力に欠ける」とする点につき、「大きくなっている」とする比率が63.2％と最も高く、次いで、「自分の感情をうまくコントロールできない」及び「忍耐心がなく、我慢ができない」がともに55.1％であった。少年院教官は、最近の非行少年の資質に関し、他人に対する共感性や感情統制の面において問題が多いと認識し、これらの面において処遇上の困難を感じているようである。

　「その場の好き嫌いなど、感覚・感情で物事を判断する」とする点につき、「大きくなっている」とする比率が60.6％と最も高く、次いで、「多少のことは許してもらえると軽く考えている」（54.0％）、「被害者に対する謝罪の気持ちがない」（32.8％）の順であった。

　「最近の非行少年の処遇において、以前より大きくなっていると感じる交友関係の問題には、どのようなものがありますか」との質問に対し、少年院教官が回答した結果は、「対人関係を円滑に結ぶスキルが身に付いていない」

とする点につき、「大きくなっている」とする比率が57.5％と最も高く、次いで、「周りの誘いを断れない」(40.5％)、「心から信頼し合える関係を持てない」(40.3％)の順であった。「将来、何をしたいか分からない」とする点につき、「大きくなっている」とする比率が64.8％と最も高く、次いで、「<u>社会の中に少年の居場所がない</u>」(37.0％)、「大人や社会一般に対する反抗心、反発が強い」(34.6％)の順であった。

＜保護者の指導力及び家族関係の問題＞

　「子供の行動に対する責任感がない」とする点につき、問題であるとする比率が62.5％と最も高く、次いで、「子供の言いなりになっている」(50.2％)、「子供の行動に無関心である」(49.1％)の順であり、無責任な保護者やでき愛傾向の保護者が増えたとする比率が高い。「虐待がある」という保護者が増えたと認識している比率は36.1％であった。保護者調査では、子育ての問題として、保護者は、「子供に口うるさかった」、「夫婦の子育ての方針が一致していなかった」などを上位に挙げていたが、少年院教官は、過干渉や父母の指導の不一致よりも、<u>親としての子供に対する責任感、関心が最近の保護者に不足している</u>と感じていることがうかがわれる。

　「<u>家族との情緒的交流がない</u>」とする点につき、問題であるとする比率が64.3％と最も高く、次いで、「非行が家族に与えた影響を理解できない」(37.9％)、「家庭内が不和である」(35.7％)の順であった。

＜非行少年の処遇上の留意点＞

1　人の痛みに対する共感性を育てる処遇

　多くの少年院教官が処遇において最も困難になったと感じていたのは、「<u>人に対する思いやりや人の痛みに対する理解力・想像力に欠ける</u>」、「<u>自分の感情をうまくコントロールできない</u>」といった非行少年の感情・情緒に関連する資質面の問題であった。

　近時、家族や友人との間で葛藤が生じるなどの混乱や不安に見舞われると、これに対応して問題を解決することができない少年が増えていると指摘されている。最近の少年は、ささいなきっかけで凶悪、冷酷ともいえる非行に走ることが多く、動機が不可解で、少年自身もなぜそのような事件を引き起こしたのか十分に説明できない場合があるなどと指摘されるが、その背景には、こうした感情・情緒面の問題があると考えることもできる。

こうした最近の非行少年の資質面での問題や社会からの要請を考慮すると、加害者である少年が事件を悔い、反省し、償うためには、人の痛みに対する共感性を育てる処遇を強化する必要がある。そのためには、これまでの乱れていた生活習慣を改めさせ、規則正しい食事、睡眠等によって生活のリズムを取り戻させることがまず必要である。

2 集団場面を活用した処遇

　非行少年調査では、友人関係に対する非行少年の満足度は一般青年と比較して低く、非行少年の方が交友面での不適応を感じやすいことがうかがわれる。少年院教官調査でも、「対人関係を円滑に結ぶスキルが身に付いていない」、「周りの誘いを断れない」「心から信頼し合える関係を持てない」など、最近の非行少年の交友関係面での不適応感の原因となる問題が多く指摘されていた。

　非行少年の中では、こうした不適応感を積極的に解消するのではなく、人に追従したり、自らの責任を回避して、不適応感から目を背けようとする傾向が強まっているように思われる。甘えの通用する身近な家族や友人関係といった狭い人間関係内にとどまって、互いに傷つけることを避けようとする傾向を強めているのではないかと考えることもできる。しかし、このような状態にとどまる限り、将来の目標達成に向けて努力しようとする向上心は生じないであろうし、社会の中で責任ある役割を果たし、自分の居場所を自らの力で確保していくことも難しいであろう。

　少年が健全に成長するために、幼児期及び学童期における親の愛情とともに、集団による遊びの大切さが指摘されている。少年は、集団の中で、遊びによる楽しみとともに、好奇心、忍耐心、感動、争い等、多くのことを学ぶことができる。しかし、遊び場所の減少、電子機器の発達等によって、集団の中での親密な交流等が不足し、発達過程の中で、本来、備えるべき自律性や責任感、向上心等が養われないまま、狭い生活空間の中に安住しようとする少年が増えているのではないかと思われる。

　しかも、狭い人間関係の中に満足し、仲間内だけで通用するルールを優先して行動する場合、社会一般のルールとのそごが生じやすいであろう。例えば、遊び半分の集団非行を繰り返す少年が増加しかねないし、仲間内のルールを優先させる間にリンチ等の粗暴行為を次第にエスカレートさせ、重大な

結果を招く危険性がある。

　こうした非行少年に対しては、集団場面を活用した処遇が有効と考えられる。そこでは、大人が一方通行的に少年を指導するのではなく、少年同士が共通の目標に向け、集団的に行動する中で、互いに価値観、感情をぶつけ合いながら切磋琢磨し、成長していくことが期待される。少年同士の交流の機会を多く持たせ、多様なかかわり合いを実際に体験させることが、彼らの成長を促すことになると思われる。その過程で、自律性や責任感、向上心等を身に付けさせていくことが重要である。

3　保護者の自発的対応を促す働き掛け

　平均世帯人員の減少や共働き世帯の増加等、保護者自身を取り巻く環境が大きく変化してきている。このような中で、父母同士の意思の疎通や地域からの支えが得られないままストレスをため込み、子供の虐待に走ったり、子供の問題行動に対して適切に対処するだけの余裕のない保護者が増えているとも指摘される。

　非行少年の父親と母親との間にも多くの点で認識に相違が認められた。父親の方が子育てに対する関心の乏しさが問題であったと認識している比率が高かったのに対し、母親の方は、夫婦間の意見の不一致、過干渉が問題であったと認識している比率が高かった。子供の将来や親子関係についても、父親の方が今後を楽観的に見ているのに対し、母親の方は、指導の行き詰まりや親自身の変化の必要性を感じている比率が高かった。

　こうした父母の認識の違いによって、父母間の葛藤が生じて家族の情緒的交流が失われたり、父母間で子供の非行の責任を押しつけ合ったり、一貫性のある毅然とした対応を子供にとれなくなっていることも考えられる。他方、少年も親のちぐはぐな対応によって、混乱したり、心情的に不安定となって、非行に走る場合もあると思われる。

＜矯正教育＞
1　生活指導

　生活指導の方法には、ロールレタリング（役割交換書簡法）、ロールプレイング、面接指導、作文指導等がある。面接指導、作文指導等は、生活指導の基盤として、ほとんどの少年院で行われている。少年院では、在院者を、それぞれが持っている問題の別に集めた上、これらの方法を用い、共通の問題

を持つ少年に指導を行う問題群別指導も行われている。

　(ア)　**ロールレタリング（役割交換書簡法）**
　ロールレタリングは、手紙を媒介として自分と他人との役割交換を行って自己洞察へと導く指導法であり、昭和50年代半ばに少年院で開発された。
　ロールレタリングの実際
　ロールレタリングが少年院で実際にどのように行われているかを見るため、ここでは、「母親」を相手方とする例について説明します。ロールレタリングの開始当初は、例えば、

　「心配をかけてごめんなさい。」（在院者→母親）
　「少年院でしっかり反省して更生しなさい。」（母親→在院者）
　といった表面的で無難なやりとりや、あるいは、
　「お母さんとは二度と会いたくありません。」（在院者→母親）
　「もう、母さんもお前の面倒を見るのには疲れました。悪いけど、引受人にはなれません。」（母親→在院者）
　といった敵意や反感をあらわにしたやりとりに終始することがあります。しかし、次第に、
　「小学校の時、お父さんとお母さんが突然離婚してショックだった。学校から帰って、誰もいない家で一人で夕飯を食べるのが寂しかった。」（在院者→母親）
　「寂しい思いをさせてごめんね。お前や弟たちにお金の心配をかけたくなかったから、母さんも働くことに精一杯でした。でも、両親が離婚した子がみんな非行に走るわけではないのだから、お前も、楽な方に逃げるのはやめてください。」（母親→在院者）

といったように、それまで内心にうっ積していた不満や葛藤を吐き出すようになります。その結果、在院者は、少しずつ気持ちが整理され、それに伴って、相手方の感情や立場にも徐々に理解を示すことができるようになります。そして、相手方から自分を見た場合の至らない点や自己中心的だった自分の態度に気付くようになっていくのです。
　ロールレタリングは、「被害者」又は「被害者の家族」を手紙の相手方として、在院者の贖罪意識を喚起させる指導方法としても活用されています。被害者

やその家族が受けた心身の痛み、在院者に対する怒り等を、在院者に体感させる上でも、ロールレタリングには相当の効果があるといわれています。

　(イ)　ロールプレイング
　ロールプレイングは、ある場面を設定して一定の役割を模擬的に演ずることであり、最近では、在院者の対人行動能力を向上させるための訓練であるSST（Social Skills Training）の中で用いられることが多い。

　SSTの実際
　少年院では、SSTは、おおむね、次のように進行します。
　［1］問題解決場面の設定
　例えば、「夜、アルバイトから帰る途中、昔の非行仲間に出会い、食事に誘われた」という場面を設定して、その対処の仕方を練習させます。
　［2］予行演習のロールプレイ
　ロールプレイを行う在院者に、「普段、君がやっているようにやってみなさい」と指示して、ロールプレイを行わせます。在院者は、例えば、次のようなロールプレイをします。

（本人：在院者本人、相手：昔の非行仲間）
　相手「久しぶり。今何しているんだ。」
　本人「バイトしているよ。」
　相手「今から仲間と飯を食べに行くんだ。お前、今時間あるだろ。一緒に来いよ。」
　本人「親が飯作って待っているんで……。悪いけど……。」
　相手「A先輩も来るんだ。昔世話になったろ。あいさつするだけでいいから来いよ。」
　本人「でも、明日も朝からバイトがあって……。今日は無理だから……。」
（相手を振り切って、その場を去る。）

＜面接指導の実際＞
　面接指導では、個別担任は、在院者の心情や悩みにじっくりと耳を傾け、状況に応じて様々な対応をします。あるときは、強がるばかりで人の話に耳を貸そうとしない在院者に対し、「なぜ、『他人が自分をどう見るか』ばかり気にするんだ」と問いかけたり、あるいは、「そんな態度は社会では通用し

ないぞ」と注意したりします。あるときは、「君は、『自分を守らなければ』という思いが強すぎて、それが、人の話をまともに聞けない原因ではないのか」とヒントを与えて考えさせたり、あるいは、「まずは、人の話に口を挟まず、最後まで聞くことから始めてみたらどうだ」と助言したりします。

<職業補導>

　現在、少年院で実施している職業補導の主な種目は、溶接、木工、土木建築、建設機械運転、農業、園芸、事務、介護サービス等である。このうち、介護サービス（訪問介護員2級の資格取得の指導を行う。）は、平成5年から女子少年院で開始されたが、思いやりの心や豊かな情操のかん養という点でも意義があることから、現在は、男子少年院でも実施されている。

　男子では、「農業」以下5種目がいずれも10％台で並んでいるのに対し、女子では、「事務・ワープロ」が33.8％を占め、「園芸」以下3種目が約15％でこれに続いている。

　職業補導のうち、平成16年における院外委嘱職業補導（院外の事業所等に委嘱して行う職業補導をいう。）の実施人員及びその種目別内訳は、「老人福祉施設での介助」が58人と最も多く、次いで、「製造・加工」（42人）であった。

　平成16年の出院者のうち、在院中に、職業補導種目に関連して資格・免許を取得した者は37.2％、職業補導種目に関連なく資格・免許を取得した者は51.5％である。

<特別活動>

　少年院では、[1] 自主的活動、[2] 院外教育活動、[3] クラブ活動、[4] レクリエーション、[5] 行事といった特別活動が行われている。

　このうち、自主的活動として、ほとんどの少年院においては、在院者に日直、図書係、整備係、レクリエーション係等の役割を担当させ、自主性、協調性等をかん養しているほか、集会、ホームルーム、機関誌の作成等も行われている。

　院外教育活動は、社会奉仕活動、社会見学等が実施されている。

　社会奉仕活動としては、福祉施設でのボランティア活動や近隣の公園、公共施設等の清掃・美化活動等を実施している少年院が多い。平成16年においてこれらの活動に参加した在院者の人員は、「老人ホームでのボランティア活動」が1,544人と最も多く、次いで、「清掃・美化活動」（1,263人）、「障

害者施設でのボランティア活動」（569人）の順であった（法務省矯正局の資料による。）。

<面会・通信>

　面会・通信の相手方は、多くの場合、保護者等であり、非行に関係した仲間等は認められない。

　面会には、面会室で一定の時間実施される通常の面会のほかに、少年院の敷地内にある家庭寮（宿泊設備を備えた独立した建物）に在院者と保護者が宿泊し、教官を交えての三者面談等を実施するなどして、家庭内の問題や出院後の生活設計等について話し合う宿泊面会がある。宿泊面会は、一般的には、出院を間近に控えた時期に行われることが多い。

<処遇に対する民間の協力・援助>

　更生保護女性会員、BBS会員等は、定期的に各少年院を訪問し、誕生会、観桜会、成人式等の施設行事に参加したり、在院者と一緒になってゲームやスポーツを楽しんだり、在院者の意見発表会の審査員を務めるなど、様々な形で少年院の教育活動を支援しており、これらの人々との触れ合いは、在院者にとって、更生に向けた大きな励みとなっている。篤志面接委員による書道指導、更生保護女性会員の参加したひな祭り会などがある。

<少年院における処遇の課題とこれに対する取組>

　1　被害者の視点を取り入れた教育の充実・強化

　多くの少年院では、被害者の苦痛や心情に対する理解を深めさせるために従来から実施してきた様々な指導を一層強化するようになった。現在では、それら指導を「被害者の視点を取り入れた教育」として体系的に実施している。

　2　保護者への働き掛けの強化

　少年院では、在院者の入院直後の時期又は出院を間近に控えた時期に、保護者会を行っている。保護者会では、保護者に少年院に出向いてもらい、在院者に対して実施されている矯正教育の内容や施設内での生活の概況を説明するとともに、在院者、保護者及び教官の三者面談により、在院者の家族関係等の調整や出院後の進路等が話し合われる。保護者会に出席した家族は、「実際に少年院を見て、職員の説明を聞いて、これまで少年院に抱いていた暗いイメージがなくなった」という感想を抱くことが多い。少年院に対する

安心感と信頼感を保護者に持ってもらうことにより、少年院では、<u>保護者を矯正教育のパートナーとして位置付けて</u>、より強力に矯正教育を推進していくことが可能となる。

＜少年に対する保護観察処遇の実情と課題＞

　保護観察は、社会内の様々な要因や刺激の影響を受ける中で実施されるため、少年院における施設内処遇とは異なった側面を持っている。

　第一は、保護観察対象者（以下、本節において「対象者」という。）が、家族関係や交友関係の影響を強く受けやすいことである。<u>家族に支えられ、良い友人に恵まれれば、本人の改善更生・社会復帰に向けて大きな励みになるが</u>、家族との葛藤や、暴走族仲間、地域不良集団等との不良交友が、問題行動の再発につながることもある。少年の場合には、特に、この二つの関係が持つ意味合いは大きい。そこで、保護観察処遇においては、家族関係をどのように調整するか、保護者と協力して本人への指導を充実させることができるか、不良交友をいかにして絶たせるかといったことが常に重要な課題となる。

　第二は、対象者が種々の誘惑にさらされるということである。薬物や常習的な窃盗、無免許運転等の問題を抱える対象者は、欲すればシンナーや覚せい剤を入手したり、物を盗んだり、車を運転したりすることができる状況の中で生活しなければならない。そのため、これらの誘惑を克服させ、再非行を防ぐことが重要な課題であり、対象者の規範意識や社会への適応力を育てるための粘り強い取組が必要となる。

　第三は、就学・就労の問題である。通常、保護観察における指導・援助は、まず対象者の生活の安定を目指して行われる。そのために最も大切なことは、<u>就学・就労</u>である。就学については、中学校、高等学校等の学校との連携が、就労については、公共職業安定所や協力雇用主との連携が重要となるが、特に、就労に関しては、若者の雇用情勢の厳しさ等とあいまって、指導・援助の困難な事案が増加している。

　第四は、対象者の場所的移動が容易であるということである。特に、近年、交通手段や通信手段の飛躍的発展に伴い、対象者の交友範囲や行動範囲が拡大しており、その生活状況を適切に把握し、指導監督を実施していく上で、新たな難しさが生じている。

<薬物対象者>

　薬物対象者の類型認定率は、低下傾向にあるものの、依然としてその数は少なくない。薬物対象者の特徴としては、薬物をめぐる不良交友、家族との不和・葛藤、不規則・不摂生な生活等が挙げられている。また、薬物の再使用を防止する上で、保護者の果たす役割は大きい。保護者は、本人の薬物使用に苦しめられ、困り果てている場合が多い一方、その薬物使用を隠そうとしたり、本人から言われるままに金銭を与えるなど、不適切な対処により薬物使用を助長している場合もある。そのため、保護者の悩みや苦しみに耳を傾けながらも、本人に対する接し方を改善するよう助言を行うことが重要である。保護観察処遇においては、対象者本人だけでなく、その保護者も対象として、薬害に関するビデオの視聴、薬物依存に関する専門家の講話、感想文の作成等を内容とする講習会を実施したり、少年院を含む矯正施設に入所中の薬物対象者の保護者等を対象とする講習会や座談会を開催するなどして、保護者への働き掛けを行っている。

<社会参加活動の充実>

　保護観察処遇では、福祉施設における介護・奉仕活動、公園清掃等の環境美化活動、陶芸教室・料理教室等の体験学習、農作業、スポーツ活動、レクリエーション活動等に対象者を参加させ、対象者の社会性を育み、社会適応能力を向上させることに努めている。この社会参加活動は、当初、短期保護観察の実施方法の一つとして始められたが、その後、少年の対象者全般に広がっている。平成16年度における社会参加活動の活動内容は、「高齢者等に対する介護・奉仕活動への参加」が43.0％と最も多かった。社会参加活動に参加した対象者からは、「お年寄りから『ありがとう』と言われ、恥ずかしかったけど、うれしかった」、「人の役に立っている気がした」、「自分がこんなに農作業に熱中できるとは思わなかった」、「久しぶりに朝早く起きて、汗をかいて、気持ち良かった」などの声が聞かれ、この活動によって、対象者が自らの生活を見直し、他者への思いやりの気持ちを持ち、肯定的な自己イメージを抱くなどのきっかけをつかんでいることがうかがわれる。社会参加活動は、少年に多様な実体験を積ませることで、共感性を育み、社会適応能力を向上させる処遇方法の一つであるといえよう。

　保護観察所においては、保護司会、更生保護女性会、BBS会等更生保護

関係団体の協力を得ながら、活動先や活動内容の充実を目指している。
<就労指導・支援の充実>
　保護観察処遇において重要な位置を占めるのは、就労の指導・支援である。対象者は、就労によって、規則正しい生活を身に付け、経済的に安定し、社会的視野を広げ、自信が持てるようになる。保護司特別調査に先立つ面接調査（18都道府県の保護司82人に対するもの。平成16年2月～3月に実施。）において、対象者が更生したと思えるのはどんなときであるかを尋ねたところ、「仕事が続き、生活にリズムができてきたとき」、「職場に定着できたとき」など、就労の継続を更生の重要な目安とする意見が多かった。
<更生保護施設の処遇能力強化>
　少年専用の更生保護施設においては、付設の自動車整備工場における就労体験、親子関係改善のための親子キャンプの開催、パソコン教室の開催等、特色のある処遇を実施しているが、1施設当たり平均3.8人の常勤職員（平成17年4月1日現在。法務省保護局の資料による。）という体制で、処遇が難しい少年に対する指導・援助に当たっているのが現状である。
<まとめ>
　少年非行は、家庭、学校、地域社会等の問題が複雑に絡み合って生じている。自分の都合や願望ばかりを子供に押しつけようとする保護者、少年を利用し、犯罪に引き込もうとする大人が存在することも社会の現実である。非行少年の多くが学業の不振やいじめに遭うなどして学校生活から早期にドロップアウトし、地域社会にも溶け込めないまま、同じような境遇の仲間と結び付きを強めて非行に走っていることがうかがわれ、学校にも地域社会にも所属意識を持てないでいることの問題は大きいものと思われる。
　このように、少年非行が家庭、学校、地域社会等の在り方の問題の反映であることを、まず大人自身が直視し、反省しなければならない。それとともに、少年に社会の中で所属意識を持たせることによって、非行を食い止める手段を考えていかなければならない。少年非行の防止及び非行少年の更生は、もとより刑事司法の枠内での取組だけで全うできるものではない。非行少年は、刑事司法の中で更生の機会を与えられるが、これは更生への第一歩であり、いずれは、家庭や地域社会に戻り、自らの努力で非行から立ち直り、自立していかなければならない。過去の非行を反省し、地域社会の中に新しい

居場所を見いだして立ち直ろうとする少年を地域社会の中に積極的に受け入れていく必要がある。そして、少年に対して、地域の人々と共に生きていこうとする意欲を持たせ、それを持続させていくことは、大人たちの重要な役割であり、責任でもある。そのために、非行少年処遇の専門機関だけではなく、関係諸機関・団体が有機的に連携し、地域社会と協働して総合的な非行対策を推進する必要があるものと考える。

社会福祉士・精神保健福祉士　国家試験問題

　正解肢は原文のまま、不正解の肢は「誤」として、次に正しい記述を示している。
　(　)内の数字(例:5-143)は、社会福祉士国家試験第5回第143問。

第1章　社会福祉士と法

第1節　社会福祉士と法との関わり

1　社会法関係
＜社会福祉法人＞
①社会福祉協議会の第一種社会福祉事業を営むためには、社会福祉法人でなければならない。(10-130　正)
②社会福祉法人は、社会福祉事業法(現・「社会福祉法」)に規定するところに従って設立された特別法人である。(10-130　正)
③「理事長」だけが、すべて社会福祉法人の業務について社会福祉法人の代表権を持っている。(10-130　誤　「理事」)
④市町村は、地方自治法により、法人格が与えられている。(14-65　正)
⑤社団法人は、一定の目的のために結合した人の集団に、法律が権利能力を認めたものである。(14-65　正)
⑥特定非営利活動法人は、簡易・迅速な手続きにより設立される民法上の公益法人の一種である。(14-65　正)
⑦公益法人の理事が複数人いる場合、すべての理事が代表権を持っているのが原則である。(14-65　正)
⑧公益法人は、主務官庁の許可を得て設立されるから、営利法人のような法人登記は「必要がない」。(14-65　誤　「設立の時から一定期間内に登記をしなければならない」)
⑨社会福祉事業法を社会福祉法に改正して、利用者の立場に立った社会福祉制度の構築を目指すことになった。(15-61　正)
＜労働基準法＞
①労働基準法があるため、民法には雇用契約に関する条文は「存在しない」。(20-61　誤　「民法第623条に存する」)

②医療職や福祉職の被用者には、原則として労働基準法は「適用されない」。(20-61 誤 「適用される」)
③外国籍の労働者には、原則として労働基準法は「適用されない」。(20-61 誤 「適用される」)
④企業外での非行を理由とする懲戒解雇は、「法律上例外なく、禁止されている」。(20-61 誤 「犯罪性があれば懲戒解雇することができるなど例外が存する」)
⑤就業規則を変更するとき、使用者は労働組合等の意見を聴かなくてはならない。(20-61 正)

第2節　法学の基礎知識

1　法の体系

①長年の慣行は、慣習法となり人びとの生活を拘束し、裁判所もこれに「従わなければならない」。(3-142 誤 「従う必要がない」)
②条例とは、地方公共団体の議会が「法律の委任に基づいて」制定する法形式である。(3-142 誤 「法律の委任は不要である」)
③命令とは、行政機関が定立する法形式であり、執行命令と委任命令とが認められている。(3-142 正)
④法律は重要な法源であるが、行政庁が発する通達は法律を解釈するのに欠かすことができないから、「これまた法源に数えなければならない」。(3-142 誤 「行政内部にとどまるため、法源たりえない」)
⑤判例法とは、裁判所の判決のことであり、「下級裁判所の判決」も法源である。(3-142 誤 「最高裁判所の判決」)
⑥法は、原則として強制力を有しており、このようにして法的紛争の予防と解決に役立っているのである。(4-121 正)
⑦**法治主義**の意味として「政府の行為（行政）は、**法律の定めるところに従わなければならない**」は最もよく説明している。(4-141 改題 正)
⑧法は、行為規範であると同時に裁判規範であるといわれるが、さらに組織規範の側面も有する。(4-142 正)
⑨法は私法、公法又は社会法の三つに分けることができるが、商法は「私法」、税法は「公法」、経済法、労働法、社会保障法は「社会法」である。(5-141 改題 正)
⑩公法と私法という用語は、憲法、民法、刑法というような実定法規を指すものではなく、国家の法体系を分類する法理論上の用語である。(5-141 正)
⑪「自動車の通行を禁止する」という規定から、「人は通行してもよい」と解釈するのは、「文理解釈」である。(6-124 誤 「反対解釈」)
⑫強行法規とは、当事者の意思いかんにかかわらず適用される法のことをいう。(6-124 正)

⑬斡旋、和解、仲裁、調停は紛争を解決するための制度といえるが、催告はそのようにはいえない。(6-129　改題　正)
⑭法律万能主義というのは、どのような事柄でも法律で規律さえすれば解決できるという考え方をいう。(6-124　正)
⑮法が道徳のルールと違うのは、国家とその社会的な権力を背景にルールを維持し、物理的な強制力によって、それを実行しているという法の性格にある。(7-121　正)
⑯法は、常に、社会の変化に「先んじて」新しい法制度を整え、この法制度の力によって社会を変革させていくものである。(7-121　誤　「先んじてまでは法の任務を超える」)
⑰国の政治は、法律に従って行われなければならないという思想を**法治国家の思想**という。(7-121　正)
⑱**最高裁判所の判例**は、裁判所内部においても、さらに国民の立場からみても、法の安定性の維持という点で大きな役割を果たしている。(7-121　正)
⑲裁判官が裁判するにあたり基準とする「**法源**」は「**判例法**」「地方自治体の長が定める規則」「使用者が制定する就業規則」「社会福祉法人の定款」であり、「学説」ではない。(8-121　改題　正)
⑳私法の法源は、民法・商法など国が制定した法（制定法）を中心に、内閣や各省庁が制定する命令や地方公共団体の議会が制定する「**条例**」なども含まれる。そのほか、一定の取引実務の中で生まれ守られてきたルールや一定の地域で従来から認められているルールである「**慣習**」も、民事事件では一定の範囲で法源として認めらている。さらに、法令や「慣習」にも基準となるルールが見いだせない場合、民事事件では、裁判官はいわゆる「**条理**」に従って裁判することになる。(13-61　改題　正)

2　法の存在形式と効力

①刑罰法規には、原則として遡及効が「認められている」。(4-142　誤　「認められていない」)
②属人法主義とは、人の所在する場所のいかんを問わず、その人の属する種族、国籍などによって法を適用しようとする主義である。(4-142　正)
③法には段階があり、国内法では**憲法が最上位**にあり、それに次ぐものが法律である。政令、条例はその下位にある。下位法が上位法に反する場合は無効である。(4-142　正)
④**憲法は、法律に優る**。(5-142　正)
⑤法律は、政令に優る。(5-142　正)
⑥同じ国法形式の間では、後法が前法に優る。(5-142　正)
⑦同じ国法形式の間では、特別法が一般法に優る。(5-142　正)
⑧民法は、**満20年をもって成年**としている。(16-61　正)
⑨刑法は、**14歳に満たない者の行為は罰しない**としている。(16-61　正)

152

⑩老人福祉法は、福祉の措置の対象者を「**65歳以上に限定している**」。(16-61　誤　「65歳未満の者であって、特に必要があると認められる者も含む」)
⑪児童福祉法は、**満18歳に満たない者を児童としている**。(16-61　正)
⑫少年法は、**20歳**に満たない者を少年としている。(16-61　正)
⑬法律は、国会で制定され、内閣の助言と承認に基づいて天皇が公布する。(18-70　正)
⑭法律の公布は、慣例として官報によることとされている。(18-70　正)
⑮国民が、国会で成立した法律の適用を具体的に受けるようになるのは、「その法律が公布されたときである」。(18-70　誤　「天皇によって公布された後、その法律に定められた施行日から施行されたときである」)
⑯社会福祉施設の設置に関して、社会福祉法と老人福祉法の双方に規定が置かれている場合、一般法が特別法に優先するという原則から、一般法である社会福祉法の規定がまずは「適用される」。(18-70　誤　「適用されない」。特別法が一般法に優先するから)

＜刑罰＞
①過料は、刑罰の一つである科料と異なり、行政上の秩序罰である。(19-61　正)
②親族間の傷害罪は親告罪となり、被害者の告訴がなければ公訴を「提起できない」。(19-61　誤　「提起できる」。傷害罪は親告罪ではないから)
③簡易裁判所においても、刑事事件を扱う場合には「5年以上の懲役刑を科すことができる」。(19-61　誤　「簡易裁判所は罰金刑以下である」)
④少年の刑事事件において、死刑をもって処断すべきときは、「10年以上15年以下の有期の懲役刑」を科すことになる。(19-61　誤　「無期刑」)

第2章　憲法

第1節　総論

1　憲法の意義
①近代的意味の憲法とは、権力の保持者と被治者の間の統治に関する合意を文書化したもので、立憲主義に立脚している。(6-121　正)
②実質的意味の憲法とは、実質的に国家の根本的な法秩序を構成している法の総体をいう。(6-121　正)
③「権利の保障が確保されず、権利分立が定められていないすべての社会は憲法をもつものではない」という1789年のフランス人権宣言第16条は、憲法について最も的確な表現といわれる。(11-62　正)
④憲法が、主として、成文憲法主義をとるのは、**絶対主義の専制を打倒し、獲得した成果である基本法が将来も遵守され、尊重されることを求めるためである**。(11-62

正）

⑤近代市民社会は、個人の自由な経済活動をその根本とするから、国家の役割もこのような経済活動を保障することにある。従って、個人の経済活動が自由な競争において行われそのためのルール違反がないように国内の治安を維持すること及び外部からの敵の侵入を防ぐことが国家の任務とされる。このような国家観を**「夜警国家」**の思想という。

個人の自由な経済活動のためには、してよいこととしてよくないことが明確になっていて、もししてよくないことをすればどのような罰が科せられるかという、行為の結果が予測可能でなければならない、ここに**「法律なければ刑罰なし」**という原則が憲法や刑法に明記されるようになる。また、およそ国政一般についても同様で、政治が則って行われる法律を前もってできる限り細かく制定し、それによって政治が行われることが要請される。いわゆる「法治国家」の思想である。(11-61　改題　正）。

<ポイント>

日本国憲法 ─┬─ 形式的意味の憲法（憲法という名前で呼ばれる成文の法典）
　　　　　　└─ 実質的(近代的)意味の憲法(実質的に国家の基本秩序を構成する法)
　　　　　　　　　└→ 立憲的意味の憲法(自由主義という特定の価値観に基づいて
　　　　　　　　　　　定められた国家の基礎法、人権保障と権力分立を併せ持つ)

2　日本国憲法

①**条約は憲法に「優る」**。(5-142　誤　「優らない」。憲法は最高法規だから)
②欽定憲法とは、君主が制定した憲法である。(6-121　正)
③「協約憲法」とは、国民の間の合意によって制定された憲法である。(6-121　誤「民定憲法」)
④日本国民は主権者であるが、日本国憲法を確定したのは「国会」であるとしている。(8-122　誤　「日本国民」)
⑤日本国民は、**人類普遍の原理に反する一切の憲法、法令及び詔勅を排除する**としている。(8-122　正)

<三権分立>

①権力分立の原理は憲法の特徴の一つで、ロックやモンテスキューにより提唱されたが、制度的に権力分立の程度や形態は国によって様々である。(11-62　正)
②憲法の基本的人権の保障は、国家権力からの自由という考え方から、**基本的人権によって権力を限界づける**ところに主たる特徴がある。(11-62　正)
③立法権は国会に属し、国会は衆議院と参議院から成るが、衆議院は、参議院に比べ、より直接に国民を代表するとして、参議院より優越した地位にある。(11-64　正)
④日本国憲法は権力分立の原理を採用しているが、議院内閣制や違憲審査制などにみ

られるように三権が、その構成や権限において全く分離しているのではなく、相互に重複しながら牽制しあっている。(11-64　正)
⑤行政権は内閣に属するが、行政活動は極めて複雑多岐にわたるので、法律による行政の原理を認める「余地はない」。(11-64　誤　「余地はある」。課税や犯罪に対する罰則など)
⑥司法権は最高裁判所及び法律の定めるところにより設置する下級裁判所に属するが、その独立は、日本国憲法においても「認められない」。(11-64　誤　「認められる」。第76条第1項参照)

＜憲法全般＞
①通常の法律改正と同じ手続で改正できる憲法のことを軟性憲法という。(20-63　正)
②その国の政治形態が立憲主義と分類されるためには、「憲法が成文化されている必要がある」。(20-63　誤　「条文化・法典化された成文憲法だけではなく、条文化されていない不文憲法も存する」)
③大日本帝国憲法は、立憲主義の憲法ではあったが、国民主権、権力分立、基本的人権の保障などの原理に立脚していなかったため、外見的立憲主義と呼ばれる。(20-63　正)
④日本国憲法は、参政権として、公務員を選定し罷免する権利のほか、最高裁判所裁判官の任命に関する国民審査、地方特別法の制定に関する住民投票などを保障している。(20-63　正)
⑤法の支配の内容として重要なのは、憲法の最高法規性、個人の人権保障、法の適正手続、裁判所の役割の重視などである。(20-63　正)

第2節　日本国憲法の基本原理

1　国民主権
①**「公務員を選定し及びこれを罷免することは、国民固有の権利である」**という規定は日本国憲法の基本原理の一つである国民主権を表すものである。(3-149　改題　正)
②両議院の議員は、**国民の直接選挙**で選出される。(9-121　正)

＜国民の義務＞
①　日本国憲法が規定している国民の義務は**勤労の義務・納税の義務・教育の義務**である。(5-143　改題　正)
②　憲法上の義務の中で、憲法が義務の主体を国民と明記しているものは「**教育を受けさせる義務**（憲法第26条第2項）」、「**勤労の義務**（憲法第27条第1項）」、「**納税の義務**（憲法第30条）」であるが、そうではないもの（例えば、公務員を義務の主体と明記している場合など）は「憲法を尊重し擁護する義務（憲法第99条）」である。(18-63　改題　正)
＜教育の義務＞

①児童福祉法に基づき、児童福祉施設の長が親権を代行している場合は、施設長は学校教育法における保護者にあたる。(7-129　正)
②児童福祉法が規定する児童福祉施設に入所している児童には、学校教育を受ける権利が「すべて明文をもって保障されている」。(8-130　誤　「すべて明文で定められていない」)

2　平和主義
①日本国民は、政府の行為によって再び戦争の惨禍が起ることのないようにすることを決意したとしている。(8-122　正)
②日本国民は、平和を愛する諸国民の公正と信義に信頼して、日本国民の安全と生存を保持しようと決意したとしている。(8-122　正)

3　基本的人権の尊重
＜私人間効力＞
①最高裁判所は、個人の基本的な自由や平等の私人による侵害は、**民法第1条や第90条等の適切な運用で解決を図る**と解している。(14-63　正)
②人権規定の中には、その趣旨、目的、ないし法文から、私人間に直接適用されるものがある。(14-63　正)
③私人間に人権規定の直接規定を認めると、市民社会の原則である私的自治の原則が広く害され、私人間の行為が憲法によって大幅に規律されるという問題が起きる。(14-63　正)
④いわゆる**間接適用説**とは、大企業等大きな権力を持つ私的団体による人権侵害を、「間接的に国家による人権侵害とみなして」憲法の適用を認める考え方である。(14-63　誤　「間接的に人権侵害の実現を図るとみなして」)

＜新しい人権＞
①プライバシーの権利などの新しい人権は、憲法上の明文の規定がないので「一切認められない」。(12-62　誤　「認められている」)
②日本国憲法の人権規定は、すべての人権を網羅的に掲げているので、そこに掲げられていない「新しい人権」なるものは考えることは「できない」。(14-64　誤　「できる」。プライバシー権・環境権など)
③プライバシーの権利とは、私生活に関して誰からも干渉されず「ほっておかれる権利」や、「自己の情報を管理する権利」のことである。(18-62　正)
④プライバシーの権利は、我が国の憲法上、明文の規定はないが、最高裁判所判決によって憲法上の権利と同じ内容の法益が認められた。(18-62　正)
⑤「宴のあと」事件で東京地方裁判所は、プライバシーの権利は認めたが、その権利侵害について不法行為は「成立しない」と判示した。(18-62　誤　「成立する」)

⑥プライバシーの権利は、自然法思想や夜警国家観に起源を「もつ」、「古典的」な基本的人権の一つである。(18-62　誤　「もたない」「古典的ではない新しい人権である」)
⑦憲法第13条に基づく個人の私生活上の自由の一つとして、何人もみだりに指紋の押なつを強制されない自由を有する。(19-62　正)
⑧宗教上の信念に基づき、自分自身への輸血を伴う医療行為を拒否する意思決定をする権利は、人格権の一内容として尊重される。(19-62　正)
⑨相続財産について、非嫡出子に嫡出子の2分の1の法定相続分しか認めない民法の規定は、「法の下の平等の原則（憲法第14条）に反する」。(19-62　誤　判例は「法の下の平等に反しない」)
⑩警察官が正当な理由もないのに、みだりに個人の容貌等を撮影することは、憲法第13条の趣旨に反し許されない。(19-62　正)
⑪人は、自己の容貌等撮影された「写真」をみだりに公表されない人格的利益を有する。(20-64　正)
⑫人は、自己の容貌等を描写したイラスト画については、これをみだりに公表されない人格的利益を「有するとはいえない」。(20-64　誤　「有する場合がある」)
⑬報道の自由とともに、報道のための取材の自由も、憲法第21条の精神に照らし、十分尊重に値する。(20-64　正)
⑭取材源の秘匿は、取材の自由を確保するために必要とまではいえず、重要な「社会的価値を有するとはいえない」。(20-64　誤　「社会的価値が存する」)

＜法の下の平等＞
①憲法第14条に掲げられている人種、信条、性別、社会的身分又は門地という事由による差別「だけ」を禁止する。(11-63　誤　「差別事由以外も禁止される場合がある」。本文の差別事由はあくまでも例示規定だから)
②法的な取扱いにおける差別を禁止するが、合理的理由があれば一定の差別を許容する。(11-63　正)
③婚姻や夫婦のような私的な関係にはかかわらないので、憲法にもこれらの関係につき平等の「規定はない」。(11-63　誤　「憲法第24条の、両性の本質的平等の規定がある」)
④選挙権及び被選挙権については、憲法第14条に規定する人種などに加えて教育、財産又は収入という事由による差別をも明示で禁止する。(11-63　正)
⑤選挙権の平等は一人一票であって、各選挙人の投票価値の平等は、憲法の「要求するところではない」。(12-62　誤　**「要求するところである」**)
⑥複数の社会保障給付が同一人に併給されるのを禁止または制限する「併給調整」の規定は、「合理的理由のない不当な差別であり許されない」。(19-63　誤　「許される」)
⑦女性に対して婚姻の解消後6か月間、法律によって再婚を禁止することは、女性についてのみ「不合理な差別を強いるものであり許されない」。(19-63　誤　「許される」)

⑧憲法の人権規定は、私人間にも直接適用されるので、企業が労働者の雇入れをその思想や信条を理由に拒否することは、「当然に違法となり許されない」。(19-63　誤「許される」)
⑨衆議院議員選挙における議員定数の配分において、一票当たりの「投票価値の平等」を考慮しないことは、選挙権の平等に反しており許されない。(19-63　正)
＜人身の自由＞
①だれでも犯罪による処罰の場合を除いては、その意に反する苦役に服させられない。(6-122　正)
②だれでも正当な理由がなければ拘禁されない。(6-122　正)
③現行犯の場合でも「令状によらなければ」逮捕されない。(6-122　誤　「緊急性・相当性があれば無令状でも現行犯逮捕可能」)
④刑事被告人は、公平な裁判所の迅速な公開裁判を受けることができる。(6-122　正)
⑤刑事被告人は、資格を有する弁護人を依頼することができる。(6-122　正)
＜信教の自由＞
①いかなる宗教団体も、国から特権を受けない。ただし、宗教団体すべてが他の団体と異なる特権を受けることは「禁止されない」。(12-63　誤　「原則的に禁止されている」)
②地鎮祭は「世俗的なものではなく」、宗教活動とされ、それへの公金の支出は、最高裁判所により「違憲とされた」。(12-63　誤　「世俗的で、合憲とされた」)
③国及びその機関は、宗教教育その他いかなる宗教的活動もしてはならない。(12-63　正)
④県知事らによる、靖国神社への玉串料としての公金支出は、最高裁判所による違憲とされた。(12-63　正)
⑤日本国憲法が保障する信教の自由のうち、宗教的行為の自由は、公共の安全、公の秩序等の見地からの制約に服するが、信仰の自由は**絶対不可侵**である。(14-64　正)
⑥明治憲法(大日本帝国憲法)にも「信教の自由」についての規定があり、日本国憲法と「内容・原理については同一」であった。(17-63　誤　「明治憲法の信教の自由は法律によらなくても制限することができた」)
⑦日本国憲法は、いかなる宗教団体も政治上の権力を行使してはならないとしている。(17-63　正)
⑧日本国憲法は、何人も、宗教上の行為、祝典、儀式又は行事に参加することを強制されないとしている。(17-63　正)
⑨日本国憲法は、国及びその機関は、「公共の福祉に反しない限り、宗教的活動を行い得る」としている。(17-63　誤　「政教分離の原則より国及びその機関の宗教的活動は禁止されている」)
＜表現の自由と公共の福祉＞

①社会の秩序が維持されることも、個人の基本的人権が尊重されることも、それ自体、公共の福祉の内容をなすものであるといってよい。(7-122　正)
②表現の自由が**公共の福祉に反してはならない**ものであることは、日本国憲法の基本的な考え方である。(7-122　正)
③基本的人権の保障に関する憲法の考え方は、**公共の福祉という基本的原則に反する**場合には、生命に関する国民の権利が、立法上制限ないし剥奪されることも**当然に予想している**。(7-122　正)
④表現の自由は、民主主義社会において最も重要な権利なので、「**いかなる制約も許されない**」。(12-62　誤「公共の福祉という制限がある」。例えばプライバシー権の観点から)
⑤財産権は、憲法で「侵してはならない」とされているので、「**いかなる規制も許されない**」。(12-62　誤「公共の福祉により規制が許される場合がある」)
⑥人権は、**絶対無制約**であり、公権力がこれを侵すことは、「全く許されない」。(13-63　誤「許される場合がある」)
⑦表現の自由を規定する日本国憲法第21条第1項には、その制約を認める「**文言がないので、表現の自由に対する制約は認められない**」。(14-64　誤「公共の福祉という文言があり、制限される場合がある」)

<人権の分類>
①「何人も、公共の福祉に反しない限り、居住及び移転の自由を有する。」という規定は**自由権**に分類される。(4-148　改題　正)
②「華族その他の貴族の制度は、これを認めない。」「婚姻は、両性の合意のみに基づいて成立し、夫婦が同等の権利を有することを基本として、相互の協力により、維持されなければならない。」「両議院の議員及びその選挙人の資格は、人種、信条、性別、社会的身分、門地、教育、財産又は収入によってこれを差別してはならない。」「栄誉、勲章その他の栄典の授与は、いかなる特権も伴わない。」のいずれの規定は**平等権**に属する。(4-148　改題　正)
③憲法第25条の**生存権**の規定は、一般に、「**自由権**」の規定として理解すべきものとされている。(7-122　誤「社会権」)
④日本国憲法第26条が規定する**教育を受ける権利は社会権**としての性格を有している。(8-130　正)
⑤日本国憲法における基本的人権は、自由権・社会権・参政権に分類されるが、**社会権として重要な意味をもつものとして生存権**がある。(9-123　改題　正)
⑥裁判所が、裁判官の全員一致で、公の秩序又は善良な風俗を害するおそれがあると判断したときは、裁判を非公開で行うことができる旨の規定は第3章の人権保障規定に該当しない。(10-122　改題　正)
⑦基本的人権分類として、営業の自由等の経済的自由権、選挙権・被選挙権に代表さ

れる参政権、**労働基本権等の社会権**がある。(13-62　改題　正)
⑧生存権は、「レッセ・フェール（自由放任）の原理を貫徹するもの」である。(15-65　誤　「国家による積極的な保障を必要とする社会権」)
⑨日本国憲法が禁止している事項のうち、「検閲の禁止（憲法第21条第2項）」「拷問及び残虐な刑罰の禁止（憲法第36条）」「不利益な供述の強要禁止（憲法第38条第1項）」「二重処罰の禁止（憲法39条）」は自由権の保障に分類されるが、「児童酷使の禁止（憲法第27条第3項）」は社会権的基本権に分類される。(16-62　改題　正)

<ポイント>
　　　社会権　──→　生存権（25条）・教育を受ける権利（26条）・勤労の権利（27条）
　　　　　　　　　勤労者の団結権・団体交渉権・団体行動権（28条）

<社会権　その1>
①生存権は、ドイツの**ワイマール憲法**に世界で初めて規定された。(6-123　正)
②生存権は、現在では世界の「すべての国の憲法に規定されている」。(6-123　誤　「アメリカ憲法にはない」)
③**朝日訴訟**裁判所の判決は、憲法第25条の生存権に関し司法審査の余地を認めた。(6-123　正)
④生活保護法は、生存権を保障する法律である。(6-123　正)
⑤社会権は、人間に値する生活を営むために、国家に対し、**積極的に一定の施策を要求する**権利である。(7-122　正)
⑥旧生活保護法では、扶養義務者に扶養能力があるときは、それだけの理由で保護をうけることができなかったが、現行の生活保護法では、現に扶養している者がいなければ国に対して保護を請求できる。(7-130　正)
⑦憲法第25条の規定は、国権の作用に対して、一定の目的を設定しその実現のための積極的な発動を期待するという性質のものである。しかも、右規定にいう「**健康で文化的な最低限度の生活**」なるものは、きわめて**抽象的・相対的**な概念であって、その具体的内容は、その時々における文化の発達の程度、経済的・社会的条件、一般的な国民生活の状況等と相関関係において判断決定されるべきものであるとともに、右規定を現実の立法として具体化するにあたっては、**国の財政状況**を無視することができず、また、多方面に渡る複雑多様な、しかも**高度の専門技術的**な考察とそれに基づいた政策判断を必要とするものである（堀木訴訟最高裁判決）。(9-122　改題　正)
⑧憲法第25条第1項の規定は、すべて、国民が**健康で文化的な最低限度の生活**を営めるように国政を運営すべきことを国の責務として宣言したにとどまり、直接個々の国民に対して**具体的権利**を付与したものではない。**具体的権利**としては、憲法の規定の趣旨を実現するために制定された**個別の社会福祉立法**によって、はじめて与えられているというべきである。(10-121　改題　正)

⑨20世紀的な権利といわれる生存権においては、国民が健康的で文化的な最低限度の生活を営む権利をもつ。(12-62　正)
⑩日本国憲法第25条は、**ワイマール憲法**の影響を受けている。(15-65　正)
⑪「**朝日訴訟**」は、「最低賃金の水準に関する訴訟」である。(15-65　誤　「生活扶助費の支給額が、生活保護法で保障する『健康で文化的な生活水準』を維持するに足りるかどうかが争われた事案」)
⑫**プログラム規定説**によれば、日本国憲法第25条は、国家の政治的道義的責任を宣言したものにとどまる。(15-65　正)
⑬社会権は、「社会主義革命の結果成立したソビエト社会主義共和国連邦の憲法」に初めて規定された。(18-61　誤　「**ワイマール憲法**」)
⑭「堀木訴訟」で最高裁判所は、憲法第25条の具体化に関しては立法府の広い裁量に委ねられると判示した。(18-61　正)
⑮「朝日訴訟」で最高裁判所は、憲法第25条が私人間に「直接適用」されることを判示した。(18-61　誤　判例は「**間接適用**」)
⑯憲法第28条に規定する労働三権とは、団結権、団体交渉権、「就労請求権」である。(18-61　誤　「**団体行動権（争議権）**」)
⑰公務員の労働基本権制約は、最高裁判所によって全農林警職法事件判決以来「違憲」とする判決が続いている。(18-61　誤　「**合憲**」)

＜社会権　その2＞
①生存権に関する日本国憲法の規定は、「大日本帝国憲法の社会権規定」を受け継いだものである。(20-62　誤　「**1919年のワイマール憲法**」)
②最高裁判所判例は、日本国憲法第25条の趣旨に応えて行政がいかなる措置を講ずるかはその裁量に委ねられており、「著しい濫用や逸脱があっても司法審査の対象とはならないとする」。(20-62　誤　「著しい濫用や逸脱があれば司法審査の対象となる」)
③最高裁判所判例は、労働基本権の保障は公務員にも及ぶとしつつ、一定の制約を加えることについては日本国憲法に違反しないとする。(20-62　正)
④日本国憲法は国民の勤労の権利について規定している。しかし、勤労の義務については、「人権保障とは関係がないので規定していない」。(20-62　誤　「人権保障と関係があり、規定している」)
⑤争議権は日本国憲法で保障された権利であることから、争議行為時における暴力の行使や他人の身体への加害は、労働組合の正当な行為として免責される。(20-62　誤　暴力行使は免責されない)

＜勤労の権利＞
①賃金、就業時間、休息その他勤労条件に関して定められた法律に違反した労働契約は、無効である。(5-144　正)

②国民は、勤労の権利を保障されているため、国に対して職を確保することを請求することが「できる」。(5-144　誤　「できない」)
③勤労者は、団結権が保障されているため、労働組合を結成することができる。(5-144　正)
④労働組合は、経営者側と交渉したり、ストライキを行うことができる。(5-144　正)
⑤公務員は、勤労権の一部について制限されているが、これは全体の奉仕者としての地位に基づくものとされている。(5-144　正)

＜社会保障制度＞
①最高裁判所の判例によれば、生活保護の受給権は、医療扶助はもちろん、金銭給付を内容とする生活扶助の場合でも、相続の対象と**なりえない**。(12-69　正)
②国民年金や厚生年金の受給権は、自分を介護してくれる家族への報酬とするためなど、生活上の正当な目的があれば、年金の受給権を「譲渡することができる」。(12-69　誤　「一身専属的な権利であるため譲渡することができない」)
③児童扶養手当の受給者は、その者が監護し、または養育している児童のためであっても、手当の受給権を担保にして、金銭を借りることはできない。(12-69　正)
④老齢基礎年金の受給者が死亡した場合に、未支給の年金がある場合でも、受給者の相続人が、その未支給年金を請求する権利**相続することはない**。(12-69　正)
⑤一般に、社会保障給付の支給額を標準として課税することはできないが、老齢基礎年金や老齢厚生年金は、所得税が課せられる課税所得である。(12-69　正)

＜外国人の人権＞
①生活保護法は原則として外国人には適用されない。(6-130　改題　正)
②「国家健康保険法」「国民年金法」「児童手当法」「老人福祉法」は、原則として、外国人には適用されるが、「生活保護法」は原則として、外国人には適用されない。(6-130　改題　正)
③人権規定は、法人にも、**権利の性質上可能な限り**で、その適用が及ぶ。(13-63　正)
④人権規定は、外国人にも、**権利の性質上可能な範囲**で、その適用が及ぶ。(13-63　正)
⑤最高裁判所は、地方選挙について外国人が選挙権を認められないことは憲法に反するものではないとしている。(15-66　正)

＜人権総合＞
①憲法は、児童の酷使を禁止している。(7-129　正)
②日本国憲法第26条は、義務教育を無償とすると定めている。(8-130　正)
③人権は、憲法や天皇から恩恵として与えられたものではなく、**人間であることによって当然に有する**ものである。(13-63　正)
④日本国憲法が国民に保障する基本的人権は、**侵すことのできない永久**の権利である。(14-64　正)
⑤公職選挙法上、「破産宣告を受けた者」は選挙権を有するが、「未成年者」「成年被

後見人」「禁錮以上の刑に処せられその執行を終わるまでの者」については、選挙権を有しない。(17-61 改題 正)

<少年の刑事手続き>
①非行少年の刑事処分に関しては、家庭裁判所が審判の結果、刑事処分相当として**検察官送致したものに限って検察官による起訴がみとめられている。**(10-128 正)
②家庭裁判所は、審判に付された少年について、児童福祉法上の施設である養護施設の入所を決定し、児童相談所長に送致することができる。(10-128 正)
③刑法は、14歳未満の少年が刑罰法令に触れる行為をしても罰しないことにしている。(10-128 正)
④家庭裁判所は、「いつでも」、14歳未満の刑罰法令に触れる行為をした少年を審判に付することができる。(10-128 誤 「触法少年について、知事又は児童相談所長から送致を受けたときに限り」)
⑤家庭裁判所の審判に付された少年及びその保護者は、付添人を選任できる。(10-128 正)
⑥少年法の改正によって、14歳以上16歳未満の少年も、**検察官への送致（いわゆる逆送）**によって、刑事裁判で処罰することができるようになった。(15-61 正)
⑦保護事件として審判に付すべき少年は、「犯罪少年」「触法少年」「虞犯少年」の3者であるが、このうち触法少年とは「**14歳に満たないで刑罰法令に触れる行為をした少年」**のことをいう。(15-70 正)
⑧保護司とは、更生保護に関する専門的知識に基づき、保護観察、人格考査その他犯罪者の更生保護及び犯罪の予防に関する事務に従事する「保護観察所の専任職員」のことである。(15-70 誤 「民間の篤志家」)

第3節　統治の機構及び作用

1　国会

<憲法改正>
①**硬性憲法**とは、通常の法律の制定改正よりは**厳格な手続きを要する**憲法である。(6-121 正)
②憲法は、その改正手続の相違により**軟性憲法と硬性憲法**とに分けられるが、日本国憲法は、**後者**に属する。(8-123 正)
③憲法改正の発議権は、「国会と内閣の双方」が有している。(8-123 誤 「国会のみ」)
④憲法改正により、議院内閣制を改めて大統領制や首長公選制にすることができる。(8-123 正)
⑤憲法改正については、特別の国民投票又は国会の定める選挙の際行われる投票において、国民の過半数の賛成を必要とする。(8-123 正)
⑥参議院の緊急集会で憲法改正の発議をすることはできない。(8-123 正)

⑦憲法改正は、**各議院の総議員の3分の2以上の賛成で議決された後、国民投票に付**される。(9-121　正)
⑧憲法の改正手続と関連して、一般に、憲法には硬性憲法主義と軟性憲法主義の二つが認められるが、今日における憲法は、時代の変化にすばやく対応するために、「**軟性**」憲法主義をその主たる特徴とする。(11-62　誤　「硬性」)
⑨憲法の改正案は、**国会が審議し、国民に提案しその承認**を経なければならない。(12-64　正)

＜国会の権能＞
①両議院の議員は、国会の直接選挙で選出される。(9-121　正)
②条約の締結には、国会の承認が必要であるが、衆議院と参議院の間で異なる議決がなされたとき、「国民投票に付される」。(9-121　誤　「両議院協議会を開いても意見が一致しないときは衆議院の議決が国会の議決となる」)
③国会は、罷免の訴追を受けた裁判官を裁判するため、**弾劾裁判所を設ける**。(12-64　正)
④法律案は、憲法に特別の定めのある場合を除いては、両議院で可決したとき法律となる。(12-64　正)
⑤内閣が締結する条約についてはその締結前に国会の承認を「常に」経なければならない。(12-64　誤　「事前に、場合によっては事後に」)
⑥内閣が作成・提出した毎会計年度の予算について国会は審議・議決しなければならない。(12-64　正)
⑦予算について参議院が衆議院と異なった議決を行った場合、両議院の協議会を開いても意見が一致しないときは、衆議院の議決を国会の議決とする。(19-64　正)
⑧「公の支配に属するか否かを問わず」、慈善博愛の事業に対して、公金その他の公の財産を支出し又はその利用に供することはできない。(19-64　誤　「公の支配に属する場合」)
⑨法律の根拠に基づかない通達によって、新たに租税を課し、又は現行の租税を変更することは認められない。(19-63　正)
⑩地方税は租税法律主義の「対象外」のため、国民健康保険税（国保税）に関する「条例が定められていなくても、市町村長は国税を賦課徴収することができる」。(19-63　誤　「対象外ではない」「賦課徴収する場合には、条例の制定が必要である」)

2　内閣
①政令には、特に法律の委任がある場合を除いて、罰則を設けることができない。(6-125　正)

3 裁判所

<裁判所の権能 その1>

①個々の具体的な裁判については、国会といえども、その権能の範囲を越えて裁判に影響を与えることは好ましくない。(3-150　正)

②行政機関は裁判官の懲戒処分を行うことが「できる」。(3-150　誤「できない」。司法権の独立のため)

③裁判官は良心に従い独立して職権を行うこととされているからといって、自己の主観的信念に基づいて裁判をすることは許されない。(3-150　正)

④裁判官は、裁判により、心身の故障のために職務を執ることができないと決定された場合を除いては、**公の弾劾によらなければ**罷免されない。(3-150　正)

⑤裁判官は定期に相当額の報酬を受け、**在任中は減額**されない。(3-150　正)

⑥簡易裁判所は、民事に関する調停事件以外の事件を扱うことが「できない」。(5-147　誤「できる」。民事調停など、扱うことができる)

⑦家庭裁判所は、家庭に関する調停事件以外の事件を扱うことが「できない」。(5-147　誤「できる」。少年法で定める少年の保護事件など他の法律で特に定めた事案を扱うことができる)

⑧地方裁判所は、調停事件を扱うことが「できない」。(5-147　誤「できる」。民事調停など、扱うことができる)

⑨高等裁判所は、第一審となる裁判事件をも扱う。(5-147　正)

⑩最高裁判所は、憲法に適合するかどうかの判断をするときは、「常に」大法廷で裁判をしなければならない。(5-147　誤「大法廷は憲法判断の場合があれば開かれる」)

⑪統治行為とは、高度の政治性を有するため司法審査の対象とならない国家行為をいう。(6-125　正)

⑫憲法第67条第1項の規定に基づいて国会が内閣総理大臣を指名する行為の適否については、裁判所は審査できない。(6-125　正)

⑬裁判官は、裁判をとおして、法を解釈し、かつ法を事件に適用することにより、法を創造するといわれている。(7-121　正)

⑭憲法は、特別裁判所の設置を禁止しているが、その目的は、司法権を通常裁判所に統一することを徹底させ、国民が公平な裁判を受けることを保障することにある。(7-123　正)

⑮最高裁判所及び下級裁判所の裁判官の報酬は、**その在任中、減額**されることはない。(7-123　正)

⑯最高裁判所は、下級裁判所の裁判官の名簿を作成し、「内閣の承認を得てこれを任命する」。(7-123　誤「内閣が任命する」)

⑰憲法が保障している**違憲立法審査権**は、最高裁判所のみならず、**下級裁判所も有する**。(7-123　正)

⑱我が国の違憲立法審査制は、具体的訴訟事件の解決を目的とする裁判所が、**具体的事件を通じて**、そこで問題となっている法令の合憲性について審査するというものである。(7-123　正)
⑲最高裁判所の裁判官の任命は、国民審査に付される。(9-121　正)
⑳裁判所がある法律を違憲と判断した場合、国会は、その法律を廃止することが憲法上「義務付けられている」。(14-62　誤　「義務付けられていない」。三権分立のため)
＜裁判所の権能　その２＞
①我が国は、通常の裁判所が、**具体的な訴訟事件を裁判する際に**、違憲審査を行う方式を採用している。(14-62　正)
②違憲審査の対象となるのは、一切の法律、命令、規則又は処分である。(14-62　正)
③**下級裁判所**も、司法権の行使に付随して**違憲審査権を行使できる**。(14-62　正)
④家庭裁判所は、第二次世界大戦後間もなく、少年事件と家事事件を扱う独立の裁判所を設けるという趣旨から設置されたものである。(15-70　正)
⑤すべての司法権は裁判所に属するとされているが（憲法第76条第１項）、司法権に幾つかの限界がある。第一は条約などに基づく外交使節の「治外法権」など、国際法上の司法権の限界である。第二は国会の各議員が行う議員の「資格争訟」の裁判（憲法第55条）、訴追された裁判官に対する国会の「分限裁判」による裁判（憲法第64条第１項）など、憲法上の規定による司法権の限界である。(17-64　改題　正)

4　財政
①あらたに租税を課するには、「国会の議決又は国会の議決の定める条件」によることを必要とする。(13-64　誤　「法律または法律の定める条件」)
②国費を支出し、又は国が債務を負担するには、「法律」に基づくことを必要とする。(13-64　誤　「国会の議決」)
③日本国憲法の財政状況に関して、国費を支出し、又は国が債務を負担するには、国会の議決に基づくことを必要とする。(17-62　正)
④日本国憲法の財政状況に関して、現行の租税を変更するには、「法律又は法律の定める条件によることは必要ではない」。(17-62　誤　「法律又は法律の定める条件が必要である」)
⑤日本国憲法の財政状況に関して、すべての予備費の支出については、内閣は、事後に国会の承諾を得なければならない。(17-62　正)
⑥日本国憲法の財政状況に関して、すべての皇室の費用は、予算に計上して国会の議決を得なければならない。(17-62　正)
＜公の支配＞
①日本国憲法第89条では、慈善・博愛の事業に公金の支出を禁止しているが、この規定は、慈善・博愛の事業に対する公的助成が、その自主性を損なうようになるのを

防ぐためのものである。(4-149　正)
②日本国憲法第89条では、慈善・博愛の事業に公金の支出を禁止しているが、**公の支配の属しない慈善・博愛の団体に対し、補助金を支出してはならない**。(4-149　正)
③日本国憲法第89条では、慈善・博愛の事業に公金の支出を禁止しているが、**社会福祉法人に対しては、国有財産を無償で貸し付けることができる**。(4-149　正)
④日本国憲法第89条では、慈善・博愛の事業に公金の支出を禁止しているが、慈善・博愛の団体に対し、**社会福祉事業を「委託してはならない」**。(4-149　誤　「委託することができる」)
⑤日本国憲法第89条では、慈善・博愛の事業に公金の支出を禁止しているが、社会福祉事業を経営する者は、不当に国及び地方公共団体の財政的援助を仰いではならない。(4-149　正)
⑥国は、「**社会福祉法人への公金助成は、慈善・博愛の事業に対する公の財産の支出又は利用を制限している憲法第89条の規定に違反しない**」と解している。(10-130　正)

＜民間社会福祉事業の財源＞
①法令に違反しない限り、誰でも自由にボランティア活動をすることができる。(3-143　正)
②社会福祉事業を営む者は、その事業の経営資金に充てるため、「自由に寄付金を募集することができる」。(3-143　誤　「許可を受けた者についてのみ寄付金募集が認められる」)
③地方公共団体は、民間の業者に移動入浴車による入浴サービス等を**委託することができる**。(3-143　正)
④地方公共団体は、**社会福祉法人に対し施設の建設費を補助することができる**。(3-143　正)
⑤社会福祉事業に対し寄付金を支出した場合、**税控除の対象になることがある**。(3-143　正)

5　地方自治
①地方公共団体の議会は地方公共団体の「最高機関」として、長その他の執行機関の職務の遂行を監督する。(3-148　誤　「議会は国会と異なり優越的な地位まで与えられていない」)
②地方公共団体の議会と長との関係は大統領型であるから、議会は長の不信任を議決して長を失職させることが「できない」。(3-148　誤　「できる」)
③地方公共団体の議会は立法機関として条例を制定する。条例は議員が提案するものであって、**長は条例を提案することが「できない」**。(3-148　誤　「できる」)
④議会が予算を議決しないときは、長は自分の責任で予算を作り、必要な経費を支出

することができる。(3-148　正)
⑤長は条例が違法であると考える場合でも、議会が議決した以上は、その条例を「執行しなければならない」。(3-148　誤　「再議に付さなければならない」)
⑥地方公共団体は、その財産を管理し、事務を処理し、及び行政を執行する権能を有する。(4-150　正)
⑦一つの公共団体のみに適用される特別法は、その住民の投票において過半数の同意を得なければ制定することができない。(4-150　正)
⑧地方公共団体は、法律の範囲内で条例を制定することができる。(4-150　正)
⑨地方公共団体の組織及び運営に関する事項は、法律で定められる。(4-150　正)
⑩地方公共団体の長の選挙については、「間接」選挙によることができる。(4-150　誤　「直接」)
⑪**地方公共団体の長**、その議会の議員及び法律の定めるその他の吏員は、その地方公共団体の住民の**直接選挙**で選出される。(9-121　正)
⑫日本国憲法第92条の「地方自治の本旨」とは、一般に住民自治と団体自治を指す。(15-66　正)
⑬法律の根拠があれば、条例により地方税を課すことができる。(15-66　正)
⑭公害規制の分野では、地方公共団体が住民の健康・生命を保護するため、地域の実情に応じて、いわゆる「上乗せ」条例を定めることも認められている。(15-66　正)
⑮地方自治法上、**条例制定権**は、地方公共団体の議会及び「**地方公共団体の長に認められている**」。(15-66　誤　「長には議案提出権は有するが条例制定権までは認められていない」)

第3章　民法

第1節　総則

1　自然人と法人
①普通失踪の期間は**7年**である。(6-128　正)
②権利能力は、出生の時から取得する。(10-123　正)
③自分が養子となる養子縁組を自分で締結できる年齢は「**20歳**」以上である。(10-123　誤　「15歳」)
④未成年者が法定代理人の同意を得ずに行った売買契約は、取消し得る。(10-123　正)
⑤認知は、未成年者であってもできる。(10-123　正)
⑥胎児も生きて生まれてくることを条件にして、**相続し得る**。(10-123　正)
⑦理事会が、社会福祉法人の目的に反することを議決しても、その有効性が問題となる。(10-130　正)

⑧社団法人は、一定の目的のために結合した人の集団に、法律が権利能力を認めたものである。(14-65　正)

2　法律行為
①「斡旋、和解、仲裁、調停」は紛争を解決するための手段といえるが、「催告」はいえない。(6-129　改題　正)

3　代理
①未成年後見人の職務権限の内容は、親権者のそれと同一である。(9-129　正)
②未成年後見人は、被後見人の利益に相反する行為をすることができない。(9-129　正)
③未成年者が法定代理人の同意を得ずに行なった売買契約は、**取り消し得る**。(10-123　正)
④代理は法定代理と任意代理がある。(11-65　正)
⑤代理人が、双方の代理人として売買契約を成立させることは、原則として「認められている」。(11-65　誤「認められていない」)
⑥代理人は**本人が死亡した場合**に消滅する。(11-65　正)
⑦無権代理人であっても、本人が追認すれば有効な代理行為となる。(11-65　正)
⑧表見代理の制度は、取引の相手方の保護を図ることに資している。(11-65　正)
⑨民法上の代理権の消滅事由として、「本人が死亡したとき」「代理人が死亡したとき」「委任が終了したとき」「代理人が後見開始の審判を受けたとき」が挙げられるが、「本人が後見開始の審判を受けたとき」は消滅事由にはならない。(15-62　改題　正)
＜代理権の消滅事由のポイント＞

	本人（委任者）	代理人（受任者）
任意代理	①　死亡 ②　破産	①死亡 ②成年被後見人の審判を受けた時 ③破産 ④委任などの内部関係の消滅
法定代理	①　死亡	①死亡 ②成年被後見人の審判を受けた時 ③破産

4　時効
①債権の消滅時効は「5年」である。(6-128　誤「10年」)
②時効の利益は、あらかじめ放棄することができないが、時効完成後の放棄は認めら

れる。(12-66　正)

＜相隣関係＞
①民法には、日照権を定めた明文規定がない。(19-65　正)
②隣地の騒音につき、それが社会生活上許される程度のものならば、受忍しなければならない。(19-65　正)
③隣地を観望できる窓があるからといって、常に目隠しをしなければならないわけではない。(19-65　正)
④土地所有者は、隣地の木の枝が境界線を越えて伸びてきた場合、その枝を「自ら切り取ることができる」。(19-65　誤　「隣地者に切除を求める必要がある」)
⑤土地所有者は、境界付近の建物を修繕するために必要ならば、隣地の使用を請求することができる。(19-65　正)

第2節　物権

1　各種の物権
①根抵当・連帯債務・質権・先取特権は保証制度と関係あるが、危険負担は関係ない。(3-144　改題　正)
②建物の短期賃貸借の期間は3年である。(6-128　正)
③担保制度に関して「担保制度には物的担保と人的担保がある。たとえば、マイホームを取得するためにXが銀行から住宅ローンの融資を受ける場合、銀行はXが買い受けた土地建物に「抵当権」を設定し、また建物にかけた火災保険とかXにかけた生命保険の保険金受取請求権に質権を設定すると同時に、さらに親戚・知人や保証会社などをXの「連帯保証人」とするように求めるなど、物的担保と人的担保は併用されることが多い。Xが住宅ローンを返済できない場合には、銀行はたとえば土地建物に対する「抵当権」を実行し、「競売」などによって優先弁済を受けることになる。(16-63　改題　正)

第3節　契約

1　契約の履行
①売買契約を結ぶときは、「手付をうたなければならない」。(4-144　誤　「手付をうつ必要がない」。売主と買主の意思の合致が売買契約の成立要件であるから)
②売買契約は、「金銭以外」のもので対価を支払ってもよい。(4-144　誤　「金銭に限られる」)
③他人の物であっても、売買契約の目的とすることができる。(4-144　正)
④妻が勝手に買った電子レンジの代金は、原則として、夫にも支払義務がある。(10-124　正)
⑤ウエディングドレスの納品が式に間に合わなかった場合には、契約を解除できる。

(10-124　正)
⑥売買契約をし、買主が手付金を払ったが、当事者双方が履行に着手する前ならば、売主は「手付金を返却すれば」契約を解除することができる。(10-124　誤　「手付金を倍返しすれば」)
⑦売買契約において、売主が品物を提供するまでは、買主は代金の支払を拒絶することができる。(10-124　正)
⑧契約は、「申込み」の意思表示とこれに対する「承諾」の意思表示の合致によって成立する。したがって、契約書は、契約成立そのものの要件ではない。(18-66　正)
⑨無権代理行為であっても、後に本人が追認すれば、契約時に遡ってその行為は有効となる。(18-66　正)
⑩契約に際して、強迫による意思表示がなされた場合、「善意の第三者にその取消しを主張することはできない」が、詐欺の場合には取消しを主張することができる。(18-66　誤　「強迫の場合には、無条件で第三者の取消しを主張できる」)
⑪委任契約において、受任者は、特約がなければ、委任者に対して報酬を請求することができない。(18-66　正)

＜登記＞
①不動産の買主が、不動産の所有権取得を売主以外の第三者に対して対抗するためには、登記が必要である。(10-126　正)
②借地権は、その登記がなくても、借地上に建てた建物に自己の登記があれば、借地人は、地主が代わっても、これをもって新たな地主に対抗できる。(12-65　正)
③不動産の物件変動に関して、例えば売主から買主が不動産（土地・建物）を買うことにして、売買契約を締結した場合、売主から買主に対して不動産の所有権が移転するのは、売買契約をしたときか、売買代金を支払ったときか、買主名義に所有権移転登記したときかをめぐって議論されているが、判例・通説は「契約時」に所有権が移転すると解釈している（民法第176条）。これは物権変動における「意思主義」と呼ばれる。所有権の移転時期とは別に、買主が不動産の所有権取得を買主以外の第三者に対して主張するためには、所有権移転登記が必要不可欠であり、この場合の登記を「対抗要件」という（民法第177条）。(17-65　改題　正)

＜引渡し前の果実＞
①売買契約後に生じた果実は、目的物の**引渡前**であっても、「買主」のものとなる。(4-144　誤　「売主」)
②売買契約の成立後、売買の目的物の**引渡し前**に生じた果実（元物から生じた収益）は、「買主」に帰属する。(12-65　誤　「売主」)

2　債務不履行　危険負担　瑕疵担保責任
①売買契約の目的の隠れたところに瑕疵があった場合には、売主は、「気付かなかっ

た以上、責任を負わない」。(4-144　誤　「気づかなくても責任を負う」
②売買の目的物である家屋に白蟻が巣喰っていたが、家屋の売主がそのことを知らなかったような場合に、売主が負う責任を「危険負担責任」という。(8-126　誤　「瑕疵担保責任」)
③家屋の売買契約を結んだ後に、その家屋が落雷により焼失した場合には、履行不能となるが、買主の代金の支払債務は存続する。(10-124　正)

3　各種の典型契約
①契約自由の原則は、近代法の三大原則の一つである。(8-126　正)
②債務者がその債務の本旨に従った履行をなさないときは、債権者は、損害賠償の請求若しくは契約の解除をすることができる。(8-126　正)
③老人ホームの入所者が不用の荷物などを**老人ホームの倉庫に預かってもらう契約を寄託契約**という。(8-126　正)
④請負契約は、「片務」契約である。(9-128　誤　「双務」)
⑤賃貸借契約は、双務契約である。(9-128　正)
⑥贈与契約は、無償契約である。(9-128　正)
⑦使用貸借契約は、片務契約である。(9-128　正)
⑧**寄託契約**は、**要物契約**である。(9-128　正)
⑨書面によらない贈与であっても、「撤回することは一切認められない」。(12-65　誤　「履行前であれば取消しが可能である」)
⑩医師に診療を依頼する契約は、「寄託」契約である。(12-65　誤　「準委任」)
⑪老人ホームの入所者が不要の荷物などを**老人ホームの倉庫に預かってもらう契約**は、「使用貸借」契約である。(12-65　誤　「寄託」)
⑫訪問看護のように、事実行為にかかわる専門的なサービスの提供を内容とする契約は、準委任契約である。(13-66　正)
⑬介護保険の給付対象となる福祉用具の貸与に関する契約は、賃貸借契約である。(13-66　正)
⑭日常生活支援としての預貯金の出し入れに関する契約は、「寄託」契約である。(13-66　誤　「消費寄託」)
⑮日常生活自立支援事業としての福祉サービス利用援助契約は、委任契約である。(13-66　正)

4　消費者契約法
①割賦販売法や訪問販売等に関する法律では、消費者保護のためにクーリングオフの制度が設けられている。(8-125　正)
＜「特定商取引法」(特定商取引に関する法律)＞

①「特定商取引法」では、クーリングオフの権利行使は書面によると「されている」ため、口頭や電話によるクーリングオフは「認められない」。(20-67　誤　「されていない」「認められる」)
②「特定商取引法」は、クーリングオフの期間を8日間としているので、8日目にクーリングオフの通知を郵送しても、事業者に届いたのが9日目であればクーリングオフは「認められない」。(20-67　誤　「発信主義により認められる」)
③訪問販売により、アルミテラスの設置工事を伴う契約を結んだ場合、消費者は、既に業者がその工事に着手していても、クーリングオフの権利を行使することで原状回復を無償で請求することができる。(20-67　正)
④訪問販売であっても、現金取引の場合には、原則としてクーリングオフは「認められない」。(20-67　誤　「現金取引も認められる」)
⑤通信販売で「返品に応じない」旨の特約の表示があっても、「クーリングオフによって契約を解除することができる」。(20-67　誤　「通信販売はクーリングオフの適用がない」)

第4節　不法行為

1　一般不法行為

①過失の有無を判断するにあたり、専門的な知識を持つ者や危険の高い行為を行う地位や職業にある者は、一般人より高い注意義務が要求される。(7-125　正)
②幼児が石を投げて他人の家の窓ガラスを割ったとしても、幼児自身は不法行為責任を負わない。(7-126　正)
③不法行為による損害賠償の方法は、金銭賠償が原則である。(7-126　正)
④不法行為による損害賠償請求権は、損害及び加害者を知った時から3年間行使しない場合には時効により消滅し、不法行為発生時から20年を経過した場合には、一切行使できない。(7-126　正)
⑤訪問介護員が、介護事故により介護保険の利用者にケガを負わせてしまった場合、介護事故によるケガについての損害賠償の責任を負わないと契約書に規定されていても、利用者は損害賠償を請求することを妨げられない。(14-66　正)
⑥訪問介護員が、介護事故により介護保険の利用者にケガを負わせてしまった場合、故意にケガを負わせてしまった場合でなければ、「刑事責任を問われることはない」。(14-66　誤　「業務上過失致死傷罪が適用される」)

2　使用者責任

①施設職員が施設名が明記された施設の自動車を使って通勤中に交通事故を起こした場合には、使用者責任は「生じない」。(7-126　誤　「通勤が事業と密接不可分であるため使用者責任が生じる」)

②社会福祉法人は、理事が他人に加えた損害を賠償する責任を「負うことはない」。(11-70　誤　「法人の代表機関がその職務を行うにつき他人に損害を与えた場合、法人は賠償責任を負う」)
③訪問介護員が、介護事故により介護保険の利用者にケガを負わせてしまった場合、不法行為が認められたとき、その使用者である**指定居宅サービス事業者が損害賠償の連帯責任を負うことがある。**(14-66　正)
④訪問介護員が、介護事故により介護保険の利用者にケガを負わせてしまった場合、訪問介護員の起こした事故であれば、**指定居宅サービス事業者が契約違反による損害賠償責任を**「問われることはない」。(14-66　誤　「不法行為による損害賠償責任を負う」)
⑤Aさんは B 市で要介護認定を受け、C 社会福祉法人と契約して指定介護老人福祉施設に入所した後、介護職員 D の過失によって転倒骨折した。B 市には、「**国家賠償法に基づく法的責任がある。**」C 社会福祉法人に、債務不履行責任がある。介護職員 D には、不法行為責任がある。C **社会福祉法人に、**「**使用者責任が生じることはない**」。(15-64　改題　誤　「措置ではなく契約のため国家賠償法に基づく法的責任が原則ない」「介護職員 D の加害行為が使用者の事業者の範囲内であれば使用者責任が生じる」)

第 5 節　親族

1　夫婦
①財産分与請求権の主たる内容は、「離婚慰謝料」である。(7-124　誤　「婚姻生活中に取得した財産の分配」)
②財産分与について、当事者間で協議が調わない場合には、家庭裁判所に対して協議に代わる処分を請求し得るが、その請求は、離婚後 2 年以内にしなければならない。(7-124　正)
③未成年の子がいる場合に、父母のうち一方を親権者、他方を監護者と定めることは「できない」。(7-124　誤　「できる」)
④民法は、非監護者である親の子に対する面接交渉権を明記した「規定をもっている」。(7-124　誤　「規定はないが判例上認められている」)
⑤自筆証書遺言の保管者又は発見者は、遺言者の死亡を知った後、遅滞なく、遺言書を家庭裁判所に提出して、検認の審判を受けなければならない。(10-126　正)
＜氏＞
①離婚の効果として、婚姻によって氏を改めた夫又は妻は、「**離婚の際に称していた氏を引き続き称する**」が、離婚の日から 3 箇月以内に届け出れば、「婚姻前の氏に復することができる」。(7-124　誤　「婚姻前の氏に復するが、届出をすれば離婚の際に称していた氏を称することができる」)

②夫婦は、婚姻に際し、**必ず夫又は妻の氏を称しなければならない**。(11-66　正)
③夫婦の一方が死亡した場合、婚姻によって氏を改めた夫又は妻は、「必ず」婚姻前の氏に復しなければならない。(11-66　誤　「届出をすることではじめて復氏＜婚姻前の氏＞する」)
④夫婦が離婚した場合、婚姻によって氏を改めた夫又は妻は、**離婚の際に称していた氏を称することができる**。(11-66　正)
⑤養子は養親の氏を称するが、配偶者のある者が養子となり、しかもその者が婚姻の際に氏を改めた者である場合には、婚姻中は夫婦の氏を称する。(11-66　正)
⑥夫婦が離婚した場合、婚姻によって氏を改めた夫又は妻は復氏するか、又は離婚の際の氏を称するかの**選択ができる**。(16-69　正)

＜離婚＞
①夫婦が離婚し、未成年の子がいる場合、父母の一方を親権者、他方を監護者とすることができるが、父母以外の第三者を監護者とすることは「できない」。(16-69　誤「できる」)
②夫婦が離婚し、母親が親権者としての未成年の子を監護する場合、親権者でも監護権者でもない父親はその子に対して養育費を負担する法的責任は「ない」。(16-69　誤　「ある」)
③夫婦が離婚し、母親が親権者として未成年者の子を監護する場合、親権者でも監護権者でもない父親にその子との面接交渉（面会交流）を認める「余地はない」。(16-69　誤　「余地はある」)
④妻が夫に対し、協議離婚を求めたが、夫が協議離婚に応じないとき、妻が夫と離婚するためには、まず調停前置主義によって「家庭裁判所」に離婚調停を申し立てることになるが、調停又は審判によっても離婚が成立しない場合には、「家庭裁判所」に離婚訴訟を提起しなければならない。これまで離婚訴訟は「地方裁判所」に提起することになっていたが、平成16年の「人事訴訟法」によって「家庭裁判所」が離婚に関する調停・審判・裁判をすべて行うことになったからである。(18-65　改題　正)

＜届出＞
①婚姻、離婚、認知、養子縁組は届出によって成立する身分行為（創設的身分行為）であるが、出生はそうではない。(4-145　改題　正)
②婚姻は、届書が受理されたときに有効に成立する。(10-126　正)
③戸籍吏員は、届書については実質的審査権を「有している」。(10-126　誤　「有していない」。形式的な要件具備しかできない)
④非嫡出子は、母の氏を称し、父の氏を称したい場合には、家庭裁判所の許可を得て、届け出ることによって、父の氏を称することができる。(11-66　正)

2 親子

①胎児は、損害賠償、相続及び遺贈に関しては、既に生まれたものとみなされる。(5-145　正)
②胎児が死産で生まれたときは、「人」として扱われない。(5-145　正)
③民法には、人の「死」についての定義が「なされている」。(5-145　誤　「なされていない」)
④行方不明になった者は、失踪宣告によって死亡したものとみなされる。(5-145　正)
⑤法人には、死亡はない。(5-145　正)
⑥弟を養子とすることができる。(6-127　正)
⑦連れ子を養子とするには、家庭裁判所の許可が「必要」である。(6-127　誤　「不要」)
⑧「中学生」も特別養子とすることができる。(6-127　誤　**6歳未満**)
⑨孫を養子とすることは「できない」。(6-127　誤　「できる」)
⑩後見人は、被後見人を家庭裁判所の許可なしで養子とすることが「できる」。(6-127　誤　「できない」。許可が必要)
⑪母とその非嫡出子との間の民法上の親子関係は、最高裁判所の判例によれば、「分娩の事実によって当然に発生するものではなく、母の認知によって発生する」。(19-66　誤　「分娩の事実で発生」)
⑫都道府県知事の里親委託の措置によって、里親と里子との間には「民法上の親子関係が発生する」。(19-66　誤　「法律上の親子関係はない」)
⑬相続開始のときに懐胎されていた胎児は、出生すれば相続時に遡って相続人となる。(19-66　正)
⑭普通養子の相続権は、「養親子間のみに存する」。(19-66　誤　「実親子間にも存する」)
⑮特別養子の相続権は、「実親子間のみに存する」。(19-66　誤　「養親子間のみに存する」)

＜認知＞
①死後認知の訴えの期間は**3年以内**である。(6-128　正)
②非嫡出子の父子関係は、父が認知をすれば発生する。(8-127　正)
③任意による認知は、遺言によってもすることができる。(8-127　正)
④認知があれば、父子関係について認められている法的効力は、「認知」の時から発生する。(8-127　誤　「出生」)
⑤認知をした父は、認知を取り消すことができない。(8-127　正)
⑥父が認知をしない場合には、子又は子の法定代理人は、その父に対して認知の訴えを提起することができる。(8-127　正)
⑦認知請求権の放棄は、相応の金銭的授与のある場合には、「有効」である。(12-66　誤　「無効」。認知請求権の身分法上の性質から)

3 親権

①未成年で未婚の母が生んだ子(非嫡出子)の親権は、未婚の母の親権者が代行して行う。(14-67 正)
②未成年の非嫡出子は、父の親権に「服することはない」。(14-67 誤 「父が認知すれば親権に服する」)
③婚姻により成年に達したものとみなされた未成年の子が離婚した場合、「離婚前の状態に戻って、再び」父母の親権に復することになる。(14-67 誤 「離婚前の状態のままである」。婚姻すると成年擬制するため)
④父母が離婚する場合、父母の協議により離婚後も未成年者の親権を「共同して行う」ことができる。(14-67 誤 「一方のみが行う」)
⑤養子は、「養親・実親の双方の親権に服する」。(20-65 誤 「養親の親権に服する」)
⑥父が認知した子に対する親権者は、原則として「父」となる。(20-65 誤 「認知の前に、原則、非嫡出子の子は、分娩の事実により母が親権者となる」)
⑦親権者は、子と利益が相反する行為を行う場合には、「家庭裁判所に許可を求めなければならない」。(20-65 誤 「特別代理人を選任する必要がある」)
⑧親権者は「善良な管理者としての注意をもって」、子の財産を管理しなければならない。(20-65 誤 「自己のためにするのと同一の注意である」)
⑨親権者が子に身体的虐待を加えた場合、その子の祖母の請求によっても、家庭裁判所は親権の喪失を宣告することができる。(20-65 正)

＜児童虐待と親権の制限＞
①学校教育法は、学生・生徒に対する校長及び教育の体罰を禁止している。(7-129 正)
②児童相談所や児童福祉施設は、親権の一時停止を「申し立てられる」。(7-129 誤 「申し立てられない」)
③児童福祉法は、要保護児童発見者の福祉事務所への通告義務を規定している。(7-129 正)
④措置権者は、親権者の意に反する場合であっても、家庭裁判所の承認を得て、要保護児童を児童福祉施設へ入所措置することができる。(8-130 正)
⑤社会福祉審議会は、関係行政庁に意見を具申することができる。(10-129 正)
⑥保育所、養護老人ホーム、身体障害者更生施設などへの入所の措置は、団体委任事務である。(10-129 正)
⑦身体障害者更生相談所は、児童相談所と同様「行政上の措置権限をもつ」行政機関である。(10-129 誤 「行政上の措置権限をもたない」)
⑧社会福祉主事は、都道府県、市、特別区及び福祉事務所を設置する町村に置かれることになっている。(10-129 正)
⑨児童福祉法の改正によって、児童虐待の定義が「法的に明定された」。(15-61 誤 「法的に明定されていない」)

⑩父Aと母Bとが未成年の子C（14歳）に激しい虐待を繰り返し、親権を濫用しているとき、家庭裁判所に対して親権喪失宣言を請求できるのは「検察官」「児童相談所長」「子Cの祖父母」であり、「子C」は親権喪失宣言は請求できない。(17-66改題　正)。

4　後見・保佐・補助
＜その1＞
①従来の禁治産・準禁治産の制度は、後見・保佐・補助の制度に改められた。(13-65　正)
②後見開始の審判の請求権が市町村長にも認められた。(13-65　正)
③後見開始の審判を行う場合、本人の同意を得なくてもよい。(13-65　正)
④成年被後見人に配偶者がいれば、その者が成年後見人「となる」。(13-65　誤　「とならない」)
⑤社会福祉協議会等の法人も、成年後見人になることができる。(13-65　正)
⑥民法の改正による新しい成年後見制度（補助・保佐・後見の制度）の導入に加えて、新たに任意後見制度も特別法により設けられた。(15-61　正)
⑦成年後見制度に関して、家庭裁判所は、社会福祉協議会などの法人を成年後見人に選任できる。(16-64　正)
⑧成年後見制度に関して、家庭裁判所は、たとえば財産管理と身上監護に関して、別々に複数の成年後見人を「**選任できない**」。(16-64　誤　「選任できる」)
⑨成年後見制度に関して、「都道府県」及び市町村長は、家庭裁判所に対して後見開始の審判を請求できる。(16-64　誤　「都道府県はできない」)
⑩成年後見制度に関して、検察官は、家庭裁判所に対して後見開始の審判に請求ができる。(16-64　正)
⑪任意後見制度は、「民法の改正によって」導入された。(18-64　誤　「民法は改正されていない」)
⑫任意後見契約は、公正証書によって作成しなければならない。(18-64　正)
⑬任意後見契約の内容は、「戸籍への記載によって」公示される。(18-64　誤　「戸籍の記載はプライバシーの保護からできない」)
⑭任意後見契約は、家庭裁判所が任意後見監督人を選任したときから効力が生ずる。(18-64　正)

＜その2＞
①未成年後見人、成年後見人「ともに、必ず家庭裁判所によって選任される」。(19-67　誤　「未成年後見人は親権者が指定する場合がある」)
②未成年後見人は一人でなければならないが、成年後見人は複数でもよい。(19-67　正)
③未成年後見人、成年後見人ともに、正当の事由があるときは、家庭裁判所の許可を

得て辞任することができる。(19-67　正)
④未成年後見人、成年後見人「ともに、その被後見人の婚姻について同意権を有する」。(19-67　誤　「成年後見人には被後見人の婚姻の同意権は不要である」)
＜その３＞
①成年後見人はその職務として、成年被後見人の生活・療養看護に関して代理権を行使することができるが、そのための費用の支出については「代理権がない」。(20-66　誤　「代理権がある」)
②成年後見人はその職務として、成年被後見人の財産に関して代理権を行使することができるが、自己決定権の尊重という理念に基づき、成年被後見人の行った法律行為については、取消権を「行使できない」。(20-66　誤　「行使できる」)
③成年後見人がその職務を行う際には、成年被後見人の意思を尊重し、かつ、その心身の状態及び生活の状況に配慮しなければならない。(20-66　正)
④成年後見人の職務は、例えば成年被後見人の介護のために福祉サービス契約を締結することであって、現実の介護行為を行うことまでは含まれない。(20-66　正)

5　扶養

①扶養権利者は、将来的に扶養を受ける権利を放棄することが「できる」。(12-66　誤　「できない」。一身専属権だから)
②父母が離婚した場合、親権者とならなかった親は、子に対する扶養義務を「負わない」。(13-67　誤　「生活の資力があれば親権の有無に関わらず負う」)
③長男の妻は、夫の両親を「当然に」扶養する義務を負う。(13-67　誤　「特別な事情があれば」)
④長男が両親を引き取って扶養している場合には、同居していない他の兄妹には「扶養義務はない」。(13-67　誤　「当事者の協議や家庭裁判所の審判による扶養義務を負う場合がある」)
⑤兄弟姉妹は、婚姻してそれぞれの家庭を築いた後でも、互いに扶養する義務を負う。(13-67　正)
⑥扶養義務に関して、生活保護法では、民法に定める扶養義務者の扶養が、生活保護法による保護に優先して行われるものとされている。(17-67　正)
⑦扶養義務に関して、民法上扶養義務を当然に負うのは、配偶者、直系血族、兄弟姉妹及び３親等内の親族であるが、特別な事情のある場合には、家庭裁判所の審判によって「４親等内の親族も扶養義務を負うことがある」。(17-67　誤　「４親等内の親族は扶養義務を負わない」)
⑧扶養義務について、生活扶助義務と生活保持義務に分類することができる。このうち、生活扶助義務とは、夫婦間の扶養のように、「いわば一片のパンをも分かち合うような程度」の扶養義務のことをいう。(17-67　誤　「生活困窮に際して助け合う偶

発的・一時的義務程度」)
⑨扶養義務者が複数いる場合、扶養の順位や扶養の程度又は方法については、当事者の協議に委ねられるが、協議がととのわない場合は、家庭裁判所の審判により決定されることになる。(17-67　正)

第6節　相続

1　相続

①被相続人の配偶者は**常に**相続人となる。(3-145　正)
②被相続人の祖父母も相続人になることができる。(3-145　正)
③被相続人の甥姪の子は代襲相続人になれない。(3-145　正)
④被相続人の曾孫は代襲相続人になることができる。(3-145　正)
⑤被相続人の養子となったものが養子縁組前に生んだ子も代襲相続人になることが「できる」。(3-145　誤　「できない」)
⑥相続人として子A、B、Cがいる。遺産総額が5,000万円で、子Aには500万円の寄与分がある。子Bは、生計の資本として生前に1,500万円の贈与を受けていた場合、子Aは2,500万、子Bは500万円、子Cは2,000万の相続分額がある。(8-128　改題　正)
⑦「被相続人が締結した生命保険契約で相続人を受取人とした生命保険金」「被相続人の死亡退職金」は相続財産に含まれるが、「被相続人の借地権」「被相続人の金銭債務」は相続財産に含まれない。(9-130　改題　正)
⑧内縁配偶者は、相続人となることができない。(10-125　正)
⑨被相続人が死亡する以前に相続人であった子が死亡している場合には、子の子、すなわち孫が代襲相続人となる。(10-125　正)
⑩父がいまだ認知していない子は、父の推定相続人とはいえない。(10-125　正)
⑪被相続人に配偶者と子がいる場合には、法定相続分の割合は、配偶者が2分の1、子が2分の1である。(12-67　正)
⑫被相続人に配偶者と母がいる場合には、法定相続分の割合は、「配偶者が2分の1、母が2分の1」である。(12-67　誤　「配偶者が3分の2、母(直系尊属)が3分の1」)
⑬被相続人に配偶者と兄がいる場合には、法定相続分の割合は、配偶者が4分の3、兄が4分の1である。(12-67　正)
⑭被相続人に子と母がいる場合には、法定相続分の割合は、「子が3分の2、母が3分の1である」。(12-67　誤　「子が相続し母は相続しない」)
⑮夫婦ABには子Cと子Dがいた。ところがBが幼いCとDを残して死亡したため、AはEと再婚し、子Fが生まれたが、しばらくしてAも死亡した、このような家族構成の中で子も配偶者もいないCが死亡した場合、Cの法定相続人は「DとF」である。(16-65　改題　正)

<相続分のポイント>

相続人	相続分
配偶者と子	1/2：1/2
配偶者と直系尊属	2/3：1/3
配偶者と兄弟姉妹	3/4：1/4

<相続放棄>
①相続放棄の期間は3ヶ月以内である。(6-128　正)
②相続人が相続放棄をした場合には、その子が代襲相続人と「なる」。(10-125　誤「ならない」。相続を放棄するとはじめから相続しなかったことになるから)
③相続人は、自己のために相続の開始があったことを知ったときから3か月以内に、家庭裁判所に申述することによって相続権を放棄することができる。(12-66　正)

<相続人の不存在>
①相続人もその代襲相続人もいないときは、相続人のあることが明らかでない場合として、相続人不存在の手続が開始される。(15-63　正)
②相続人が明らかでないときは、家庭裁判所は利害関係人などの請求によって、「不在者」財産管理人を選任しなければならない。(15-63　誤「相続」)
③内縁の配偶者、事実上の養子など、いわゆる特別縁故者がいる場合には、家庭裁判所は「職権で」相続財産の全部又は一部を分与しなければならない。(15-63　誤「相当と認めるときは」)
④被相続人の債務などを清算し、特別縁故者へ分与した後、なお相続財産に残余があれば、それは国庫に帰属する。(15-63　正)

2　遺言
①**満15歳**に達した者は、遺言をすることができる。(7-125　正)
②自筆遺言証書における押印は、栂印でも有効である。(7-125　正)
③自筆遺言証書の日付として○年○月吉日と記載された証書は、日付の記載を欠くものとして無効である。(7-125　正)
④遺留分を超えて遺言処分が行われたときは、遺言による処分そのものは「当然に」無効となる。(7-125　誤「超えた分を相続人は取り戻し請求できる」)
⑤遺言で相続人を廃除する意思を表示することもできる。(10-125　正)
⑥自筆証書遺言では、氏名の自書を要件としているが、遺書者の戸籍上の氏名が書かれていなくとも同一人であることが判別できればよい。(11-67　正)
⑦公正証書遺言は、家庭裁判所の検認を必要としない。(11-67　正)
⑧遺言執行者がいる場合には、相続人は相続財産の処分その他遺言の執行を妨げる行

為をすることができない。(11-67　正)
⑨負担付遺贈を受けた者がその負担した義務を履行しないときは、相続人は、家庭裁判所へ遺言の取消を請求することができる。(11-67　正)
⑩遺言者は、一度作成した遺言を「もはや撤回することができない」。(11-67　誤　「いつでも全部または一部を撤回できる」)

第4章　行政法

第1節　行政の行為

1　行政の根拠法規と行政立法
①「行政の根拠法規」に関して、生活保護基準は、厚生省（現、厚生労働省　以下同）告示である。(9-124　正)
②「行政の根拠法規」に関して、公立老人福祉センターの管理を民間団体に委託する場合は、「自治体の規則でこれを定めなければならない」。(9-124　誤　「自治体の規則は不要」)
③「行政の根拠法規」に関して、老人福祉行政についての厚生省通知は、地方公共団体に指針的目安をもたらそうとする指導通達で法的拘束力はない。(9-124　正)
④「行政の根拠法規」に関して、公立保育所等の福祉施設の「処務規程」は、条文の形をとる行政内規の一種である。(9-124　正)
⑤「行政の根拠法規」に関して、生活保護について厚生省から出される通達には、内部立法的な拘束力がある。(9-124　正)
⑥地方公共団体の自主法のうち、長が定立する規則は「法源たりえない」。(13-68　誤　「法源とされている」)
⑦行政法には、行政の全体に対して通じる総則規定が**存在するわけではない**。(13-68　正)
⑧「私人の自由と財産を侵害する場合に限らず、行政は、**常に**、法律に基づいて執行されねばならない」とする説は「**侵害留保説**」と呼ばれる。(13-68　誤　「全部留保説」)
⑨行政上の強制執行と行政上の即時強制とは、前者が義務の不履行を前提としているのに対し、後者が義務の不履行を前提としていない点で異なっている。(13-69　正)
＜行政上の組織＞
①「行政主体」とは、行政を行う権利と義務をもち、自己の名と責任で行政を行うものをいう。そしてこの「行政主体」の法律上の意思決定を行い、それを外部に表示する権限を有するものを「行政庁」という。さらにこの「行政庁」の意思決定を補助する機関のことを補助機関といい、例えば福祉行政の場合で言えば、「社会福祉主事」などが補助機関に該当する。(18-67　改題　正)

②補助機関とは、行政庁その他の行政機関の職務を補助するために日常的な事務を遂行する機関をいう。(19-69　正)
③中央省庁の再編により国の行政機関は1府12省庁に再編され、現在、「総理府の下に」12の省庁が置かれている。(19-69　誤　「総理府は内閣府に統合された」)
④諮問機関である審議会の答申・意見は、諮問を行う行政庁を法的に拘束するわけではない。(19-69　正)
⑤中核市とは、人口30万人以上を有すること等を要件として、指定される大都市のことをいう。(19-69　正)
⑥普通地方公共団体は、指定管理者の指定をしようとするときは、あらかじめ、当該普通地方公共団体の議会の議決を経なければならない。(19-69　正)

＜社会福祉法人と行政監督＞
①社会福祉法人の定款の変更は、所轄庁の認可がなくても効力が**生じる場合がある**。(11-70　正)
②法令違反についての是正命令に従わない社会福祉法人に対して、所轄庁が役員解職勧告をするときは、事前に当該法人に弁明の機会を与える「必要はない」。(11-70　誤　「必要がある」)
③合併や破産によらずに解散した社会福祉法人の残余財産は、「定款の定めにかかわりなく、国庫に帰属する」。(11-70　誤　「定款の定めるところにより、その者に帰属する」)

＜行政行為と私法＞
①公営住宅の利用関係は、私人間の家屋賃貸借契約関係と異なり、**公法上の契約である**ので、**民法及び借地借家法の規定の**「**適用はない**」。(13-68　誤　「適用はある」。民法など)
②行政法の法源には、成文法源と不文法源とがあるが、そのうち不文法源としては、慣習法、判例法などがある。(14-70　正)
③私法は、私人相互間の利害関係を調整するために定められたものであるから、**行政上の法律関係について私法は**「**適用されない**」。(14-70　誤　「適用される」)

＜法律と行政行為＞
①行政上の即時強制は、目前急迫の障害を除くために行うものであるから、**法律上の根拠を**「**必要としない**」。(13-69　誤　「必要とする」)
②行政調査は、行政機関が直接国民の身体や財産に実力をもって働きかけるものであることから、**法律（又は条例）の根拠が必要である**。(13-69　正)
③行政手続法は、行政手続を定めた一般法であり、処分、行政指導及び届出に関する手続に関して**他の法律に特別の定めがある場合**は、その定めるところに従って手続が進められることになる。(13-69　正)
④訓令、通達は、組織法上の一般的な権限に基づいて制定されているもので、特別な

法律の根拠なくして行政機関が**自由**に定めることができる。(14-69　正)
⑤行政機関が生活保護などの受益的な行政活動を行う場合、保護を受ける者の利益を増進させるためであれば、その根拠となる**法律に反する**内容の活動を行うことも「許容される」。(14-70　誤　「許容されない」。法律による行政の原理より法律に拘束される)
⑥行政の行う行為であっても、特定の国民の権利義務を具体的に決定するという**法的効果を伴わない**ものは、行政行為ではない。(15-68　正)
⑦行政行為は、行政庁が国民の権利義務を一方的判断で決定する行為であるから、営業免許のように私人の申請を待って免許の付与を決定する行為は、行政行為に「含まない」。(15-68　誤　「含む」)

2　行政の個別行為と行政処分

<公定力>
①**無効な**行政行為は、その成立に瑕疵があるが、「正当な権限を有する行政庁又は裁判所が取り消すまでは有効な行為」である。(4-146　誤　「権限ある機関による取消しを待つまでもなく、何人に対してもその効力を否定することができる」)
②**重大かつ明白な瑕疵ある**行政行為は、裁判所が「取り消すまで有効」である。(4-146　誤　「取り消しを待つまでもなく当初より無効」)
③行政処分に対する審査請求があった場合には、当該行政処分の効力は、「**原則として停止する**」。(4-147　誤　「取消しがなされるまでは適法性の推定が働き停止の効力はない」)
④「不可争力」とは、行政行為に瑕疵があっても、その瑕疵が重大かつ明白でない限り、それを有効なものとして適用させる効力のことをいう。(5-148　誤　「公定力」)
⑤無効な行政行為とは、外形上、行政行為として存在するが、効力の発動されないものをいう。(5-184　正)
⑥行政行為は、違法な行為であるという疑いがあるときでも、**重大かつ明白な瑕疵がない限り**、裁判所又は権限ある行政庁が**取り消すまでは適法性の推定**を受ける。(6-126　正)
⑦行政不服審査法は、処分の相手方から審査請求がなされた場合は、当該処分の効力が「**停止されることを認めている**」。(8-125　誤　「審査請求は手続きの続行を妨げない」)
⑧違法な行政行為も、当然無効の場合は別として、正当な権限を有する機関による**取消しのあるまでは、一応適法の推定**を受け、相手方はもちろん第三者などもその行政行為を無視することができない。この効力を公定力という。(14-69　正)
⑨行政行為の取消しも、「行政行為の撤回も」その効果は行政行為の成立時にさかのぼり、初めから行政行為がなかったのと同様の状態に服する。(15-68　誤　「撤回は

将来に向かってのみ消滅させる」)
＜不可争力＞
①「公定力」とは、行政行為について一定の法定期間内に限り争訟が認められるが、その期間を経過するともはやその行政行為について争うことができなくなる効力のことをいう。(5-148　誤　「不可争力」)
＜自力執行力＞
①執行力とは、行政行為の内容を自力で実現し得る効力のことをいう。(5-148　正)
②日本の市民法秩序においては、自力救済は原則として許されていないが、これは行政権の行使に関しても「妥当する」と考えられている。(13-68　誤　「妥当しない」)
＜不可変更力＞
①「不可変更力」は、行政行為が「取り消されるまで、相手方や行政庁を拘束する効力のことをいう。(5-148　誤　「公定力」)
②「拘束力」とは、行政行為の性質上、又は一定の手続を経た結果として、処分行政庁もその行政行為を自由に変更できない状態に置くことをいう。(5-148　誤　「不可変更力」)
＜覊束行為＞
①知事は、都道府県の職員が地方公務員法に違反したことを理由に3か月の停職処分に付したが、この場合の知事の処分は、「覊束行為」である。(6-125　誤　「裁量行為」)
②厚生大臣が生活保護法に基づいて生活扶助基準を変更することについての認定判断に関して、厚生大臣の認定判断は、「覊束裁量」であり、裁判所の審査の対象となる。(7-128　誤　「裁量行為」。覊束行為とは法律の形式的・機械的に執行される行政行為で行政庁の裁量がない)
③行政行為は、「**覊束行為**」と裁量行為に分けて考えることができる。さらに、裁量行為は、「**覊束裁量（法規裁量）行為**」と「**自由裁量（便宜裁量）行為**」に分けることができる。「**覊束行為**」は、法律が、要件・内容などをほとんど決めており、それに基づいて単に、法の具体化・執行を行う行為のことである。「**覊束裁量（法規裁量）行為**」は、何が法であるかの裁量が問題となる行為のことである。「**自由裁量（便宜裁量）行為**」は、何が行政上の目的に合致するかの裁量が問題となる行為のことである。(16-66　改題　正)
＜行政行為と司法審査＞
①憲法第67条第1項の規定に基づいて国会が内閣総理大臣を指名する行為の適否については、**裁判所は審査できない。**(6-125　正)
②厚生大臣（現・厚生労働大臣　以下同）が生活保護法に基づいて生活扶助基準を変更することについての認定判断に関して、**厚生大臣の認定判断は、専門技術的裁量である。**(7-128　正)
③厚生大臣が生活保護法に基づいて生活扶助基準を変更することについての認定判断

に関して、厚生大臣の認定判断が誤っている場合でも、当・不当の問題が生ずるにすぎない。(7-128　正)
④厚生大臣が生活保護法に基づいて生活扶助基準を変更することについての認定判断に関して、厚生大臣の認定判断が法の趣旨、目的を逸脱している場合は、違法となる。(7-128　正)
⑤厚生大臣が生活保護法に基づいて生活扶助基準を変更することについての認定判断に関して、**厚生大臣の認定判断は、原則として司法審査の対象とならない。**(7-128　正)
⑥行政行為は、行政庁のなす行為で法的効果を伴うものであるから、そこには国民と行政庁が協議し両者の合意によって権利・義務について取り決める公法上の契約も「含まれる」。(14-69　誤　「合意を含む契約は含まれない」。行政行為は一方的に決定する行為のため)
⑦日本国憲法は、行政機関が終審として裁判を行うことを認めていない。(14-70　正)

3　行政手続法が定める手続きの流れ
①完全な行政行為であるためには、「主体・内容・手続」の三つの要件が備わっていればよい。(4-146　誤　「主体・内容・手続・形式」)
②「教育委員会の委員は、地方公共団体の長が議会の同意を得て任命する」と規定されている場合に、議会の同意を得ないでなされた任命は、無効である。(4-146　正)
＜出訴期間＞
①取消し得べき行政行為には、**出訴期間の制限**は「ない」。(4-146　誤　「ある」。行政行為の安定性のため)
②法令に基づき、自己に対し何らかの利益を付与する処分を求める行為であって、当該行為に対して行政庁が諾否の応答をすべきこととされているものを申請という。行政庁は、申請により求められた利益を付与する処分をするかどうかを、その法令の定めに従って判断するために必要とされる**審査基準**を定める。また、行政庁は、申請がその事務所に到達してから、それに対する処分をするまでに通常要すべき**標準的な期間**を定めるよう努力する。行政庁は、申請により求められた利益付与を拒否する処分をするときは、**処分の理由**を示す義務がある。(12-68　改題　正)
③取消訴訟の提起は、原則として、処分又は裁決があったことを知った日から **6ヶ月以内**にしなければならない。(11-69　正)
④行政事件訴訟法では、取消訴訟は、「処分のあった日から **60日以内に**」提起しなければならないこととされている。(13-70　誤　「処分又は裁決があったことを知った日から6ヶ月以内に」)
⑤取消訴訟は、「処分のあったことを知った日から **60日以内**、及び処分のあった日から **1年以内に**」提起しなければならない。(15-69　誤　「処分又は裁決があったことを知った日から6ヶ月以内に」)

<行政罰>
①行政罰は、「一般的、道徳的、社会的非行」に対して科せられる刑罰である。(6-126　誤　「行政法上の義務違反」)
②行政上の秩序罰としての過料は、刑罰ではないので刑法総則や刑事訴訟法の適用はない。(13-69　正)

<行政手続法　その1>
①行政手続法は行政不服審査法と異なり、行政処分が行われた「後に」、国民の権利・利益の救済を図る事後救済に関する手続法である。(7-127　誤　「前に」)
②行政手続法は行政事件訴訟法と異なり、行政処分が行われる**前に**、国民の権利・利益の救済を図る事前救済に関する手続法である。(7-127　正)
③行政手続法は行政庁の処分、行政指導及び届出に関する手続法である。(7-127　正)
④行政手続法は行政運営における公正の確保と透明性の向上を図るための手続法である。(7-127　正)
⑤行政手続法は国民の権利・利益の保護に資するための手続法である。(7-127　正)
⑥行政手続法は、「専ら国民の権利保護に資することを目的」として制定されたものである。(8-124　誤　「行政運営における公正の確保と透明性を図ることが第一次的目的」)
⑦行政指導とは、行政機関がその任務又は所掌事務の範囲内において、一定の行政目的を実現するため特定の者に一定の作為又は不作為を求める指導、勧告、助言その他の行為であって、処分に該当しないもののことをいう。(8-124　正)
⑧行政手続法は、処分手続として、「申請に対する処分」手続と「不利益処分」手続との二つの手続を認めている。(8-124　正)
⑨行政手続法は、行政庁の「不利益処分」手続について、**通知と聴聞の要件**を課している。(8-124　正)
⑩行政手続法は、行政指導を行う者が、行政指導の相手方から、その趣旨、内容などについて書面の交付を求められた場合には、これを交付しなければならないとしている。(8-124　正)
⑪法令に基づき、自己に対し何らかの利益を付与する処分を求める行為であって、当該行為に対して行政庁が許諾の応答をすべきこととされているものを申請という。行政庁は、申請により求められた利益を付与する処分をするかどうか、その法令の定めに従って判断するために必要とされる**審査基準**を定める。また、行政庁は、申請がその事務所に到達してから、それに対する処分をするまでに通常要すべき**標準的な期間**を定めるよう努力する。行政庁は、申請により求められた利益供与を拒否する処分をするときは、**処分の理由を示す義務がある**。(12-68　改題　正)
⑫行政手続法では、行政指導はあくまでも相手方の任意の協力によってのみ実現されることが求められており、また相手方が行政指導に従わなかったことを理由として、

不利益な取扱いをしてはならないとされている。(14-69　正)
⑬行政手続法では、行政庁は、不利益処分をなすに当たって、「当該処分の相手方からの請求に基づき、」あらかじめ実施される処分の内容、根拠、理由などを通知しなければならないことになっている。(15-67　誤　「当該処分の相手からの請求に基づくことなく」)
⑭地方公共団体が行なう行政指導については、行政手続法が適用されない。(15-67　正)
⑮申請により求められた許認可をするかどうかを判断するために、行政手続法上、定めることを求められている基準は、「行政内部で用いる基準であるため、公表しなくてもよいとされている」。(15-67　誤　「公表することを法的義務・努力義務としている」)

＜行政手続法　その2＞
行政手続法で行政庁が行うことが求められている事項に関する次の記述のうち、法的義務であるものについて。
①申請が行政庁の事務所に到達してから当該申請に対する処分をするまでに、通常要すべき標準的な期間を定めること。(20-68　誤　努力義務)
②申請により求められた許認可等をするかどうかを、その法令の定めに従って判断するために必要とされる審査基準を定めること。(20-68　正)
③申請により求められた許認可等を拒否する処分を行う場合に、申請者に対して理由を提示すること。(20-68　正)
④申請者の求めに応じ、当該申請に係る審査の進行状況や処分の時期の見通しについて情報を提供すること。(20-68　誤　努力義務)

第2節　行政「不服申立て」

1　不服申立ての仕方

＜不服申立ての概要　その1＞
①行政不服審査法は、行政庁の公権力の行使に当たる行為に対する不服申立てについて、「**列記主義**」を採用している。(4-147　誤　「一般概括主義」。すべての行政処分に対して取消しの不服申立てができる)
②行政不服審査法は、不服申立てを提起するためには「必ず」処分庁を経由して提起することを要求し、処分庁はこれに弁明書を付した上、裁決庁に回送することを原則としている。(4-147　誤　「法律または条例で定められた行政庁に提起する場合がある」)
③行政不服審査法は、処分に不服のある国民が、当該処分が不服申立の対象となるか、また、どの行政庁にいつまでに不服を申し立てなければならないかわからない場合が多いので、これらの事項を国民に教示する義務を処分庁に課している。(4-147　正)
④行政不服審査法は、行政庁の違法又は不当な処分その他公権力の行使に当たる行為

に関し、国民が行政庁に不服申立てをする手続を定めている。(8-125　正)
⑤行政不服審査法は、不服申立ての種類として、**原則として審査請求、再調査の請求、再審査請求**を認めている。(8-125　正)
⑥行政不服審査法は、行政庁が書面で処分をする場合、処分の相手方に対し、不服申立てをすることができる旨、並びに不服申立てをすべき行政庁、不服申立てをすることができる期間を教示する義務を処分行政庁に課している。(8-125　正)
⑦児童福祉法、身体障害者福祉法、知的障害者福祉法、老人福祉法には、行政庁に対する不服申立ての規定がないが、行政不服審査法による不服申立てが認められている。(8-129　正)
⑧市町村長は、特別養護老人ホームに入所中の高齢者に対する入所措置を解除しようとするときは、あらかじめ、その者に対し、当該措置の解除の理由を説明し、その意見を聴かなければならない。(8-129　正)
⑨保育所への「入所措置」の決定は、「申請に基づく行政処分」の一種とみられている。(9-125　正)
⑩「行政処分」の決定に先立つ法的な手順は、「行政手続」と呼ばれる。(9-125　正)
⑪不実の申請その他不正な手段により生活保護を受けた者に対しては、刑事罰則がある。(9-125　正)
⑫養護老人ホームへの「入所措置」は、「職権に基づく行政処分」であり、行政不服審査法に基づく「不服申立て」をすることは「できない」。(9-125　誤　「できる」)
⑬審査請求に対して審査庁がした裁決が係争処分の取消しである場合、処分庁は、これに拘束される。(9-125　正)
⑭審査請求は、処分庁の上級行政庁に対して「のみ」行うことができる。(12-70　誤　「第三者機関が審査庁に指定されている場合があればそこに対して行う」)
⑮法律が認めている場合に限り、「**審査請求とそれに対する裁決を経ずに**」処分の取消しの訴えを提起することができる。(12-70　誤　「審査請求前置主義が適用される場合がある」)
⑯処分庁が誤って法定の期間よりも長い期間を審査請求期間として教示した場合に、その教示された期間内に審査請求がなされたときは、その審査請求は法定の審査請求期間内にされたものとみなされる。(12-70　正)
⑰処分についての審査請求の裁決に不服がある者は、「**必ず**」再審査請求をすることができる。(12-70　誤　「法律や条例に再審査請求ができる旨の規定がある場合のみ」)
⑱行政不服審査法は、不服申立て事項について**一般概括主義**を採用しているため、行政庁の処分に対しては「すべて」再調査の請求又は審査請求を行うことができる。(13-70　誤　「審査請求又は再調査の請求の対象から除外される事由がある」)
＜不服申立ての概要　その２＞
①行政事件訴訟では、処分の取消しの訴えは、法律に別段の定めがない限り、処分

についての審査請求に対する裁決を「経た後でなければ」提起することはできない。(14-68　誤「審査請求前置主義が適用される場合がある」)
②不服申立て制度は、行政庁の違法な処分を対象にするものであるから、行政庁の処分の当・不当の問題については、不服申立てによって争うことが「できない」。(15-69　誤「できる」)
③国民に不服申立てのみちを開くことにより、簡易迅速な手続による国民の権利利益の救済を図るとともに、行政の適正な運営の確保を目的としている。(16-70　正)
④行政処分に対する審査請求があった場合には、当該行政処分の効力は、原則として「停止する」。(16-70　誤「停止しない」)
⑤不服申立ての種類として、**審査請求、再調査の請求、再審査請求**がある。(16-70　正)
⑥申立人に「**口頭意見陳述の機会**」を与えている。(16-70　正)

＜不服申立て期間＞
①行政不服審査法による不服申立ての期間は、原則的に「30日」に統一されている。(4-147　誤「処分のあったことを知った日の翌日から起算して3か月以内」)
②行政不服審査法は、不服申立期間を**一定期間**に統一している。(8-125　正)
③審査請求は、原則として、処分があったことを知った日の翌日から起算して、「6か月」以内にしなければならない。(12-70　誤「3か月」)

2　不服申立ての審査の仕方
①審査請求が提起されても、処分行政庁の行った処分の効力、処分の執行又は手続の続行が妨げられることはない。(5-149　正)
②審査請求は、「**書面によって行わなければならない**」。(5-149　誤「口頭の場合もある」)
③審査庁は、正当な裁決を行うべき責任を負っているので、審理の結果として原処分の内容を審査請求人に不利益に変更することが「できる」。(5-149　誤「できない」)
④審査請求の審理には、「原則として**口頭弁論主義**が採用され、審査庁が必要と認める場合に限り」、書面審理が認められている。(5-149　誤「**書面審理が原則**」)
⑤審査請求の審理が開始されると、審査請求人は審査庁の「許可がなければ、その審査請求を取り下げることはできない」。(5-149　誤「いつでも審査請求を取り下げ可能」)
⑥行政不服審査法に基づく審査請求の審理は、**書面により行う**。(6-125　正)
⑦不服申立ての審理は、簡易迅速性の要請から書面で行われることになっており、行政事件訴訟法の場合と異なり、不服申立人が口頭で意見を述べることは「認められていない」。(15-69　誤「認められている」)
⑧A県B市に居住する生活保護の被保護者であるCさんに対して、B市福祉事務所長が、保護費の減額を内容とする保護の変更決定を行った。この決定を不服としてC

さんが行うことができる不服申立て及び訴訟に関して、Ｃさんが、変更処分の「審査請求」を行う場合、その審査請求は、Ａ県知事に対して行うことになる。変更処分の「審査請求」について、Ｃさんが提起した日から50日を超えてもＡ県知事が裁決を行わない場合、Ｃさんは、厚生労働大臣に対して「再審査請求」をすることができる。Ｃさんは、変更処分を行ったＢ市福祉事務所長に対して「異議申立て」をすることが「できない」。変更処分によって損害を受けたことを理由として、Ｃさんが国家賠償の訴訟を提起する場合、その訴えは、変更処分を行ったＢ市福祉事務所長に対してなされることは「できない」。(17-68　改題　正)

第3節　行政事件訴訟法

1　行政に対する訴訟

①行政事件訴訟とは、「国または公共団体」を一方の当事者とする訴訟をいう。(3-146　誤　「行政庁を被告適格としている」)

②行政事件訴訟には、**抗告訴訟、当事者訴訟、民衆訴訟、機関訴訟の4種**がある。(3-146　正)

③民衆訴訟と機関訴訟は、客観的訴訟であり、裁判所法第3条第1項にいう「法律上の争訟」に該当しないから、法律に特段の規定のない限り、出訴することは許されない。(3-146　正)

④抗告訴訟とは、行政庁の公権力の行使に対する不服の訴訟であり、処分の取消しの訴え、裁決の取消しの訴え、無効等の確認の訴え、不作為の確認の訴えの4種が法定されている。(3-146　誤　4種以外に義務付け訴訟と差止訴訟がある)

⑤抗告訴訟では原則として行政庁が被告となるが、当事者訴訟では、国、公共団体などが被告となる。(3-146　正)

⑥住民は、市町村の定める老人保健福祉計画の内容に法律上問題があると考える場合、その計画の違法性を理由として、抗告訴訟でその取消しを求めることが「できる」。(8-129　誤　「できない」。計画段階では利害関係人が特定できないため)

⑦審査請求は処分庁に上級行政庁があるときに、また異議申立ては処分庁に上級行政庁がないときに行うことができる。(14-68　正)

⑧行政事件訴訟法において定められている行政事件訴訟には、**抗告訴訟、当事者訴訟、民衆訴訟及び機関訴訟の4類型**がある。(14-68　正)

⑨行政事件訴訟に関し、行政事件訴訟法に定めがない事項については、民事訴訟の例によることになっている。(14-68　正)

⑩行政庁の自由裁量に属する処分であっても、**裁量権の範囲をこえ又はその濫用があった場合には取消訴訟の対象となる**。(14-68　正)

⑪法が、行政の自由な判断の余地を認めている自由裁量行為であっても、**裁量権の逸脱・濫用があった場合には、違法となる**とするのが通説である。(15-68　正)

⑫介護保険法では、保険給付に関する処分の取消しの訴えは、当該処分についての**審査請求に対する裁決を経た後でなければ提起することができない。**（16-67　正）
⑬都道府県知事は、生活保護の決定及び実施に関する処分についての審査請求があったときは、**50日以内に当該審査請求に対する裁決をしなければならない。**（16-67　正）
⑭住民は、市町村の定める介護保険事業計画の内容に不服がある場合、抗告訴訟で、その計画の取消しを求めることが「できる」。（16-67　誤　最高裁判例では「計画段階では取消しを求めることはできない」）
⑮児童福祉法、身体障害者福祉法には、生活保護法と異なり、行政庁に対する不服申立てに関する規定がないが、それらの法に基づく処分について、行政不服審査法による不服申立てを行うことができる。（16-67　正）
⑯生活保護に関して福祉事務所長が行った処分については、審査請求の対象となる。（18-68　正）
⑰介護保険制度の居宅サービスを民間事業者から受けている利用者は、そのサービス内容に不服がある場合、介護保険審査会での「審査請求を経た後であれば」行政事件訴訟によって裁判所に訴えることができる。（18-68　誤　**審査請求に対する裁決を経た後であれば**」）
⑱児童福祉法に基づく民間の認可保育所の利用に関する市町村長の決定を裁判で争う場合は、行政事件訴訟法の抗告訴訟が用いられる。（18-68　正）
⑲生活保護法の規定に基づき保護の実施機関がした処分の取消しの訴えは、当該処分についての審査請求に対する「裁決を経る前」に、裁判所に提起しなければならない。（18-68　誤　「裁決を経た後」）

＜行政争訟＞
①公立の福祉施設での違法な行為によって生じた人身事故により損失を被った者は、その施設の設置者である自治体に対して損失補償を求めることが「できる」。（19-68　誤　「できない」）
②客観的訴訟とは、個人の権利利益の保護ではなく、客観的な法秩序の歪みを是正するための訴訟で、行政事件訴訟としては取消訴訟や義務付け訴訟が該当する。（19-68　誤　主観訴訟は①抗告訴訟＜取消訴訟、無効等確認訴訟、不作為の違法確認訴訟、義務付け訴訟、差止め訴訟、法廷外抗告訴訟＞②当事者訴訟である。客観訴訟は民衆訴訟と機関訴訟）
③行政不服審査の対象となる処分には、各本条に特別の定めがある場合を除くほか、公権力の行使に当たる事実上の行為で、人の収容、物の留置などその内容が継続的性質を有するものも含まれる。（19-68　正）
④被保護者は、生活保護法上の実施機関の処分に対して、生活保護法及び行政不服審査法に基づく「審査請求か行政訴訟のいずれかを自由に選択して争うことができる」。（19-68　誤　「はじめに審査請求が必要である」）

＜国家補償法　その1＞
①公務員が職務執行中に犯した不法行為については、国家賠償法の規定が適用され、民法の規定が「適用されることはない」。(3-147　誤　「適用されることがある」)
②国家賠償を請求する訴訟は行政事件訴訟であり、「民事訴訟ではない」。(3-147　誤　「民事訴訟の場合もある」)
③公務員が職務執行中に国民に損害を生じさせたときは、その行為が違法であれば、公務員に「**故意又は過失がなくても**」、国又は公共団体はその損害について賠償しなければならない。(3-147　誤　「故意又は過失が要件である」)
④公の営造物の設置管理に瑕疵があったため国民に損害が生じたときは、設置管理に**過失がなくても国又は公共団体は損害賠償の責任を負わなければならない**。(3-147　正)
⑤公権力の行使にあたる公務員が職務執行中に不法行為を犯したときは、被害者は、国又は公共団体のほか、当該「**公務員に対しても損害賠償を請求することができる**」。(3-147　誤　「公務員個人が原則責任を負わない」。公務を萎縮させてしまうから)
⑥国家賠償法第1条の公権力の行使に当たる公務員が、その職務を行うについて他人に損害を加えたときは、「**故意・過失がなくても**」、国又は公共団体は常に賠償責任を負う。(5-150　誤　「故意又は過失が要件である」)
⑦国家賠償法による国の賠償責任は、**外国人が被害者である場合にも**「**常に**」認められる。(5-150　誤　「相互保証がある外国のみ賠償責任を負う」)
⑧国又は公共団体は、公務員の不法行為につき損害を賠償した場合は、当該公務員に対して「**常に**」求償権を行使できる。(5-150　誤　「故意又は重大な過失があったとき」
⑨公立学校の教師が水泳授業で行う教育活動は、国家賠償法第1条にいう「公権力の行使」に含まれる。(5-150　正)
⑩国又は公共団体が、道路などの公の営造物の設置管理に瑕疵があったため他人に損害を加えた場合、「**過失がなければ賠償責任を負うことはない**」。(5-150　誤　「過失がなくても責任を負う＜無過失責任＞」)
⑪行政上の損失補償は、例えば、公益上適法に土地を収用する場合のように、特定人に対する加害行為の発生を法が認めている場合に行われる補償をいう。(6-126　正)
⑫国家賠償法第2条第1項の営造物の設置又は管理の瑕疵とは、営造物が通常有すべき安全性を欠いていることをいい、これに基づく国及び公共団体の賠償責任については、**過失の存在を必要としない**。(6-126　正)
⑬国家公務員が、その職務執行上**故意又は過失**により違法に他人に損害を与えた場合の賠償について国家賠償法は「国が賠償するが、状況によって、国はその公務員に求償権を有する。」と規定している。(9-127　改題　正)
⑭行政の賠償責任については、国家賠償法により一般的に定められている。(10-127　正)

⑮国家賠償法では、**公務員個人が賠償金を払うことはない**。(10-127　正)
⑯福祉サービスの民間委託下で起きた人身事故についての自治体の賠償責任は、当然には認められていない。(10-127　正)
⑰国家賠償法第1条第1項にいう「公務員」は、公務員の身分をもつ者に限られない。(10-127　正)
⑱公務員に不注意があって住民に被害を与えても、当該公務員は民法の規定に基づき不法行為責任を「問われることはない」。(10-127　誤　「民法第709条の責任を負う場合がある」)
⑲地方公共団体の設置する社会福祉施設の運営が社会福祉法人に委託されている場合、当該法人の職員の職務遂行上の**過失**によって生じた入所者への人身事故については、地方公共団体には国家賠償法上の責任は「生じない」。(11-68　誤　「生じる場合がある」。公の責任を民間などに転嫁することを禁じている)
⑳国又は地方公共団体の不作為による損害については、国家賠償法上の責任は「生じない」。(11-68　誤　「生じる場合がある」。薬事法上の権限不行使の損害が拡大した場合など)

＜国家補償法　その2＞
①公権力の行使にかかる一連の行為のうち、どの行為によって損害が生じたかを被害者側が「特定できない場合には、国又は地方公共団体の国家賠償法上の責任は生じない」。(11-68　誤　「特定できなくても客観的に職務執行の外形を備えた行為であれば責任を負う」)
②国又は地方公共団体が私人に損害を与えた場合、国家賠償法上の責任が生じないのであれば、国及び地方公共団体は、当該私人に損害賠償責任を「負うことはない」。(11-68　誤　「民法の規定で損害賠償責任を負う場合がある」)
③国家賠償法第1条第1項にいう「公権力の行使」には、公立学校の教師による教育活動も含まれる。(11-68　正)
④国家賠償請求訴訟では、「国又は地方公共団体の長」が被告となる。(13-70　誤　「国又は地方公共団体が責任を負う」)
⑤国家賠償法では、普遍的な人権保障の観点から、「すべての」外国人が等しく賠償を受けられることになっている。(13-70　誤　「相互保証がある外国のみ賠償責任を負う」)
⑥損失補償とは、適法な公権力の行使により特定人に生じた財産上の損失を、全体的な公平負担の見地から補償することをいう。(13-70　正)
⑦公の営造物の設置又は管理の瑕疵によって生じた損害に対する国家賠償法上の責任については、**無過失責任主義**が採られている。(15-69　正)

2 「処分の取消しの訴え」の仕組み

①申請を却下又は棄却した処分が判決によって取り消されたときは、処分行政庁は、再度「自由に」申請を審査し、処分をすることができる。(11-69　誤「判決の趣旨に従って判断する」)
②処分が違法であるときでも、裁判所は処分を取り消さずに、請求を棄却できる場合がある。(11-69　正)
③処分を取り消す判決は、訴訟当事者以外の者に対しても効力を有する。(11-69　正)
④行政庁の裁量処分の場合は、裁量権の範囲内であり、かつその濫用がないときは、裁判所はその処分を取り消すことができない。(11-69　正)
⑤処分の取消しの訴えが提起された場合、処分の効力・処分の執行又は手続の続行は「停止される」が、裁判所は決定をもって処分の全部又は一部についてこれを続行させることができる。(15-69　誤「停止しない」)

<行政救済>

①適法な公権力の行使によって加えられた損失に対し、公平負担の見地からこれを調整するために行う財産的保障を「国家賠償」という。(20-69　誤「損失補償」)
②「行政事件訴訟制度」とは、行政庁の違法又は不当な処分その他公権力の行使に当たる行為に関し、その行為の取り消しや見直しを行政庁に対して求める制度をいう。(20-69　誤「不服申立て制度」)
③行政不服申立てとは、行政庁の違法な公権力の行使に関する「不服の訴訟」をいう。(20-69　誤「不服を申し立てる制度」)
④行政不服審査法では、不服申立てとして、異議申立て、審査請求、再審査請求の3種類が認められている。(20-69　正)
⑤行政事件訴訟法は抗告訴訟を、処分の取消しの訴え、裁決の取消しの訴え、無効等確認の訴え、不作為の違法確認の訴え、差止めの訴えの「5つ」の形態に分類している。(20-69　誤「義務付け訴訟の以上6種類」)

第4節　行政の情報公開

1　情報公開と個人情報本人開示の法則、個人情報保護法

①情報化に伴う法の展開に関して、「財」として民法が想定してきたのは動産・不動産であるが、今日では、「情報」にも「財」としての法的保護を与える知的財産権に関する法の重要性が格段に増している。(14-61　正)
②情報化に伴う法の展開に関して、他人のパスワードを盗んで、コンピューターネットワークにアクセスし、他のコンピューターを利用しても、「現行法では処罰されない」。(14-61　誤「不正アクセス禁止法により処罰される」)
③情報化に伴う法の展開に関して、行政機関がコンピューター処理によって保持する個人情報について、本人は、情報内容の訂正の申出をすることができる。(14-61　正)

④情報化に伴う法の展開に関して、学歴、職歴等の個人情報の収集と公開は、ビジネスチャンスを生み出し、我が国経済の活性化に寄与するので、これを積極的に促進する法制度が「整備された」。(14-61　誤　「整備されていない」)
⑤行政機関の保有する情報の公開に関する法律では、日本国民のみならず、外国人にも開示請求権が認められている。(15-67　正)
⑥「情報公開法（行政機関の保有する情報の公開に関する法律）」に関して、この法律の目的規定（第1条）によれば、本法は、「国民主権の理念」にのっとり、行政文書の公開を請求する権利について定めること等により、公正で民主的な行政の推進に資することを目的としている。(17-70　正)
⑦「情報公開法」に関して、官報、白書は行政が作成した文書であり、この法律にいう「行政文書」に「該当する」。(17-70　誤　「該当しない」)
⑧「情報公開法」に関して、この法律にいう「行政文書」の開示の請求は、当該文書を保管する行政機関の長に対して行う。(17-70　正)
⑨「情報公開法」に関して、地方公共団体は、この法律の趣旨にのっとり、情報公開に関し必要な施策を策定し実施するよう努めなければならない。(17-70　正)
⑩「個人情報保護法」（個人情報の保護に関する法律）に関して、この法律による「個人情報」とは、生存しているか否かを問わず、氏名、生年月日その他の記述により「特定の個人を識別できるものをいう」。(18-69　誤　「特定の個人の識別に限定しない」)
⑪「個人情報保護法」に関して、個人情報取扱事業者は、個人情報を取得した場合、あらかじめその利用目的を公表している場合であっても、原則としてその利用目的を「改めて本人に通知しなければならない」。(18-69　誤　「改めて本人に通知する必要はない」)
⑫「個人情報保護法」に関して、児童の健全な育成の達成のために、特に必要がある場合で、本人の同意を得ることが困難な場合には、個人情報取扱事業者は、個人情報を第三者に提供してよい。(18-69　正)
⑬「個人情報保護法」に関して、個人情報取扱事業者は、本人から開示請求があった場合で、「第三者の権利利益を侵害するおそれがあっても、本人にその情報を開示しなければならない」。(18-69　誤　「第三者の権利利益を侵害するおそれがある場合には、本人に開示できない場合がある」)

＜「個人情報保護法」＞
①「個人情報」には、生存する個人に関する情報のほか、死者の個人情報も「含まれる」。(19-70　誤　「含まれない」)
②社会福祉法人は、社会福祉法に基づく特別な法人であるので、個人情報取扱事業者に「該当しない」こととされている。(19-70　誤　「該当する」)
③顧客情報だけでなく、従業員情報も「個人情報」に該当する。(19-70　正)
④個人情報取扱事業者は、「個人情報」を取り扱うに当たって、利用目的をできる限

り特定しなければならない。(19-70　正)

第5節　自治体行政の組織

1　自治体と国との組織的関わり

①地方公共団体の議会は地方公共団体の「最高機関」として、長その他の執行機関の職務の遂行を「監督する」。(3-148　誤　「執行機関の監督は長の権限である」)
②地方公共団体の議会と長との関係は大統領型であるから、議会は長の不信任を議決して長を失職させることが「できない」。(3-148　誤　「できる」)
③地方公共団体の議会は立法機関として条例を制定する。条例は議員が提案するのであって、長は条例を提案することが「できない」。(3-148　誤　「できる」)
④議会が予算を議決しないときは、長は自分の責任で予算を作り、必要な経費を支出することができる。(3-148　正)
⑤長は条例が違法であると考える場合でも、議会が議決した以上は、その条例を「執行しなければならない」。(3-148　誤　「執行しない場合がある」)
⑥公立デイサービスセンターや公立保育園のような住民が利用する「公の施設」の設置と管理の基本事項は、条例でこれを定めなければならない。(8-129　正)
⑦巡回入浴サービス実施要綱のような福祉行政の根拠・基準を定める地方公共団体の指導要綱は、住民生活に関係する地方公共団体の行政内規である。(8-129　正)
⑧条例は地方公共団体の議会立法であるが、「規則」「政令」「省令」「要綱」はそうではない。(9-126　改題　正)
⑨地方公共団体には、執行機関としての長、委員会及び「議会」が設置されている。(16-68　誤　「議会は議決機関である」)
⑩法定受託事務は、「機関委任事務」と行政事務の二つに分類できる。(16-68　誤　「機関委任事務は平成11年度の制度改正で廃止された」)
⑪自治事務とは、地方公共団体が処理する事務のうち、法定受託事務以外のものをいう。(16-68　正)
⑫地方公共団体は、法定受託事務に関して、条例を制定することが「できない」。(16-68　誤　「できる」)
⑬地方自治法は、地方公共団体を、普通地方公共団体と特別地方公共団体に分けており、そのうち、普通地方公共団体とは、都道府県、市町村のことであり、特別区は入らない。(17-69　正)
⑭普通地方公共団体は、その行政活動をすすめるに当たって、住民に義務を課す場合には「要綱」によらなければならない。(17-69　誤　「条例または法律の定め」)
⑮普通地方公共団体は、分担金、使用料、加入金及び手数料に関する事項については、条例でこれを定めなければならない。(17-69　正)
⑯普通地方公共団体は、「個別に議会の議決を経なければ」補助金を交付することが

「できない」。(17-69　誤「個別に議会の議決を経なくとも」補助金を交付することが「できる」)

第23回社会福祉士・精神保健福祉士　国家試験問題

＜権利擁護と成年後見制度＞

問題70　消費者契約法による「消費者契約」の消費者からの取消しに関する次の記述のうち、正しいものを一つ選びなさい。
1　「パチスロで確実に勝てる攻略情報を提供する」と説明され多額の会員登録料を支払ったが、実際には勝てなかった場合、消費者契約を取り消すことはできない。
2　元本保証のない金融商品を「絶対に儲かる」と勧誘し、実際には相場の暴落で元本割れさせてしまった場合、消費者契約を取り消すことはできない。
3　事業者からの消費者契約の勧誘に際して、消費者が事業者に対して住居又は業務を行っている場所から「退去してくれ」と言ったのに、事業者が退去しなかったので困惑して契約を締結してしまった場合、消費者契約を取り消すことはできない。
4　事業者からの消費者契約の勧誘に際して、消費者が事業者に対して勧誘を受けている場所から「退去したい」と言ったのに、退去させてくれなかったので困惑して契約を締結してしまった場合、消費者契約を取り消すことはできない。
5　事業者が、消費者の恋心を利用して「売り上げを上げるために協力して欲しい」と言って商品を購入させた場合、購入した消費者は、消費者契約を取り消すことはできない。

問題71　生活保護法における保護基準は、「健康で文化的な最低限度の生活を営む権利」を定めた日本国憲法第25条に由来する。次の記述のうち、この保護基準に関する最高裁判所の判決内容として、適切なものを一つ選びなさい。
1　主務大臣による保護基準の設定は、日本国憲法第25条に由来する生活保護法の規定によって拘束される覊束行為である。
2　生活保護法の保護基準に基づいて実施機関が行う保護の要否に関する決定は、自由裁量行為である。
3　保護基準の設定に関して、主務大臣が日本国憲法及び生活保護法の趣旨・目的に反し、法律によって与えられた裁量権の限界を超え又は裁量権を濫用した場合には違法な行為として司法審査の対象となることを免れない。
4　保護基準に関する生活保護法の規定は、一般的方針を規定しているにすぎない

訓示規定であり、同規定に基づく保護基準の設定は司法審査の対象とならない。
5　日本国憲法第 25 条が規定する「健康で文化的な最低限度の生活」は、人間としての生活の最低限度という一線を有する以上、理論的には特定の国における特定の時点において、客観的に決定すべきものである。

問題 72　事例を読んで、次の記述のうち、正しいものを一つ選びなさい。
〔事例〕
　Hさんは1年前に夫を亡くしてから物忘れが見られるようになり、日常生活自立支援事業を利用して一人暮らしを続けてきたが、最近、判断能力が著しく低下し、成年後見制度の利用が必要となった。
1　Hさんに身寄りがない場合、日常生活自立支援事業を実施している法人としての社会福祉協議会は、成年後見制度を利用するための申立てを家庭裁判所に行うことができる。
2　Hさんに身寄りがない場合、日常生活自立支援事業の生活支援員は、成年後見制度を利用するための申立てを家庭裁判所に行うことができる。
3　Hさんに保佐人が選任された場合、保佐人は、日用品の購入などHさんの日常生活に関する行為の取消しを行うことができる。
4　Hさんが別荘を建てるために所有している土地を売却することになった場合、保佐人がこれを代理するためには、保佐開始の審判とは別に、この土地を売却するための代理権の付与についても審判を受ける必要がある。
5　Hさんに保佐人が選任された場合、Hさんは遺産の分割については保佐人の同意を得る必要があるが、相続の承認や放棄については同意を得る必要はない。

問題 73　事例を読んで、次の記述のうち、正しいものを一つ選びなさい。
〔事例〕
　Jさん（63歳）は、仕事中に脳梗塞で倒れ、近くの救急病院に運ばれた。幸い意識を回復し、後遺症も残らなかったが、Jさんは後々のことも考えて任意後見契約を締結することにした。
1　Jさんが任意後見契約を締結するには、公正証書の作成が必要である。
2　Jさんが任意後見契約を締結した後、判断能力を喪失した場合には、任意後見契約はその効力を失う。
3　Jさんの任意後見契約が登記された後、判断能力を喪失した場合、Jさんの姉は、家庭裁判所に対し、任意後見監督人の選任を請求することはできない。
4　Jさんの任意後見契約が登記されている場合、家庭裁判所はJさんに対する後見開始の審判をすることはできない。
5　家庭裁判所は、Jさんの任意後見人に不正な行為があるとき、その職権で任意

後見人を解任することができる。

問題74　親権者に関する次の記述のうち、正しいものを一つ選びなさい。
1　父母の婚姻中、嫡出子の親権は、父又は母のいずれか一方が行う。
2　父母の離婚後、嫡出子の親権は、父母が共同して行う。
3　父母の離婚に際し、父母の協議で親権者を定めることはできない。
4　嫡出でない子の親権は、子を認知した父と母の協議で父が親権者となれば、父が行う。
5　嫡出でない子の親権は、子を認知した父と母とが共同して行う。

問題75　日常生活自立支援事業に関する次の記述のうち、正しいものを一つ選びなさい。
1　日常生活自立支援事業は国庫補助事業であり、第二種社会福祉事業に規定された「福祉サービス利用援助事業」に該当する。
2　日常生活自立支援事業の実施主体は都道府県であり、事業の一部を地域包括支援センターに委託できることになっている。
3　日常生活自立支援事業の利用者の内訳は、認知症高齢者、知的障害者、精神障害者がほぼ同じ割合となっている。
4　日常生活自立支援事業の事業内容には、福祉サービスの利用援助や苦情解決制度の利用援助のほか、本人の契約行為の取消しを含む日常的金銭管理などがある。
5　日常生活自立支援事業において具体的な支援を行う生活支援員は、社会福祉士や精神保健福祉士の資格があって一定の研修を受けた者とされている。

問題76　「児童虐待防法」及び「高齢者虐待防止法」における虐待の定義規定に関する次の記述のうち、正しいものを一つ選びなさい。
1　いわゆる心理的虐待について、「児童虐待防止法」では規定しているが、「高齢者虐待防止法」では規定していない。
2　いわゆる経済的虐待について、「児童虐待防止法」では規定していないが、「高齢者虐待防止法」では規定している。
3　いわゆる性的虐待について、「児童虐待防止法」では規定していないが、「高齢者虐待防止法」では規定している。
4　いわゆるネグレクトについて、「児童虐待防止法」では規定しているが、「高齢者虐待防止法」では規定していない。
5　いわゆる施設内虐待について、「児童虐待防止法」では規定しているが、「高齢者虐待防止法」では規定していない。
（注）1　「児童虐待防止法」とは、「児童虐待の防止等に関する法律」のことである。

2 「高齢者虐待防止法」とは、「高齢者虐待の防止、高齢者の養護者に対する支援等に関する法律」のことである。

＜更生保護制度＞

問題 147 更生保護制度の概要に関する次の記述のうち、正しいものを一つ選びなさい。
1 更生保護は、社会の保護を目的とすることから、社会福祉とは方法は異なっても対象とする者は全く同じである。
2 更生保護の対象者のうち18歳未満の者は、児童福祉法が規定する児童に該当するから、基本的には児童相談所が主務庁となる。
3 更生保護とは、心神喪失等の状態で重大な他害行為を行った者に対し、その病状の改善及びこれに伴う同様の行為の再発の防止を図ることである。
4 更生保護は、刑事司法の一翼を担うが、脱施設化の社会的趨勢の中で、地方公共団体が行う法定受託事務とされている。
5 更生保護は、犯罪をした者及び非行のある少年が、再び犯罪をすることを防ぎ又はその非行をなくし、善良な社会の一員として自立し、改善更生することを助けるものである。

問題 148 更生保護法にいう生活環境の調整に関する次の記述のうち、正しいものを一つ選びなさい。
1 生活環境の調整は、本人の改善更生の度合いに応じて行われ、実効性を高めるために、本人の現状を最も把握している矯正施設職員によって行われる。
2 生活環境の調整は、必然的に対象とする者の家族等への介入を伴うので、不当な権力の行使を防止するために、裁判所の発する令状をもって着手される。
3 生活環境の調整は、対象者の釈放後の住居・就業先の確保等を中心に行われる。
4 保護観察所の長は、生活環境の調整を行うに当たり、本人に関する個人情報の秘密保持をいかなる場合においても最優先することが要請される。
5 保護観察所の長には、重大な刑事事件については刑の決定前に、裁判所に対し生活環境調整結果報告書の提出が求められており、その報告書は判決の内容に反映される。

問題 149 事例を読んで、保護観察官が行った更生緊急保護の措置に関する次の記述のうち、最も適切なものを一つ選びなさい。
〔事例〕
Ｐさん（34歳、男性、未婚）は、傷害事件により懲役１年執行猶予３年保護観察付きの刑の言渡しを受けたが、住所不定であり、所持金も２千円しかないとして、

刑確定前に保護観察所に保護を求めてきた。Ｐさんには幼少時に被虐待体験があり、家族とは長期間疎遠で、就労技能もなく、過去に頻繁に転職してきた。
1　被虐待体験が精神的外傷となり犯罪の遠因になっていると判断し、今後しばらくの間、定期的にＰさんにカウンセリングを行うことにした。
2　Ｐさんに就労につながる職能や資格がないことが社会適応を難しくしていると判断し、自治体が行っている職業訓練講座の受講を勧めた。
3　長らく家族と音信不通になっているＰさんにとっては、生活の再建には家族との再統合が不可欠と考え、家族関係の調整をすることにした。
4　居住場所を確保する必要があると考え、Ｐさんを更生保護施設に入所できるようにした。
5　生活保護を受給させて早急に生活の安定を図る必要があると考え、Ｐさんの住民登録がなされているＺ市の福祉事務所を紹介した。

問題150　医療観察制度における社会復帰調整官に関する次の記述のうち、正しいものを一つ選びなさい。
1　対象者が指定入院医療機関に入院中には退院後の生活環境の調整に当たり、退院後には精神保健観察を実施する。
2　指定入院医療機関の医療サービスの確保、社会復帰施設への入所及び精神保健福祉サービスによる支援の３点を柱に、対象者が地域社会で健全な生活が送れるように支える。
3　地域の連携の中心となる役割のほか、訪問や面接などの直接的なかかわりを行い、医療や地域生活での相談支援は行うが、対象者の病状の悪化時の対応は行わない。
4　任用資格は、更生保護法によって精神保健福祉士や看護師等とされている。
5　地方裁判所で行われる当初審判の段階から関与する立場にはないが、処遇のコーディネーター役を果たすことが求められる。

第22回社会福祉士・精神保健福祉士　国家試験問題

＜権利擁護と成年後見制度＞
問題70　日本国憲法が保障する基本的人権と権利に関する次の記述のうち、適切なものを一つ選びなさい。
1　憲法の基本的人権の保障は、特別の定めがある場合を除き、外国人には及ばない。

2　憲法の基本的人権規定は、国又は地方公共団体と個人との関係を規律するものであり、私人間にその効力が及ぶことはない。
3　抑留又は拘禁された後、無罪の裁判を受けた者が、国に対してその補償を求めるのは、憲法が認める権利である。
4　基本的人権は、侵すことのできない永久の権利であり、憲法条文に制限の可能性が明示されている場合に限り、制約を受ける。
5　最高裁判所の判例によれば、憲法第25条の内容については立法府の広い裁量に委ねられており、著しい濫用や逸脱があっても司法審査の対象とはならない。

問題71　瑕疵担保責任に関する次の記述のうち、正しいものを一つ選びなさい。
1　買主は、購入した物を第三者に譲渡した後でも、売主に瑕疵担保責任を追及することができる。
2　瑕疵担保責任の効果として、代金減額請求が認められている。
3　契約当時、客観的に明らかな瑕疵があったという場合でも、瑕疵担保責任が認められる。
4　強制競売で買ってきた物についても、瑕疵担保責任が認められる。
5　瑕疵担保責任の追及は、瑕疵を知ってから3年以内にしなくてはならない。

問題72　事例を読んで、Jさんの対応に関する次の記述のうち、正しいものを一つ選びなさい。
〔事　例〕
　Jさんは、要介護1の認定を受け、現在、介護保険事業者の通所介護を週2回利用している。だがJさんは、この要介護認定に不満を感じており、また、実際に受けているサービス内容も、契約内容と違うことに不満を感じている。
1　Jさんは、介護保険審査会に置かれている専門調査員に事業者のサービス内容について調査を求めることができる。
2　Jさんは、国民健康保険団体連合会に苦情を申し立てた上で、苦情の解決に向けて「あっせん」を行うことを同連合会に対して求めることができる。
3　Jさんは、契約どおりのサービスの履行を求めて、事業者を監督する行政庁に行政不服審査法に基づく不服申立てを行うことができる。
4　Jさんは、要介護認定の結果について介護保険審査会に審査請求をすることができる。
5　Jさんは、行政上の不服申立てを経ることなく要介護認定の取消しを求めて行政訴訟を提起することができる。

問題73　成年後見に関する次の記述のうち、正しいものを一つ選びなさい。

1　成年被後見人が建物の贈与を受けたとき、成年後見人はこれを取り消すことができない。
2　保佐開始の審判を受けていた者が、事理弁識能力を欠く常況になった場合には、家庭裁判所は、職権で後見開始の審判を行うことができる。
3　成年被後見人が成年後見人の同意を得ないでした婚姻は、これを取り消すことができる。
4　自己の所有する不動産を売却した成年被後見人は、成年後見人の同意を事前に得ていた場合には、これを取り消すことができない。
5　成年被後見人が自己の所有する不動産を売却したとき、その時点で意思能力を有していた場合でも、成年後見人は契約を取り消すことができる。

問題74　「成年後見関係事件の概況」による成年後見制度の動向に関する次の記述のうち、正しいものを一つ選びなさい。
1　成年後見関係事件の申立件数を見ると、任意後見監督人選任が後見開始よりも多い。
2　法定後見の中で、補助開始、保佐開始、後見開始の申立件数を比較すると、補助開始が後見開始よりも多い。
3　法定後見の申立人の内訳を見ると、親族よりも市町村長が多い。
4　法定後見の主な申立ての動機を見ると、身上監護よりも財産管理処分が多い。
5　成年後見人等と本人との関係を見ると、社会福祉士、弁護士、司法書士が選任される割合が親、子、兄弟姉妹、配偶者、その他親族が選任される割合よりも多い。
（注）「成年後見関係事件の概況」とは、「成年後見関係事件の概況～平成19年4月から平成20年3月～」（最高裁判所事務総局家庭局）のことである。

問題75　事例を読んで、専門員Kの対応に関する次の記述のうち、最も適切なものを一つ選びなさい。
〔事 例〕
　日常生活自立支援事業の利用者Lの事理弁識能力が著しく低下したため、専門員Kはその意思を確認できなくなり、新たな支援計画を策定することも困難となっている。現在、利用者Lの親族Mが適切な支援を行っているが、今後は施設入所を念頭に置かざるを得ない。
1　専門員Kは、日常生活自立支援事業の利用契約を利用者Lから解約することを促す。
2　専門員Kは、事務管理として新たな支援計画を策定し、新たな支援方法を継続し続ける。
3　専門員Kは、日常生活自立支援事業の利用契約を社会福祉協議会が直ちに解約

するよう促す。
4　専門員Ｋは、親族Ｍに成年後見開始審判の申立てを促して、成年後見制度の利用につなげる支援を行う。
5　専門員Ｋは、親族Ｍの意思を確認することなく、法人成年後見人となるよう社会福祉協議会に働きかける。

問題76　家庭裁判所の役割に関する次の記述のうち、正しいものを一つ選びなさい。
1　家庭裁判所は、離婚調停を取り扱うが、離婚訴訟は取り扱わない。
2　遺留分の減殺は、家庭裁判所が取り扱う家事審判事項に含まれない。
3　相続の放棄は、家庭裁判所が取り扱う家事審判事項に含まれない。
4　家庭裁判所は、少年の保護事件について審判することはできない。
5　離婚に伴う財産分与は、家庭裁判所が取り扱う家事審判事項に含まれない。

＜更生保護制度＞
問題147　保護観察の目的に関する次の記述のうち、正しいものを一つ選びなさい。
1　犯罪をした者及び非行のある少年に対し、本人の申出に基づき、社会内で適切な処遇を行うことにより、再犯を防ぎ、又はその非行をなくし、これらの者の自立と改善更生を助ける。
2　犯罪をした者及び非行のある少年に対し、矯正施設内で適切な処遇を行うことにより、再犯を防ぎ、又はその非行をなくし、これらの者の自立と改善更生を助ける。
3　犯罪をした者及び非行のある少年に対し、社会内で適切な処遇を行うことにより、再犯を防ぎ、又はその非行をなくし、これらの者の自立と改善更生を助ける。
4　犯罪及び非行を行うおそれのある者に対し、予防的に社会内で適切な処遇を行うことにより、これらの者の自立と改善更生を助ける。
5　犯罪をした者及び非行のある少年に対し、社会内で適切な処遇を行うことにより、これらの者が生業に就く機会を保障し、社会的に自立し改善更生することを助ける。

問題148　事例を読んで、この場合の法律関係に関する次の記述のうち、仮釈放の手続として、正しいものを一つ選びなさい。
〔事例〕
裁判所によって３年の懲役刑の言渡しを受けた受刑者が、まじめに刑務所生活を送り、改悛の状があると評価され、２年を経過したところで、仮釈放の手続がとられることになった。
1　仮釈放は、検察官が許可した場合に許される。
2　仮釈放は、地方更生保護委員会の決定があれば許される。

3 仮釈放は、裁判員の合意があれば許される。
4 仮釈放は、裁判所の判断があれば許される。
5 仮釈放は、矯正施設の長が認めれば許される。

問題149 更生緊急保護に関する次の記述のうち、正しいものを一つ選びなさい。
1 更生緊急保護は、保護観察所長が自ら行い、又は更生保護法人やその他の適当な者に委託して行う。
2 更生緊急保護は、その対象となる者が刑事上の手続き又は保護処分による身体の拘束を解かれた後2年を超えない範囲内において行うものとされている。
3 少年院から退院した者、又は仮退院を許され保護観察に付されている者は、更生緊急保護の対象となる。
4 更生緊急保護は、対象となる要件を備えた者についてその再犯を予防するために必要があると検察官が認めたときに限り、行うものとされている。
5 更生緊急保護の対象となる者が、専門学校進学のための十分な資金を持たない場合、更生緊急保護で給与することができる。

問題150 「医療観察法」の医療観察制度に関する次の記述のうち、正しいものを一つ選びなさい。
1 精神保健観察は、刑法上のすべての犯罪行為に対して適用される制度である。
2 医療観察は、厚生労働省で定める基準に適合する私立病院において医療を行う制度である。
3 精神保健観察は、必要な医療を受けているか否か及びその生活の状況を見守る制度である。
4 医療観察は、精神保健審判員の判断によって、退院を許可することができる制度である。
5 医療観察は、指定入院医療機関の管理者が、入院の申立てをする制度である。
（注）「医療観察法」とは、「心神喪失等の状態で重大な他害行為を行った者の医療及び観察等に関する法律」のことである。

第21回社会福祉士・精神保健福祉士　国家試験問題

＜法　学＞
問題61 我が国の地方自治に関する次の記述のうち、正しいものを一つ選びなさい。

1 日本国憲法の地方自治の本旨には、団体自治と住民自治の要素があるとされている。
2 地方公共団体の議会の議員は、当該地方公共団体の長を選出することができる。
3 日本国憲法は、一地方公共団体のみに適用される特別法の制定を認めていない。
4 条例と法律とが矛盾抵触した場合、当該地方公共団体では条例が優越する。
5 地方公共団体は、条例に罰則の規定を設けることができない。

問題62　基本的人権に関する次の記述のうち、最高裁判所判例の趣旨に即して適切なものを一つ選びなさい。
1 拘置所長は、未決拘禁者の新聞紙の閲読の自由を制限できない。
2 拘置所長は、死刑確定者の信書の発送を制限できない。
3 国は、法律によって公務員の政治的行為を禁止できる。
4 裁判所は、名誉を毀損した者に対し、謝罪広告を命ずることはできない。
5 裁判所は、仮処分による出版物の事前差止めはできない。

問題63　人権に関する次の記述のうち、日本国憲法の条文として規定されていないものを一つ選びなさい。
1 すべて国民は、法の下に平等であって、人種、信条、性別、社会的身分又は門地により、政治的、経済的又は社会的関係において、差別されない。
2 すべて国民は、個人として尊重される。生命・自由及び幸福追求に対する国民の権利については、公共の福祉に反しない限り、立法その他の国政の上で、最大の尊重を必要とする。
3 家族は、社会の自然かつ基礎的な単位であり、社会及び国による保護を受ける権利を有する。
4 国は、すべての生活部面について、社会福祉、社会保障及び公衆衛生の向上及び増進に努めなければならない。
5 児童は、これを酷使してはならない。

問題64　犯罪と更生保護に関する次の記述のうち、正しいものを一つ選びなさい。
1 「法律なければ犯罪なし」と表現される考え方を、過失責任主義という。
2 犯罪の成立要件は、構成要件該当性、違法性、予見可能性の3つである。
3 刑法が定める責任無能力者は、心神喪失者と成年被後見人である。
4 我が国において保護観察は、刑法が規定する刑罰の一つに位置づけられている。
5 保護観察における補導援護は、更生保護事業を営む者等に委託できる。

問題65　委任契約に関する次の記述のうち、正しいものを一つ選びなさい。

1　受任者は、委任事務を処理するについて費用を要するときであっても、委任者に対し、その前払いを請求することはできない。
2　委任契約について、民法は、委任者が成年後見開始の審判を受けた場合を終了事由としている。
3　無償の委任契約の場合、受任者は、善良な管理者としての注意をもって事務を処理する必要はない。
4　委任者の利益のみのためにされた委任契約の場合、委任者は、やむを得ない事由がある場合に限り委任契約を解除することができる。
5　受任者は、委任者のために自己の名で取得した権利を委任者に移転しなければならない。

問題66　婚姻と離婚に関する次の記述のうち、正しいものを一つ選びなさい。
1　未成年者が婚姻した場合、その者が成年年齢に達するまでの間は、引き続き親権又は後見に服することになる。
2　夫婦の一方が婚姻前から有していた財産は、婚姻後は夫婦の共有財産となる。
3　最高裁判所判例は、有責配偶者からの離婚請求を一定の条件の下で認めている。
4　民法には、両親が離婚したときに、親権者にならなかった親と子が面接交渉（面会交流）する権利に関する条文がある。
5　夫婦が協議離婚する場合、その子の養育費に関する取決めを離婚届に記載しなければならない。

問題67　遺言に関する次の記述のうち、正しいものを一つ選びなさい。
1　遺言は、15歳未満の者がした場合であっても、取り消されるまでは有効である。
2　自筆証書遺言は、家庭裁判所における検認手続を経ないと、有効なものとならない。
3　遺言で遺言執行者を指定することはできるが、遺言執行者の指定を第三者に委託することはできない。
4　前の遺言が後の遺言と抵触するとき、その抵触する部分は、後の遺言で前の遺言を撤回したとみなされる。
5　遺言は、特別な法律行為であるため停止条件を付すことはできない。

問題68　行政手続に関する次の記述のうち、正しいものを一つ選びなさい。
1　行政手続法は、国及び地方公共団体が法律や条例などに基づいて行う処分や行政指導などに関し、共通事項を定め、行政運営における公正の確保と透明性の向上を図ることを目的としている。
2　裁判の執行としてされる処分は、行政手続法の適用除外とされているが、不服

申立てに対する行政庁の裁決、決定その他の処分には、行政手続法が適用される。
3　意見公募手続は、行政機関が命令等を制定するに当たって、事前に命令等の案及び関連資料を公示し、広く一般の意見を求めるために、行政手続法の改正によって導入された制度である。
4　不利益処分をする場合の意見陳述のための手続きには、「聴聞」と「弁明の機会の付与」とがあり、いずれの場合も口頭で行われることを原則としている。
5　行政庁が申請に対する処分の「審査基準」と不利益処分に対する「処分基準」を作成し公表することは、努力義務ではなく法律上の義務である。

問題69　介護サービスの利用に関する次の記述のうち、抗告訴訟の対象となり得るものを一つ選びなさい。
1　要介護・要支援認定の結果に対して不満があるとき。
2　介護支援専門員のケアプラン（居宅サービス計画）の内容に対して不満があるとき。
3　地域包括支援センターで受けた相談内容に不満があるとき。
4　運営適正化委員会による苦情の解決のあっせんに不満があるとき。
5　介護老人福祉施設のサービス内容に不満があるとき。

問題70　地方公共団体に関する次の記述のうち、正しいものを一つ選びなさい。
1　都道府県、市町村、特別区（東京23区）は、いずれも普通地方公共団体である。
2　普通地方公共団体の長は、議会における条例の制定、改廃、予算に関する議決について異議があるときは、理由を示してこれを再議に付すことができる。
3　普通地方公共団体の議会は、議員数の3分の2以上の者が出席し、その過半数の者の同意があれば、当該地方公共団体の長に対する不信任の議決をすることができる。
4　地方公共団体の事務は、地方自治法上、自治事務、法定受託事務、機関委任事務に区分することができる。
5　都道府県と市町村のいずれにも設置しなければならない地方自治法上の執行機関としての委員会には、教育委員会、選挙管理委員会、公安委員会などがある。

第20回社会福祉士・精神保健福祉士　国家試験問題

＜法　学＞

問題61 労働基準法等にみる職場の法律関係に関する次の記述のうち、適切なものを一つ選びなさい。
 1 労働基準法があるため、民法には雇用契約に関する条文は存在しない。
 2 医療職や福祉職の被用者には、原則として労働基準法は適用されない。
 3 外国籍の労働者には、原則として労働基準法は適用されない。
 4 企業外での非行を理由とする懲戒解雇は、法律上例外なく、禁止されている。
 5 就業規則を変更するとき、使用者は労働組合等の意見を聴かなくてはならない。

問題62 憲法の社会権規定に関する次の記述のうち、正しいものを一つ選びなさい。
 1 生存権に関する日本国憲法の規定は、大日本帝国憲法の社会権規定を受け継いだものである。
 2 最高裁判所判例は、日本国憲法第25条の趣旨に応えて行政がいかなる措置を講ずるかはその裁量に委ねられており、著しい濫用や逸脱があっても司法審査の対象とはならないとする。
 3 最高裁判所判例は、労働基本権の保障は公務員にも及ぶとしつつ、一定の制約を加えることについては日本国憲法に違反しないとする。
 4 日本国憲法は国民の勤労の権利について規定している。しかし、勤労の義務については、人権保障とは関係がないので規定していない。
 5 争議権は日本国憲法で保障された権利であることから、争議行為時における暴力の行使や他人の身体への加害は、労働組合の正当な行為として免責される。

問題63 憲法に関する次の記述のうち、誤っているものを一つ選びなさい。
 1 通常の法律改正と同じ手続で改正できる憲法のことを軟性憲法という。
 2 その国の政治形態が立憲主義と分類されるためには、憲法が成文化されている必要がある。
 3 大日本帝国憲法は、立憲主義の憲法ではあったが、国民主権、権力分立、基本的人権の保障などの原理に立脚していなかったため、外見的立憲主義と呼ばれる。
 4 日本国憲法は、参政権として、公務員を選定し罷免する権利のほか、最高裁判所裁判官の任命に関する国民審査、地方特別法の制定に関する住民投票などを保障

している。
5　法の支配の内容として重要なのは、憲法の最高法規性、個人の人権保障、法の適正手続、裁判所の役割の重視などである。

問題 64　最高裁判所の判例に関する次の記述のうち、正しいものに○、誤っているものに×をつけた場合、その組み合わせとして正しいものを一つ選びなさい。
　A　人は、自己の容貌等撮影された「写真」をみだりに公表されない人格的利益を有する。
　B　人は、自己の容貌等を描写した「イラスト画」については、これをみだりに公表されない人格的利益を有するとはいえない。
　C　報道の自由とともに、報道のための取材の自由も、憲法第21条の精神に照らし、十分尊重に値する。
　D　取材源の秘匿は、取材の自由を確保するために必要とまではいえず、重要な社会的価値を有するとはいえない。
　（組み合わせ）
　　　A　B　C　D
　1　○　○　×　×
　2　○　×　○　×
　3　○　×　×　○
　4　×　○　×　×
　5　×　×　○　○

問題 65　親権に関する次の記述のうち、正しいものを一つ選びなさい。
1　養子は、養親・実親の双方の親権に服する。
2　父が認知した子に対する親権者は、原則として父となる。
3　親権者は、子と利益が相反する行為を行う場合には、家庭裁判所に許可を求めなければならない。
4　親権者は善良な管理者としての注意をもって、子の財産を管理しなければならない。
5　親権者が子に身体的虐待を加えた場合、その子の祖母の請求によっても、家庭裁判所は親権の喪失を宣告することができる。

問題 66　成年後見人の職務に関する次の記述のうち、正しいものには○、誤っているものには×をつけた場合、その組み合わせとして正しいものを一つ選びなさい。
　A　成年後見人はその職務として、成年被後見人の生活・療養看護に関して代理権を行使することができるが、そのための費用の支出については代理権がない。

B 成年後見人はその職務として、成年被後見人の財産に関して代理権を行使することができるが、自己決定権の尊重という理念に基づき、成年被後見人の行った法律行為については、取消権を行使できない。
C 成年後見人がその職務を行う際には、成年被後見人の意思を尊重し、かつ、その心身の状態及び生活の状況に配慮しなければならない。
D 成年後見人の職務は、例えば成年被後見人の介護のために福祉サービス契約を締結することであって、現実の介護行為を行うことまでは含まれない。

（組み合わせ）

	A	B	C	D
1	○	○	×	○
2	○	×	○	×
3	×	○	×	×
4	×	×	○	○
5	×	×	○	×

問題 67 いわゆるクーリングオフに関する次の記述のうち、正しいものを一つ選びなさい。
1 「特定商取引法」では、クーリングオフの権利行使は「書面」によるとされているため、口頭や電話によるクーリングオフは認められない。
2 「特定商取引法」は、クーリングオフの期間を8日間としているので、8日目にクーリングオフの通知を郵送しても、事業者に届いたのが9日目であればクーリングオフは認められない。
3 訪問販売により、アルミテラスの設置工事を伴う契約を結んだ場合、消費者は、既に業者がその工事に着手していても、クーリングオフの権利を行使することで原状回復を無償で請求することができる。
4 訪問販売であっても、現金取引の場合には、原則としてクーリングオフは認められない。
5 通信販売で「返品に応じない」旨の特約の表示があっても、クーリングオフによって契約を解除することができる。
（注）「特定商取引法」とは、「特定商取引に関する法律」のことである。

問題 68 行政手続法で行政庁が行うことが求められている事項に関する次の記述のうち、法的義務であるものに○、そうでないものに×をつけた場合、その組み合わせとして正しいものを一つ選びなさい。
A 申請が行政庁の事務所に到達してから当該申請に対する処分をするまでに、通常要すべき標準的な期間を定めること。

B 申請により求められた許認可等をするかどうかを、その法令の定めに従って判断するために必要とされる審査基準を定めること。
C 申請により求められた許認可等を拒否する処分を行う場合に、申請者に対して理由を提示すること。
D 申請者の求めに応じ、当該申請に係る審査の進行状況や処分の時期の見通しについて情報を提供すること。
（組み合わせ）

	A	B	C	D
1	○	○	×	×
2	○	×	○	○
3	○	×	×	○
4	×	○	○	×
5	×	×	○	○

問題69 いわゆる行政救済法に関する次の記述のうち、正しいものを一つ選びなさい。
1 適法な公権力の行使によって加えられた損失に対し、公平負担の見地からこれを調整するために行う財産的保障を国家賠償という。
2 行政事件訴訟制度とは、行政庁の違法又は不当な処分その他公権力の行使に当たる行為に関し、その行為の取り消しや見直しを行政庁に対して求める制度をいう。
3 行政不服申立てとは、行政庁の違法な公権力の行使に関する不服の訴訟をいう。
4 行政不服審査法では、不服申立てとして、異議申立て、審査請求、再審査請求の3種類が認められている。
5 行政事件訴訟法は抗告訴訟を、処分の取消しの訴え、裁決の取消しの訴え、無効等確認の訴え、不作為の違法確認の訴え、差止めの訴えの5つの形態に分類している。

問題70 次の記述のうち、地方公共団体が行う自治事務として正しいものを一つ選びなさい。
1 就学に関する事務。
2 生活保護の決定と実施に関する事務。
3 精神障害者に対する本人の同意によらない入院措置に関する事務。
4 「感染症予防法」に基づき行われる健康診断及び就業制限に関する事務。
5 一般旅券（パスポート）の発給に関する事務。
（注）「感染症予防法」とは、「感染症の予防及び感染症の患者に対する医療に関する法律」のことである。

第19回社会福祉士・精神保健福祉士　国家試験問題

<法　学>
問題61　次の記述のうち、正しいものに○、誤っているものに×をつけた場合、その組み合わせとして正しいものを一つ選びなさい。
　A　過料は、刑罰の一つである科料と異なり、行政上の秩序罰である。
　B　親族間の傷害罪は親告罪となり、被害者の告訴がなければ公訴を提起できない。
　C　簡易裁判所においても、刑事事件を扱う場合には5年以上の懲役刑を科すことができる。
　D　少年の刑事事件において、死刑をもって処断すべきときは、10年以上15年以下の有期の懲役刑を科すことになる。
　　（組み合わせ）
　　　　A　B　C　D
　　1　○　×　○　×
　　2　○　×　×　×
　　3　×　○　○　○
　　4　×　○　×　○
　　5　×　×　○　×

問題62　次の記述のうち、最高裁判所の判例の趣旨に即して正しいものに○、誤っているものに×をつけた場合、その組み合わせとして正しいものを一つ選びなさい。
　A　憲法第13条に基づく個人の私生活上の自由の一つとして、何人もみだりに指紋の押なつを強制されない自由を有する。
　B　宗教上の信念に基づき、自分自身への輸血を伴う医療行為を拒否する意思決定をする権利は、人格権の一内容として尊重される。
　C　相続財産について、非嫡出子に嫡出子の2分の1の法定相続分しか認めない民法の規定は、法の下の平等の原則（憲法第14条）に反しない。
　D　警察官が正当な理由もないのに、みだりに個人の容貌等を撮影することは、憲法第13条の趣旨に反し許されない。
　　（組み合わせ）
　　　　A　B　C　D
　　1　○　○　○　×

2	○	○	×	○
3	○	×	×	○
4	×	○	○	×
5	×	×	○	○

問題 63 次の記述のうち、最高裁判所の判例の趣旨に即して正しいものに○、誤っているものに×をつけた場合、その組み合わせとして正しいものを一つ選びなさい。

A 複数の社会保障給付が同一人に併給されるのを禁止または制限する「併給調整」の規定は、合理的理由のない不当な差別であり許されない。

B 女性に対して婚姻の解消後100日間、法律によって再婚を禁止することは、女性についてのみ不合理な差別を強いるものであり許されない。

C 憲法の人権規定は、私人間にも直接適用されるので、企業が労働者の雇入れをその思想や信条を理由に拒否することは、当然に違法となり許されない。

D 衆議院議員選挙における議員定数の配分において、一票当たりの「投票価値の平等」を考慮しないことは、選挙権の平等に反しており許されない。

（組み合わせ）

	A	B	C	D
1	○	○	○	×
2	○	○	×	×
3	×	○	○	×
4	×	×	○	○
5	×	×	×	○

問題 64 日本国憲法の財政条項に関する次の記述のうち、正しいものの組み合わせを一つ選びなさい。

A 予算について参議院が衆議院と異なった議決を行った場合、両議院の協議会を開いても意見が一致しないときは、衆議院の議決を国会の議決とする。

B 公の支配に属するか否かを問わず、慈善博愛の事業に対して、公金その他の公の財産を支出し又はその利用に供することはできない。

C 法律の根拠に基づかない通達によって、新たに租税を課し、又は現行の租税を変更することは認められない。

D 地方税は租税法律主義の対象外のため、国民健康保険税（国保税）に関する条例が定められていなくても、市町村長は国保税を賦課徴収することができる。

（組み合わせ）
1 A B
2 A C

3　B　C
4　B　D
5　C　D

問題65　相隣関係に関する次の記述のうち、誤っているものを一つ選びなさい。
1　民法には、日照権を定めた明文規定がない。
2　隣地の騒音につき、それが社会生活上許される程度のものならば、受忍しなければならない。
3　隣地を観望できる窓があるからといって、常に目隠しをしなければならないわけではない。
4　土地所有者は、隣地の木の枝が境界線を越えて伸びてきた場合、その枝を自ら切り取ることができる。
5　土地所有者は、境界付近の建物を修繕するために必要ならば、隣地の使用を請求することができる。

問題66　親子関係に関する次の記述のうち、正しいものを一つ選びなさい。
1　母とその非嫡出子との間の民法上の親子関係は、最高裁判所の判例によれば、分娩の事実によって当然に発生するものではなく、母の認知によって発生する。
2　都道府県知事の里親委託の措置によって、里親と里子との間には民法上の親子関係が発生する。
3　相続開始のときに懐胎されていた胎児は、出生すれば相続時に遡って相続人となる。
4　普通養子の相続権は、養親子間のみに存する。
5　特別養子の相続権は、実親子間のみに存する。

問題67　未成年後見人、成年後見人に関する次の記述のうち、正しいものに○、誤っているものに×をつけた場合、その組み合わせとして正しいものを一つ選びなさい。
A　未成年後見人、成年後見人ともに、必ず家庭裁判所によって選任される。
B　未成年後見人と成年後見人は複数でもよい。
C　未成年後見人、成年後見人ともに、正当の事由があるときは、家庭裁判所の許可を得て辞任することができる。
D　未成年後見人、成年後見人ともに、その被後見人の婚姻について同意権を有する。

（組み合わせ）
　　　A　B　C　D
1　　○　○　×　×

2	○	×	○	×
3	○	×	×	○
4	×	○	○	×
5	×	○	×	○

問題68 行政争訟に関する次の記述のうち、正しいものに○、誤っているものに×をつけた場合、その組み合わせとして正しいものを一つ選びなさい。

A 公立の福祉施設での違法な行為によって生じた人身事故により損失を被った者は、その施設の設置者である自治体に対して損失補償を求めることができる。

B 客観的訴訟とは、個人の権利利益の保護ではなく、客観的な法秩序の歪みを是正するための訴訟で、行政事件訴訟としては取消訴訟や義務付け訴訟が該当する。

C 行政不服審査の対象となる処分には、各本条に特別の定めがある場合を除くほか、公権力の行使に当たる事実上の行為で、人の収容、物の留置などその内容が継続的性質を有するものも含まれる。

D 被保護者は、生活保護法上の実施機関の処分に対して、生活保護法及び行政不服審査法に基づく審査請求か行政訴訟のいずれかを自由に選択して争うことができる。

（組み合わせ）

	A	B	C	D
1	○	○	○	×
2	○	○	×	×
3	×	○	×	○
4	×	×	○	×
5	×	×	×	○

問題69 行政上の組織に関する次の記述のうち、誤っているものを一つ選びなさい。

1 補助機関とは、行政庁その他の行政機関の職務を補助するために日常的な事務を遂行する機関をいう。

2 中央省庁の再編により国の行政機関は1府12省庁に再編され、現在、総理府の下に12の省庁が置かれている。

3 諮問機関である審議会の答申・意見は、諮問を行う行政庁を法的に拘束するわけではない。

4 中核市とは、人口30万人以上を有すること等を要件として、指定される大都市のことをいう。

5 普通地方公共団体は、指定管理者の指定をしようとするときは、あらかじめ、当該普通地方公共団体の議会の議決を経なければならない。

問題 70 「個人情報保護法」に関する次の記述のうち、正しいものに〇、誤っているものに×をつけた場合、その組み合わせとして正しいものを一つ選びなさい。
　A　「個人情報」には、生存する個人に関する情報のほか、死者の個人情報も含まれる。
　B　社会福祉法人は、社会福祉法に基づく特別な法人であるので、個人情報取扱事業者に該当しないこととされている。
　C　顧客情報だけでなく、従業員情報も「個人情報」に該当する。
　D　個人情報取扱事業者は、「個人情報」を取り扱うに当たって、利用目的をできる限り特定しなければならない。
（注）「個人情報保護法」とは、「個人情報の保護に関する法律」のことである。
　（組み合わせ）
　　　　A　B　C　D
　1　　〇　〇　×　×
　2　　〇　×　〇　×
　3　　×　〇　×　〇
　4　　×　×　〇　〇
　5　　×　×　×　〇

第13回精神保健福祉士　国家試験問題

問題 39　「医療観察法」に基づく社会復帰調整官の役割に関する次の記述のうち、正しいものを一つ選びなさい。
　1　市町村長との連携は求められていないが、指定通院医療機関との協力体制の確保に努める。
　2　対象者の生活環境の調査を行い、家庭裁判所の求めに応じてその結果を報告する。
　3　指定通院医療機関及び都道府県知事の指導する内容に従って、対象者の地域社会における処遇の実施計画を立てる。
　4　退院後の生活環境の調整のために、本人の希望する退院先の居住地にある地域活動支援センターの職員を中心に家族関係の調整を行うように依頼する。
　5　対象者の通院治療の状況や生活状況を見守り、継続的な医療が受けられるように必要な精神保健観察を行う。

第12回精神保健福祉士　国家試験問題

問題39　「医療観察法」に関する次の記述のうち、正しいものを一つ選びなさい。
1　裁判所は、対象者の処遇の要否及びその内容について社会復帰調整官に意見を聴くため審判に関与させることができる。
2　対象者及び保護者は、弁護士を付添人に選任することができる。
3　対象者、保護者又は付添人は、ともに重大な事実の誤認又は著しい処分の不当を理由とする場合に限り、4週間以内に抗告することができる。
4　精神保健審判員は、処遇事件ごとに精神保健福祉士その他の精神障害者の保健及び福祉に関する専門的知識及び技術を有する者の中から指定される。
5　精神保健参与員は、指定医療機関に入院決定を受けた者の社会復帰の促進を図るため、退院後の生活環境の調整を行う。

解　　答

23回　問70（5）、問71（3）、問72（4）、問73（1）、問74（4）、問75（1）、問76（2）、問147（5）、問148（3）、問149（4）、問150（1）
22回　問70（3）、問71（1）、問72（4）、問73（5）、問74（4）、問75（4）、問76（2）、問147（3）、問148（2）、問149（1）、問150（3）
21回　問61（1）、問62（3）、問63（3）、問64（5）、問65（5）、問66（3）、問67（4）、問68（3）、問69（1）、問70（2）
20回　問61（5）　問62（3）　問63（2）　問64（2）　問65（5）　問66（4）　問67（3）　問68（4）　問69（4）　問70（1）
19回　問61（2）　問62（2）　問63（5）　問64（2）　問65（4）　問66（3）　問67（4）　問68（4）　問69（2）　問70（4）
精保13回　問39（5）
精保12回　問39（2）

参考文献

渡辺信英（2010）『行政法の基礎』南窓社
渡辺信英（2008）『福祉社会の家族法　親族編』南窓社
渡辺信英（2008）『福祉社会の家族法　相続編』南窓社
渡辺信英編（2006）『介護事故裁判例から学ぶ　福祉リスクマネジメント　高齢者施設編』南窓社
渡辺信英編（2004）『福祉のための行政法』　南窓社
渡辺信英編（2002）『福祉のための家族法　親族編』南窓社
渡辺信英編（2002）『福祉のための家族法　相続編』南窓社
菅原好秀（2011）『要保護的法主体像の理論構築』南窓社
阿部純二（1978）「非行少年に対する保護処分と刑事処分」森下忠・香川達夫編『有斐閣選書　刑事政策を学ぶ』有斐閣
鮎川潤（2007）「非行少年の処遇に関わる機関の連携」『犯罪と非行』第152号
岩井敬介（1982）「仮釈放と保護観察」石原一彦・佐々木史朗・西原春夫・松尾浩也編『現代刑罰法大系（7）犯罪者の社会復帰』日本評論社
宇津木朗（2008）「医療観察制度における社会復帰調整官の活動」『精神科看護』第35巻第4号
江見健一（2006）「心神喪失者等医療観察法の施行の状況について」『法律のひろば』第59巻第12号
大塚仁他編（1991）『大コンメンタール刑法』第1巻、青林書院
岡田和也（2006）「保護観察の充実強化」『犯罪と非行』第148号
加藤東治郎（1982）「更生緊急保護制度」石原一彦・佐々木史朗・西原春夫・松尾浩也編『現代刑罰法大系（7）犯罪者の社会復帰』日本評論社
河原誉子（2007）「更生保護法における犯罪被害者等施策」『法律のひろば』第60巻第8号
河原誉子（2006）「更生保護法における犯罪被害者等施策」『犯罪と非行』第148号
川淵武彦・岡崎忠之（2007）「改正少年法の概要」『法律のひろば』第60巻第10号
木村祐三（1995）「精神障害犯罪とその対策」大塚仁編『新刑事政策入門』青林書院
矯正・保護ワーキンググループ（2006）「刑事施設及び保護観察所における性犯罪者処遇プログラム」『法律のひろば』第59巻第6号
久保貴（2007）「少年に対する保護観察処遇の現状と課題処遇機関の連携をめぐって」『犯罪と非行』第152号
幸島聡（2007）「更生保護と学校との関係について」『更生保護』第58巻第8号
更生保護会館落成記念事業委員会編（1987）『いしずえ更生保護会館落成記念』財団法人日本更生保護協会
更生保護50年史編集委員会編（2000）『更生保護50年史地域社会と共に歩む更生保護』全国保護司連盟・全国更生保護法人連盟・日本更生保護協会
裁判所書記官研修所監修（1997）『少年法実務講義案』司法協会
繁田実造（1971）「猶予制度（2）執行猶予」宮澤浩一・西原春夫・中山研一・藤木英雄編『刑事政策講座』第1巻総論、成文堂

参考文献

白木功・今福章二・三好圭（2005）「『心神喪失等の状態で重大な他害行為を行った者の医療及び観察等に関する法律（平成15年法律第110号）』について（5）」『法曹時報』第57巻第11号
鈴木一久（1981）「保護観察運用の諸形式」朝倉京一・佐藤司・佐藤晴夫・森下忠・八木國之編『日本の矯正と保護』第3巻保護編、有斐閣
鈴木昭一郎（1976）「社会福祉と司法福祉」『更生保護と犯罪予防』3月号
鈴木昭一郎（2001）『更生保護の実践的展開』日本更生保護協会
瀬川晃（1982）「保護観察と民間篤志家の役割」石原一彦・佐々木史朗・西原春夫一・松尾浩也編『現代刑罰法大系（7）犯罪者の社会復帰』日本評論社
瀬川晃（1984）「保護観察 ── 社会内処遇としての保護観察（プロベイション）」宮澤浩一・藤本哲也編『講義　刑事政策』青林書院
全国被害者支援ネットワーク（2008）『犯罪被害者支援必携』東京法令出版
高木俊彦（2008）「更生保護ボランティアの現状と課題」『犯罪と非行』第156号
高橋俊之（1995）「『精神保健法』から『精神保健福祉法』へ精神障害者の自立と社会参加を支援」『時の法令』第1509号
田中一哉（2007）「これからの更生保護 ── 更生保護における改革施策」『法律のひろば』第60巻第8号
田宮裕・廣瀬健二編（2002）『注釈少年法（改訂版）』有斐閣
名執雅子・鈴木美香子（2006）「性犯罪者処遇プログラムの成立経緯とその概要」『法律のひろば』第59巻第6号
西岡正之（1982）「保護観察付執行猶予の現状と課題」石原一彦・佐々木史朗・西原春夫・松尾浩也編『現代刑罰法大系（7）犯罪者の社会復帰』日本評論社
西村朋子（2008）「知的障害・発達障害を持つ少年院在院者の環境調整について」『研究誌更生保護と犯罪予防』第149号
日本更生保護協会（2008）『更生保護　特集　生活環境の調整』第59巻第11号
日本更生保護協会（2007）『効果的な就労支援のために一刑務所出所者等就労支援事業関係資料集』
萩原康生（1981）「更生保護の協力組織」朝倉京一・佐藤司・佐藤晴夫・森下忠・八木國之編『日本の矯正と保護』第3巻保護編、有斐閣
橋本昇（2007）「更生保護と福祉との連携について」『更生保護』第58巻第6号
樋口幸吉（1980）「最近の少年非行の特質と背景」『法律のひろば』第33巻第10号
藤本哲也（2008）「更生保護法成立の意義と課題」『現代法ジャーナル』第10号
藤本哲也（2007）「更生保護法成立の意義」『法律のひろば』第60巻第8号
藤本哲也（2005）『刑事政策概論（全訂第4版）』青林書院
藤本哲也（2004）『犯罪学の窓』中央大学出版部
藤本哲也（2003）『犯罪学原論』日本加除出版
藤本哲也（1982）『新しい犯罪学』八千代出版
藤本哲也（1978）『犯罪学講義』八千代出版
平尾博志（2006）「心神喪失者等医療観察制度における保護観察所の業務の概況」『法律のひろば』第59巻第12号

平場安治（1972）『少年法』法律学全集 44　有斐閣
法務省矯正局（2007）「矯正の現状」『法曹時報』第 59 巻第 8 号
法務省保護局（2007）「更生保護の現状 —— 平成 17 年度、18 年度の統計を中心として」『法曹時報』第 59 巻第 6 号
法務省保護局（2004）『更生保護便覧』更生保護法人　日本更生保護協会
法務省保護局（2004）『わかりやすい更生保護　更生保護便覧 2004（第 6 版）』更生保護法人　日本更生保護協会
法務省保護局（2001）「更生保護の現状」『法曹時報』第 53 巻第 6 号
法務総合研究所（2003）『研修教材更生保護』
法務総合研究所『犯罪白書』各年版
町野朔編（2004）『精神医療と心神喪失者等医療観察法（ジュリスト増刊）』有斐閣
三井誠（1971）「猶予制度（1）起訴猶予」宮澤浩一・西原春夫・中山研一・藤木英雄編『刑事政策講座』第 1 巻総論、成文堂
宮澤浩一（1995）「更生緊急保護の最近の動向と今後の展望」『更生保護』第 46 巻第 12 号
宮澤浩一（1979）「刑事法内外の動き（3）—— 保護観察の意義と問題点」『法学セミナー』第 23 巻第 8 号
宮澤浩一・藤本哲也・加藤久雄編（1995）『青林法学双書　犯罪学』青林書院
森下忠（1976）「精神障害犯罪者の処遇」森下忠編『刑事政策演習（改訂増補版）』有信堂
森本益之（1976）「仮釈放」森下忠・須々木主一編『刑事政策』法学書院
弥永理絵（2007）「心神喪失者等医療観察法の施行状況と保護観察所の業務の概要について」『犯罪と非行』第 151 号
山口幸男（1978）「青少年犯罪の対策」大塚仁編『刑事政策入門』青林書院
吉田秀司（1995）「少年院における短期処遇の新しい動向」『罪と罰』第 32 巻第 3 号
吉田雅之（2007）「更生保護法成立の経過」『法律のひろば』第 60 巻第 8 号

渡辺信英（わたなべ　のぶひで）
郡山東都学園学園長、仙台北学園学園長

改訂新版
更生保護制度

渡辺信英
著

2011 年 10 月 31 日　　初版発行
2018 年 10 月 31 日　　改訂新版発行
2019 年 5 月 31 日　　改訂新版第 2 刷発行

発行者　岸村正路
発行所　南　窓　社

〒 101-0065　東京都千代田区西神田 2―4―6
電話 03(3261)7617　Fax 03(3261)7623
E-mail nanso@nn.iij4u.or.jp
振替 00110-0-96362

――――――

©2011, WATANABE Nobuhide
Printed in Japan

――――――

ISBN978-4-8165-0446-4
落丁・乱丁はお取り替えいたします。

渡辺信英
福祉社会の家族法　親族編／相続編
Ａ５判　各本体3500円

渡辺信英
行政法の基礎
Ａ５判　本体3200円

渡辺信英編
介護事故裁判例から学ぶ
福祉リスクマネジメント
高齢者施設編
Ａ５判　本体3200円

渡辺信英編
日本国憲法
――人権と福祉――
Ａ５判　本体3200円

和知賢太郎
新憲法講義
Ａ５判　本体2700円